《中国社会科学》2021年度好文章

方军 主编

中国社会科学出版社

图书在版编目（CIP）数据

《中国社会科学》2021年度好文章 / 方军主编 . —北京：中国社会科学出版社，2022.7
ISBN 978 - 7 - 5227 - 0707 - 5

Ⅰ.①中… Ⅱ.①方… Ⅲ.①社会科学—中国—文集 Ⅳ.①C53

中国版本图书馆 CIP 数据核字（2022）第 140494 号

出 版 人	赵剑英
责任编辑	张 潜
责任校对	党旺旺
责任印制	王 超

出　　版	中国社会科学出版社
社　　址	北京鼓楼西大街甲 158 号
邮　　编	100720
网　　址	http://www.csspw.cn
发 行 部	010 - 84083685
门 市 部	010 - 84029450
经　　销	新华书店及其他书店

印　　刷	北京明恒达印务有限公司
装　　订	廊坊市广阳区广增装订厂
版　　次	2022 年 7 月第 1 版
印　　次	2022 年 7 月第 1 次印刷

开　　本	650×960　1/16
印　　张	24
字　　数	260 千字
定　　价	98.00 元

凡购买中国社会科学出版社图书，如有质量问题请与本社营销中心联系调换
电话：010 - 84083683
版权所有　侵权必究

颁奖典礼现场

《中国社会科学》2021年度好文章评选专家终评委员会合影

评审组专家在讨论

获奖文章作者代表李培林发言

谢伏瞻院长、赵奇秘书长等领导和专家为获奖文章作者颁奖

谢伏瞻院长、赵奇秘书长等领导和专家为获奖文章责任编辑颁奖

序　言

　　学术刊物是学术成果发表的重要载体，但它又不是单纯的论文汇编。刊物总要有自己的追求、风格和特色。几乎所有的刊物都希望发表"好文章"，但"好文章"却又是十分难得的，特别是那些为学术界、读者界所公认，能够经得住实践和历史检验的"好文章"，殊为难得。这是我们举办《中国社会科学》好文章评选活动的初衷。

　　何谓"好文章"？历来仁者见仁，智者见智。就我们刊物而言，所谓"好文章"有四条标准：一是坚持政治性、思想性、学术性的高度统一；二是有原创性的思想、理论和观点；三是问题和方法具有前沿性；四是有厚重的学术分析。2021年，在中国社会科学院领导的指导下，我们成功举办了《中国社会科学》2020年度好文章评选活动，每个学科只评选1篇，本着"宁缺毋滥"的原则，部分学科评奖空缺，共评选出7篇年度好文章。此次好文章评选活动是《中国社会科学》创刊以来的首次，评选过程和评选结果在学术界、读者界引起强烈反响。

　　2021年12月底，中国社会科学杂志社正式启动《中国社会科学》2021年度好文章评选活动。我们通过《中国社会科学》、《中国社会科学报》、中国社会科学网及"中国学派"微信公众号同时发布《〈中国社会科学〉2021年度好文章评选活动公告》及2021年《中国社会科学》总目录。评选范围为2021年《中国社会科学》第1—12期刊发的全部121篇文章，涉及马克思主义理论、哲学、经济学、法学、社会学、政治学（公共管理）、文学、历史学、国际关系、新闻传播学10个学科。

为给《中国社会科学》年度好文章评选活动提供更加科学、严谨的制度保障，我们在总结去年评选活动的基础上，修订和完善了评选办法。主要是在初选阶段，除了读者实名投票外，增设"同行专家投票"和"编辑部推荐"两个环节；读者实名投票、同行专家投票和编辑部推荐这三种投票结果的权重，分别为40%、40%、20%。通过初选的文章进入终选阶段，由专家评审委员会进行终选。

经过初选和终选，《习近平法治思想的实践逻辑、理论逻辑和历史逻辑》（作者：张文显）、《世界历史与中国道路的百年探索》（作者：吴晓明）、《中国式现代化和新发展社会学》（作者：李培林）、《中国宏观经济韧性测度——基于系统性风险的视角》（作者：刘晓星　张旭　李守伟）、《新时代国家安全学论纲》（作者：张宇燕　冯维江）、《"汉语哲学"论纲：本源思想、论域与方法》（作者：孙向晨）、《构建中国特色政治学：学科、学术与话语——以政治学恢复重建历程为例》（作者：徐勇　任路）、《论北朝隋唐的土地法规与土地制度》（作者：杨际平）、《再论强制阐释》（作者：张江）等9篇文章被推选为《中国社会科学》2021年度好文章。新闻传播学没有文章通过初选，在获奖名单中空缺。

在《〈中国社会科学〉2021年度好文章评选活动获奖文章文集》即将付梓之际，谨作此序，是以为记。《中国社会科学》年度好文章评选活动每年定期举办，评选工作难免有不足和缺憾之处，我们真诚希望学术界同仁多提宝贵意见和建议，关心帮助支持我们把好文章评选活动办得更加有声有色，把《中国社会科学》杂志办得更好，为中国特色哲学社会科学真正屹立于世界学术之林而不懈努力。

方　军

2022年5月

目 录

张文显 / 习近平法治思想的实践逻辑、理论逻辑和历史逻辑 （3）

吴晓明 / 世界历史与中国道路的百年探索 （45）

李培林 / 中国式现代化和新发展社会学 （83）

刘晓星 张 旭 李守伟 / 中国宏观经济韧性测度
——基于系统性风险的视角 （119）

张宇燕 冯维江 / 新时代国家安全学论纲 （157）

孙向晨 / "汉语哲学"论纲：本源思想、论域与方法 （199）

徐 勇 任 路 / 构建中国特色政治学：学科、学术与话语
——以政治学恢复重建历程为例 （245）

杨际平 / 论北朝隋唐的土地法规与土地制度 （281）

张 江 / 再论强制阐释 （323）

附录　书写新时代学术创新华章
　　——《中国社会科学》2021年度好文章
　　　评选活动侧记　　　　　　　　　　（362）

《中国社会科学》2021 年度好文章获奖文章颁奖辞

《中国社会科学》2021 年度好文章之《习近平法治思想的实践逻辑、理论逻辑和历史逻辑》（作者：张文显，责任编辑：李树民）

文章从实践、理论和历史三个维度，学理化阐发了习近平法治思想形成的基本规律与发展历程，分析了习近平法治思想丰富内涵的中国价值和世界意义，揭示了习近平法治思想在人类法治思想史上的杰出贡献。文章以强烈的学术创新性引领了习近平法治思想的研究阐释，是新时代马克思主义法理学的标志性研究成果。

习近平法治思想的实践逻辑、理论逻辑和历史逻辑[*]

张文显

摘要：在中国特色社会主义法治建设伟大实践中创立的习近平法治思想是当代中国马克思主义法治理论、21世纪马克思主义法治理论，其缘于经验的升华、理性的凝结、历史的淬炼，具有鲜明的实践逻辑、科学的理论逻辑和深厚的历史逻辑。认真研究、科学把握、深刻领悟这三个逻辑及其内在联系，必将深化对习近平法治思想时代背景、基本精神、核心要义、实践要求的理解和把握，必将增强对习近平法治思想的政治认同、理论认同、情感认同，必将增强新时代全面依法治国、建设法治中国、推进国家治理现代化的信念伟力、思想定力、前进步力。

关键词：习近平法治思想　实践逻辑　理论逻辑　历史逻辑

作者张文显，吉林大学哲学社会科学资深教授（长春　130012）。

---

[*] 本文为国家社会科学基金重大研究专项项目"新时代中国特色法学基本理论研究"（18VXK004）阶段性成果。

2020年11月，具有里程碑意义的中央全面依法治国工作会议明确提出了"习近平法治思想"。在开启全面建设社会主义现代化国家的重要时刻，提出习近平法治思想，既有充分的科学依据，又有重大的现实意义和深远的历史意义。习近平法治思想是习近平新时代中国特色社会主义思想的重要组成部分，是对中国特色社会主义法治建设经验和成就的科学总结，是马克思主义法治理论中国化最新成果，是引领新时代法治中国建设取得更大成就的思想旗帜。

习近平同志是习近平法治思想的创立者和主要贡献者，他所发表的数以百计堪称经典的法治专题讲话、文章、批示，他所提出的数以千计理义精深的法治新概念、新命题、新话语，他所集成凝练的全面依法治国新理念新思想新战略，深刻阐明了中国特色社会主义法治的本质特征、政治方向、发展道路、价值功能、基本原则、中国特色、世界意义等根本性问题，系统阐述了什么是法治、什么是中国特色社会主义法治、为什么要实行全面依法治国、如何推进全面依法治国、如何在法治轨道上推进国家治理体系和治理能力现代化等战略性问题，既集中体现出马克思主义法治理论和中国特色社会主义法治理论在现时代的创新发展，又生动展现出他对创立习近平法治思想所作出的独创性、集成性、原创性贡献。

习近平法治思想的创立，具有鲜明的实践逻辑、科学的理论逻辑和深厚的历史逻辑。认真研究、科学把握、深刻领悟这三个逻辑及其内在联系，必将深化对习近平法治思想时代背景、基本精神、核心要义、实践要求的理解和把握，必将增强对习近平法治思想的政治认同、理论认同、情感认同，必将强化新时代全面依法治国、建设法治中国、推进国家治理现代化的信念伟力、思想定力、前进步力。

一、实践是理论之母：习近平法治思想的实践逻辑

习近平法治思想在中国特色社会主义法治实践的土壤中萌发、孕育、成长，在中国特色社会主义法治实践中应用、检验、升华，并引领中国特色社会主义法治事业阔步前行。实践性是其本质属性，实践逻辑是其根本逻辑。自1982年以来，在数十年领导实践中，习近平同志始终高度重视并亲自研究部署法治建设，积累了依法治县、依法治市、依法治省、依法治国、全面依法治国的实践经验，形成了对县域、市域、省域、国域不同层面法治规律的科学认识，提出了许多立时代之潮头、发时代之先声的法治新理念新思想新论断。

（一）在建立"社会主义新秩序"中萌发依法治理理念

1982年3月至1985年5月，习近平同志在河北省正定县担任县委副书记（1982年3月至1983年10月）、县委书记期间，面对"文化大革命"遗留的经济落后、社会失序、思想混乱、精神文明衰败的艰难局面，他在坚持以经济发展为中心的同时，富有胆识地提出"建立社会主义新秩序"，并以精神文明建设和法制建设相结合作为建立社会主义新秩序的

重要抓手。他大力推进法制建设,开展"三网一赛",① 实现了由"乱"到"治"的根本转变。他大力加强农村法制建设,创新社会治安机制,对封建宗族势力、黑恶势力严加防范,露头就打。在习近平同志和县委集体的坚强领导下,经过三年的努力,正定县的精神文明建设、社会主义法制建设、基层社会治安状况和社会秩序得到根本扭转,为经济改革发展创造了良好的社会环境。在全面开展县域社会治理、建设社会主义新秩序的过程中,习近平同志创造性地贯彻党中央"有法可依、有法必依、执法必严、违法必究"的方针,积累了以法制建设保障经济建设、支撑精神文明建设的丰富经验,形成了依法管理经济、治理社会的法治理念。

(二) 在构建"社会主义市场体系"中孕育法治思维

1985 年 6 月至 1988 年 6 月,习近平同志任福建省厦门市委常委、厦门市人民政府副市长,分管经济改革、财政税收、城市建设和管理、环境保护等方面的重要工作。他独具战略思维,坚持把厦门经济特区建设放在国家改革开放全局和世界经济发展大格局中谋划和布局,致力于全面推进厦门改革开放。习近平同志较早提出了"社会主义市场体系"概念,强调在改革开放中建立和完善社会主义市场体系,并前瞻性地指出了社会主义经济体系、经济体制和民主法制的辩证关系,强调了法制在建设社会主义市场体系中的引领和

---

① "三网",即人民民主专政的政法网、安全保卫网、法制宣传教育网;"一赛",即维护社会治安的竞赛。

保障作用，大力开展法律法规宣传教育，积极引导执法机关、司法机关、法律监督机关等熟悉法律、严格执法、依法办案、依法监督，注重培养法律工作人员运用法律想问题、办事情、做决策的能力。

在建设社会主义市场体系的实践中，习近平同志展现出了较强的法治思维和运用法治方式的领导水平。一是在全国地级市率先提出"小政府、大社会"原则，推进政府职能转换和行政改革，实行大部委制改革，简化企业审批、放权给企业，建立精简、高效、廉洁、团结的政府；① 二是提出公民、个人和企业"依法纳税"，党委、政府和司法机关"依法治税"，实行税务执法与涉税司法衔接；三是提出对环境问题进行依法治理、综合治理；等等。

（三）在践行"社会主义民主法制"中阐明民主法制原理

1988年6月至1990年4月，习近平同志任福建省宁德地委书记。这期间，北京等地发生了波及面广泛的学潮和政治风波，国际上苏联、东欧等社会主义国家面临剧变和动荡，社会主义运动跌入低谷、社会主义制度遭到前所未有的严峻挑战。在这种复杂的社会背景下，习近平同志以马克思主义的立场、观点和方法，对社会主义民主法制问题进行了深刻反思，全面剖析了社会主义民主法制的重大理论问题和

---

① 参见《习近平同志推动厦门经济特区建设发展的探索与实践》，《人民日报》（海外版）2018年6月23日，第1版。

现实问题，丰富和发展了社会主义民主法制原理。主要包括：第一，社会主义建设不仅需要民主与科学，更需要法制，民主与法制是相互依存、相互制约的，二者不可偏废。社会主义民主和法制是由社会主义公有制所决定的，不能照搬西方的民主制、代议制的政治制度；① 第二，人民代表大会制度是我国的根本政治制度，而不是美国式的"三权鼎立"，要在充分发挥人民代表大会及其常委会的作用的前提下，认真处理好党委、人大、政府之间的关系，发挥党委领导责任、人大决策责任和政府执行责任；② 第三，规范有序推进人民群众行使民主权利，不断提高人民群众的民主素质和行使民主权利的能力；③ 第四，从严治党，净化党内生活，推进廉政建设，完善监督体系，把自律与他律相结合；④ 第五，高度重视社会治安整治工作，为人民群众营造安居乐业的法制环境。⑤

（四）在探索市域"法制经济"和"社会管理"中提炼法治新概念新命题

1990年4月至1996年4月，习近平同志先后任福建省福州市委书记（1990年4月至1993年9月），福建省委常委、福州市委书记（1993年9月至1995年9月），福建省

---

① 参见习近平：《摆脱贫困》，福州：福建人民出版社，2014年，第138—142页。
② 参见习近平：《摆脱贫困》，第138—142页。
③ 参见习近平：《摆脱贫困》，第138—142页。
④ 参见习近平：《摆脱贫困》，第74—75页。
⑤ 参见宁德地委办公室会议纪要（1989年4月11日）。

委副书记、福州市委书记（1995年10月至1996年4月）。在六年的市域治理实践中，其法治实践不断深化、法治视野愈发开阔、法治思想更加成熟，提出了诸多法治新概念新命题。例如，将法制作用延伸至经济改革、社会治理、城市管理等领域，高频运用"法制""法律化""法制化""地方立法""经济立法""法制轨道""依法管理""依法监督""依法独立行使审判权和检察权"等法制（法治）话语；把法治上升为市域治理的基本方略，明确提出"依法治城""依法治市"等法治理念和法治方略，主张摆脱运动式、突击型治理，努力向正常化、规范化、法律化方向发展；① 科学把握经济与法制的必然关系，创造性地提出"市场经济是法制经济""市场经济的成熟度与法制建设成正比"②"努力营造国际化的投资环境，不断完善法制环境"③ 等命题和观点；坚持以法治地、依法用地，强调"要深化农村改革，建立健全土地流转制度，坚持所有权，稳定承包权，活化使用权，依法保护农民的合法权益，严厉打击各种坑农、害农行为"；等等。④

（五）在推进"依法治省"、建设省域"法治经济"和"法治社会"中升华法治思想

自1996年4月至2002年10月，习近平同志先后任福

---

① 参见《福州晚报》1991年10月22日，第1版。
② 参见《福建日报》1996年4月9日，第1版。
③ 参见《福州晚报》1994年8月29日，第1版。
④ 参见《福州晚报》1995年4月23日，第1版。

建省委副书记（1996年4月至1999年8月）、省委副书记、代省长、省长（1999年8月至2002年10月）。这一时期恰逢世纪之交，我国经济社会快速发展、全面深化经济体制改革、加快构建社会主义市场经济体制、实施依法治国基本方略、成功加入世贸组织等新变化对法治建设进度和质量都提出了新要求。习近平同志作为省委领导班子主要成员和一省之长，适应时代新变化新需求，在依法治省实践中革故鼎新，坚定了法治信念、积累了法治经验、升华了法治思想。主要体现为：第一，明确提出"依法治省"，推动出台了《中共福建省委关于依法治省的决定》，开辟了福建省法制建设的新征程。第二，深入推进法治经济建设，为经济改革和发展提供法治保障。习近平同志将此前提出的"市场经济是法制经济"命题升华为"市场经济是法治经济"。从"制"到"治"，一字之变体现了法治思想的升华，体现了经济市场化、全球化时代的法治理念变革。第三，全方位推进社会治理，建设法治社会。2001年4月，习近平同志提出"法治社会"概念，①强调全方位推进社会治理，加强食品安全治理，全力维护社会稳定，积极化解矛盾纠纷，落实综治措施，确保一方平安。②

（六）在建设"法治浙江"中基本形成法治理论体系

自2002年10月至2007年3月，习近平同志担任浙江省

---

① 参见《福建日报》2001年4月10日，第A1版。
② 参见《福建日报》2001年2月5日，第A1版。

委书记、省人大常委会主任（2003年1月至2007年3月），期间曾任代省长（2002年至2003年）。21世纪以来，我国进入全面建设小康社会、加快推进社会主义现代化的发展阶段。习近平同志作为改革开放前沿省的主要领导同志，站立时代前沿看问题、立足改革全局谋发展、坚持扩大开放抢先机，致力于全面推进依法治省、建设法治浙江、建设平安浙江。

主政浙江初期，习近平同志就在"依法治省"的基础上提出"全面推进依法治省"。随着全面依法治省、建设法治社会和法治经济的持续推进，法治深入到全省各领域各项工作之中，并释放出越来越强的治理效能，人们对法治的需求越来越多、要求越来越高、追求越来越好。习近平同志在深入思考和论证后，对社会主义法治发展形势作出科学预判："社会主义民主政治的不断发展和人民政治参与积极性的不断提高，对进一步落实依法治国基本方略提出了新的要求。改革的深化和各种利益关系的不断调整，对从法律和制度上统筹兼顾各方面利益提出了新的要求。社会结构和社会组织形式发生的深刻变化，对正确处理人民内部矛盾、依法加强社会建设和管理提出了新的要求。人们思想活动的独立性、选择性、多变性、差异性的增强，对强化马克思主义在意识形态领域的指导地位、树立社会主义法治理念和社会主义荣辱观提出了新的要求。所有这一切，都对党的执政能力特别是坚持科学执政、民主执政、依法执政提出了新的要求。"[①] 正是基于这样的新情势新要求，他强调指出，"必须按照建设社

---

① 习近平：《之江新语》，杭州：浙江人民出版社，2007年，第202页。

会主义法治国家的要求，积极建设'法治浙江'，逐步把经济、政治、文化和社会生活纳入法治轨道"，① 从而创造性地提出了"法治浙江"概念。2006年4月26日，在习近平同志的亲自主持下，中共浙江省委审议通过《中共浙江省委关于建设"法治浙江"的决定》，对建设法治浙江进行了总体部署。习近平同志指出，从"依法治省"到"全面推进依法治省"再到"建设法治浙江"，是"省委根据党中央的决策部署，对浙江现代化建设总体布局的进一步完善"，② 也体现了对充分发挥法治在国家和社会治理中的关键作用的认识的进一步深化。

建设"法治浙江"，是建设"法治国家"在浙江的先行探索。在建设"法治浙江"的同时，习近平同志科学分析了我国体制转轨、社会转型、经济社会结构调整等深刻变化，精准把握了浙江所处的经济社会发展新阶段、面临的新形势新任务新挑战和人民群众的新期盼，更加认识到维护社会和谐稳定的极端重要性，作出了建设"平安浙江"的重大战略决策。"全面推进依法治省""法治浙江""平安浙江"等命题和理论的提出，标志着习近平同志的法治思想进一步成熟，表明其法治思想的内在逻辑已足够清晰、理论体系已基本形成。习近平同志领导的建设"法治浙江"和"平安浙江"实践，为党的十八大之后"全面推进依法治国"、建设"法治中国"和建设"平安中国"积累了实践经

---

① 习近平：《之江新语》，第202页。
② 习近平在浙江省委建设"法治浙江"工作专题会议上的讲话（2005年12月31日），《浙江日报》2006年1月1日，第1版。

验、提供了理论准备和制度样板。

（七）在推进国际化大都市治理现代化中深化法治思想

2007年3月至10月，习近平同志任上海市委书记。虽然时间只有7个月，但其法治思想在这个超大规模国际化大都市治理中得到了进一步的验证、深化和拓展。他提出了"全面推进依法治市，提高城市法治化水平"的上海法治建设总目标，并就依法执政、权力监督制约、科学立法和民主立法、依法行政、公正司法、法治经济和法治社会建设、打造国际化法治化营商环境作出了全面部署。

（八）在加强党和国家领导制度建设中创新法治理论

2007年10月22日，党的十七届一中全会选举习近平同志为中共中央政治局常委、中央书记处书记。其后，他于2008年、2010年相继担任国家副主席、中央军委副主席。在分管党的建设工作实践中，他创造性地发展了以"民主集中制"为核心的党和国家领导制度理论，指出："民主集中制是党的根本组织制度和领导制度。我们党在长期实践中创造性地运用和发展民主集中制原则，制定规范党内政治生活、处理党内关系的基本准则和具体制度，形成了党在组织建设上的鲜明特征。""坚持和完善民主集中制，一方面必须充分发展党内民主、充分尊重广大党员的主体地位，确保党员按照党章规定充分行使党内民主权利；另一方面必须坚决维护中央权威、坚决维护党的团结统一。这二者是相辅相成、相互促进的。党内民主是党的生命和活力之源，是民主集中制的政治基础。坚持党和国家的集中统一，维护中央权威，是贯彻民主集中制的内在要求，是全党全国人民的最高利益所在。"① 习近平同志还充分论述了党和国家制度体系中民主集中制的显著优势。

（九）在推动全球治理体系变革中拓展法治理论

党的十七大至十八大期间，习近平同志作为中共中央政治局常委、国家副主席，协助国家主席进行国事活动，参与了一系列重大外交和全球治理决策，出席了一系列重要国际会议，出访了50多个国家及国际组织，会见了200多位外国元首、政府首脑、各界政要、国际组织负责人。他以统筹国内国际两个大局的战略思维，着眼于在激烈复杂的国际竞争中不断拓展我国的发展空间、增强我国的综合国力和国际竞争力，深入推进双边外交、多边外交、周边外交、区域外交、中美（以及中俄、中欧）大国外交、联合国外交，推进全球治理体系朝着和平发展、公平正义的方向变革。在丰富的外交实践活动中，习近平同志提出了一系列具有大国风范的国际治理概念、命题和论语，初步形成了富有时代精神和人类情怀的"完善全球治理体系"思想和"构建人类命运共同体"观念，强调"在实现中华民族伟大复兴的光辉历程中，中国将始终高举和平、发展、合作旗帜，同各国人民一道推动建设持久和平、共同繁荣的和谐世界，中华民族将为人类

---

① 习近平：《关于新中国60年党的建设的几点思考——在中央党校2009年秋季开学典礼上的讲话》，《学习时报》2009年9月28日。

文明进步作出更大贡献。"①

（十）在迈向"法治中国"进程中锤炼新时代全面依法治国新理念新思想新战略

2012年11月15日，在党的十八届一中全会上，习近平同志当选为中央委员会总书记、中央军委主席，2013年3月14日，在第十二届全国人大一次会议上，习近平同志当选为中华人民共和国主席、中华人民共和国中央军事委员会主席。这是党和人民作出的关乎中华民族伟大复兴的历史性正确决择。以此为起点，中国特色社会主义进入新时代。

党的十八大以来，以习近平同志为核心的党中央在全面依法治国、建设法治中国、推进国家治理现代化新的伟大实践中，创立了具有鲜明时代特征、实践特色和理论风格的习近平法治思想。习近平法治思想的最初理论标识是"全面依法治国新理念新思想新战略"。2018年8月24日，中央全面依法治国委员会第一次会议把党的十八大以来以习近平同志为代表的中国共产党人在法治领域的理论创新成果加以集成，提出了"全面依法治国新理念新思想新战略"的命题，习近平同志将其表述为"十个坚持"，把我们党对中国特色社会主义法治建设规律的认识提升到了新的高度，也标志着习近平法治思想体系的形成。

---

① 习近平在出席2010年海外华裔及港澳台地区青少年"中国寻根之旅"夏令营开营式上的讲话（2010年7月25日），《人民日报》2010年7月26日，第1版。

2020年11月16日至17日，在中央全面依法治国工作会议上，党中央正式明确提出"习近平法治思想"。习近平同志在会上发表了以"十一个坚持"为主要内容的重要讲话，全面总结了党的十八大以来法治建设取得的显著成就，系统阐述了新时代中国特色社会主义法治思想，科学回答了中国特色社会主义法治建设一系列重大理论和实践问题，深刻阐明了新时代全面依法治国的政治方向、重要地位、工作布局、重点任务、重大关系、重要保障等重大理论和实践问题。与"十个坚持"相比，"十一个坚持"在形式上更加完备、在逻辑上更为严密、在表述上更为科学。从"十个坚持"到"十一个坚持"，从"新时代全面依法治国新理念新思想新战略"到"习近平法治思想"，既体现了概念的精准化、命题的科学化，又体现了理论体系臻于成熟、内在逻辑更加完善。

二、既一脉相承又与时俱进：习近平法治思想的理论逻辑

习近平法治思想坚持立足已知、研究未知、探索新知，既是对马克思列宁主义、毛泽东思想、邓小平理论、"三个代表"重要思想和科学发展观的法治理论的继承、丰富和拓展，又有许多重大突破、重大创新、重大发展，呈现出马克思主义法治理论既一脉相承又与时俱进的理论逻辑，是当代中国马克思主义法治理论、21世纪马克思主义法治理论。

（一）继承、创新和发展马克思主义法治理论

"在人类思想史上，没有一种思想理论像马克思主义那样对人类产生了如此广泛而深刻的影响。"① 马克思主义思想体系博大精深，内含着丰富的法治理论。它的创始人马克思、恩格斯第一次深刻揭示了法与阶级和阶级斗争的内在联系、法与国家和政权之间的必然联系、法与社会物质生活条件的因果联系、法在不同社会形态和国家形态中的不同功能和价值。他们深入法现象内部和法实践之中，拨云见日般地揭示了法的本质、特征及发展规律，推动了法学由"伪科学""浅科学"到"真科学""深科学"的革命性变革，使法学成长为一门真正的科学。他们透彻分析了法律、法治和法学的基本原理，剖析了民主、法治、人权、公正、正义、自由、和平等法治基本价值，提炼出一系列反映人类社会法治文明的法理命题、格言和论语，构筑起马克思主义法学理论体系，创立了科学的法学世界观、方法论和价值论。继马克思、恩格斯之后，列宁把马克思主义国家和法的原理与俄国革命和建设实践相结合，着力探索社会主义国家如何推进法制建设，以全新的经验和理论丰富和发展了马克思主义法治理论。

研读马克思主义经典著作是习近平同志为自己设定的必修课。上大学前，他就反复钻研《资本论》等著作，不仅

---

① 习近平：《在纪念马克思诞辰 200 周年大会上的讲话》（2018 年 5 月 4 日），北京：人民出版社，2018 年，第 10 页。

熟稔于心，而且写了厚厚的十八本读书笔记。他的一系列著作《知之深　爱之切》《摆脱贫困》《之江新语》《干在实处　走在前列》和讲话，尤其是党的十八大以来的一系列重要讲话和文章，充分体现了马克思主义阶级斗争理论、社会革命理论、无产阶级专政理论，融贯着马克思主义法律观、民主观、国家学说、政党学说、权利义务观、权力观、法治价值观、法治文明论等法治理论。他在许多著作和讲话中十分精到地直接或间接地引用过《共产党宣言》《国家与革命》等经典著作中的科学观点和精辟论述，广泛汲取了马克思主义法治理论的精华。

习近平同志特别强调要在继承马克思主义的基础上发展马克思主义，不断开辟马克思主义中国化当代化的新境界。他指出，我们要以科学的态度对待科学，以真理的精神追求真理，不断赋予马克思主义以新的时代内涵。习近平同志善于运用马克思主义的法治原理回答时代之问、实践之问、人类之问，不断开创马克思主义法治理论新境界。我们有充分的理据说，在习近平同志关于法治的重要论述中，马克思主义法学的科学性和真理性得到了充分释放，人民性和实践性得到了充分贯彻，开放性和时代性得到了充分彰显，习近平同志不愧为马克思主义法学理论和法治思想的忠实继承者、坚定捍卫者、伟大发展者。

（二）继承、创新和发展毛泽东思想的法治理论

20世纪，马克思主义在中国得到广泛传播。中国共产党人坚持把马克思主义基本原理同中国革命和建设的具体实

际相结合，实现了马克思主义中国化的第一次历史性飞跃，创立了毛泽东思想。

毛泽东思想蕴含着丰富的法治理论，诸如国体和政体的理论、新民主主义法制和社会主义法制的理论、宪法理论、正确处理两类矛盾的理论、刑事政策理论等。其中，最具标志性的是有关国体和政体的理论。在领导中国人民夺取政权、巩固人民民主专政国家政权和发展社会主义民主的革命和建设时期，国体和政体问题是革命和建设的根本问题，毛泽东思想的法治理论也就集中体现在国体和政体问题上。毛泽东发表了《新民主主义论》《论联合政府》《论人民民主专政》《关于中华人民共和国宪法草案》等经典著作，科学阐述了国体和政体理论。毛泽东指出："国体问题，……就是社会各阶级在国家中的地位。"[1]"所谓'政体'问题，那是指的政权构成的形式问题，指的一定的社会阶级取何种形式去组织那反对敌人保护自己的政权机关。没有适当形式的政权机关，就不能代表国家。"[2] 国体决定政体，政体表征国体。我国的国体是工人阶级领导的以工农联盟为基础的人民民主专政的国家，我国的政体是人民代表大会制度。毛泽东思想的国体政体理论是建立、发展和巩固人民民主专政的国家制度和法律制度的理论基石和根本指南。

习近平同志始终坚持并不断丰富和发展毛泽东思想的国体和政体理论。首先，他强调了我国国体政体的历史逻辑、

---

[1] 《毛泽东选集》第2卷，北京：人民出版社，1991年，第676页。
[2] 《毛泽东选集》第2卷，第677页。

实践基础和中国特色,指出:"我们党自成立之日起就致力于建设人民当家作主的新社会,提出了关于未来国家制度的主张,并领导人民为之进行斗争","新中国成立后,我们党创造性地运用马克思主义国家学说,为建设社会主义国家制度进行了不懈努力,逐步确立并巩固了我们国家的国体、政体、根本政治制度、基本政治制度、基本经济制度和各方面的重要制度。"①"中国实行工人阶级领导的、以工农联盟为基础的人民民主专政的国体,实行人民代表大会制度的政体,实行中国共产党领导的多党合作和政治协商制度,实行民族区域自治制度,实行基层群众自治制度,具有鲜明的中国特色。"② 其次,他点明了我国国体政体的宪法依据和法理根基,指出:"起到临时宪法作用的《中国人民政治协商会议共同纲领》,确定了新中国的国体和政体,制定了一系列基本政策,描绘了建立建设新中国的宏伟蓝图。"③ "我国宪法以国家根本法的形式,确认了中国共产党领导中国人民进行革命、建设、改革的伟大斗争和根本成就,确立了工人阶级领导的、以工农联盟为基础的人民民主专政的社会主义国家的国体和人民代表大会制度的政体"。④ 最后,他分析

---

① 习近平:《坚持、完善和发展中国特色社会主义国家制度与法律制度》(2019年9月24日),《求是》2019年第23期。

② 习近平:《在庆祝全国人民代表大会成立60周年大会上的讲话》(2014年9月5日),《人民日报》2014年9月6日,第2版。

③ 习近平在视察中共中央北京香山革命纪念地时的讲话(2019年9月12日),《人民日报》2019年9月13日,第1版。

④ 参见习近平在主持中共中央政治局会议讨论拟提请十九届二中全会审议的文件时的讲话(2018年1月12日),《人民日报》2018年1月13日,第1版。

了我国国体和政体的显著优势和制度效能。一是，能够有效保证人民享有更加广泛、更加充实的权利和自由，保证人民广泛参加国家治理和社会治理；二是，能够有效调节国家政治关系，发展充满活力的政党关系、民族关系、宗教关系、阶层关系、海内外同胞关系，形成安定团结的政治局面；三是，能够集中力量办大事，有效促进现代化建设各项事业，促进人民生活质量和水平不断提高；四是，能够有效维护国家独立自主，有力维护国家主权、安全、发展利益，维护中国人民和中华民族的福祉，必须长期坚持、完善发展。①

关于我国政体，习近平同志还明确提出"人民代表大会制度是坚持党的领导、人民当家作主、依法治国有机统一的根本制度安排"②"共产党领导的多党合作、民主协商制度是我国政体的一大特色"③ 等理论命题，极大地丰富和发展了中国特色社会主义政体理论。习近平同志关于国体和政体的重要论述是对毛泽东思想的国体政体理论的创新性发展，是对中国特色社会主义民主法治理论的原创性贡献。

（三）继承、创新和发展邓小平理论的法治理论

党的十一届三中全会以来，以邓小平为主要代表的中国共产党人，解放思想，实事求是，总结新中国成立以来正反

---

① 参见习近平：《在庆祝全国人民代表大会成立60周年大会上的讲话》（2014年9月5日），《人民日报》2014年9月6日，第2版。

② 习近平：《在庆祝全国人民代表大会成立60周年大会上的讲话》（2014年9月5日），《人民日报》2014年9月6日，第2版。

③ 习近平在福州市政协大楼慰问各民主党派负责人和机关工作人员时的讲话（1994年2月7日），《福州晚报》1994年2月8日，第1版。

两方面的经验,透视苏联东欧社会主义国家历史性剧变的根源,反思僵化社会主义理论的严重缺陷,力挽狂澜,实行改革开放,开辟了中国特色社会主义道路,创立了邓小平理论,实现了马克思主义中国化的第二次历史性飞跃。

邓小平理论包含丰富的法治思想,诸如,"搞四个现代化一定要有两手,只有一手是不行的,所谓两手,即一手抓建设,一手抓法制。"我们要在全国坚决实行这样一些原则:"有法可依,有法必依,执法必严,违法必究,在法律面前人人平等"。"民主和法制,这两个方面都应该加强,没有广泛的民主是不行的,没有健全的法制也是不行的"。要通过政治体制改革,"处理好法治和人治的关系",等等。其中最具标志性的是党和国家制度理论。邓小平深刻总结了新中国成立三十年间的经验教训,并得出一个科学结论,即党和国家制度是带有根本性、全局性、稳定性和长期性的重大问题。他指出:"制度好可以使坏人无法任意横行,制度不好可以使好人无法充分做好事,甚至会走向反面。"① "制度问题,关系到党和国家是否改变颜色,必须引起全党的高度重视。"② "为了保障人民民主,必须加强法制。必须使民主制度化、法律化,使这种制度和法律不因领导人的改变而改变,不因领导人的看法和注意力的改变而改变。"③ 在邓小平看来,制度建设、体制改革是一场革命,是与资本主义

---

① 中共中央文献研究室编:《邓小平思想年编:1975—1997》,北京:中央文献出版社,2011年,第325页。
② 中共中央文献研究室编:《邓小平思想年编:1975—1997》,第325页。
③ 《邓小平文选》第2卷,北京:人民出版社,1994年,第146页。

政治法律制度的竞争，必须以改革精神加强制度建设，"在各方面形成一整套更加成熟、更加定型的制度"，[①] 使我们的制度一天天完善起来，成为世界上最好的制度。

习近平同志全面贯彻邓小平民主法制思想，深刻把握邓小平制度理论的精髓和形成更加成熟更加定型制度的战略思想，在坚持和完善中国特色社会主义制度、推进国家治理体系和治理能力现代化的伟大实践中，构建了新时代中国特色社会主义制度理论体系，使邓小平制度理论绽放出新的时代光芒。习近平同志对党和国家制度问题进行了全面深刻的论述，极大地丰富和发展了中国特色社会主义法治理论，其主要内容包括：国家制度和法律制度的基本原理，中国特色社会主义制度创造和发展的历史过程及其规律，新时代中国特色社会主义制度体系，中国特色社会主义制度和国家治理体系的显著优势，制度立国与制度治党，国家制度是国家治理的制度根基，坚持和发展中国特色社会主义制度，在法治轨道上推进国家治理现代化，制度的生命力在于执行，中国特色制度话语与制度思维，构筑中国特色社会主义制度理论体系的议题与方法等，为党和人民在新时代坚持和发展中国特色社会主义制度、推进国家治理体系和治理能力现代化提供了科学的理论指导。

（四）继承、创新和发展"三个代表"重要思想的法治理论

在20世纪和21世纪的历史交汇点，以江泽民同志为主要

[①] 《邓小平文选》第3卷，北京：人民出版社，1993年，第372页。

代表的中国共产党人，在建设中国特色社会主义的实践中，加深了对什么是社会主义、怎样建设社会主义和建设什么样的党、怎样建设党的科学认识，积累了治党治国新的宝贵经验，形成了"三个代表"重要思想。

"三个代表"重要思想包含着丰富的法治理论，且有诸多创新思想，其中最具标志性的是"依法治国，建设社会主义法治国家"的理论。1996年2月，江泽民提出"依法治国，建设社会主义法制国家"。1997年9月，在党的十五大报告中，江泽民进一步明确提出"依法治国，建设社会主义法治国家"，指出依法治国是党领导人民治理国家的基本方略、发展社会主义市场经济的客观需要、社会文明进步的重要标志、国家长治久安的重要保障，强调建设社会主义法治国家是建设社会主义现代化的重要目标，并提出了建设中国特色社会主义法律体系的重大任务。江泽民还提出了"社会主义政治文明"命题，把"坚持党的领导、人民当家作主和依法治国有机统一"作为中国特色社会主义民主政治和社会主义政治文明的根本标志，指出"党的领导是人民当家作主和依法治国的根本保证，人民当家作主是社会主义民主政治的本质要求，依法治国是党领导人民治理国家的基本方略。"他还富有深意地提出"要坚持依法治国和以德治国相结合"。①

习近平同志在推进社会主义民主法治建设的实践中，认

---

① 《江泽民论有中国特色社会主义（专题摘编）》，北京：中央文献出版社，2002年，第337页。

真贯彻落实"依法治国,建设社会主义法治国家"的基本方略和奋斗目标,在福建提出"依法治省",在浙江提出"全面推进依法治省""建设法治浙江",在上海提出"全面推进依法治市"。党的十八大以来,习近平同志创造性地发展了依法治国、建设社会主义法治国家的理论。首先,他强调要"全面推进依法治国",进而提出了法理更为深刻、内涵更为科学、表述更为精致的"全面依法治国"概念,把全面依法治国纳入"四个全面"的战略布局之中,在党的十九大报告中进一步把"全面依法治国"作为新时代坚持和发展中国特色社会主义的基本方略之一。从"依法治国"到"全面推进依法治国"再到"全面依法治国",命题的变化表明全面依法治国的思路越来越清晰、概念越来越精准,全面依法治国的战略地位更加突出、更加重要。其次,他提出"法治中国"的科学命题和建设法治中国的重大任务,"法治中国"比"法制国家""法治国家"的内涵更加丰富、思想更加深刻、形态更加生动、意义更具时代性。建设法治中国,就是要坚持依法治国、依法执政、依法行政共同推进,法治国家、法治政府、法治社会一体建设。从"法治国家"到"法治中国"的转型,意味着我国法治建设的拓展、深化和跨越。再次,他提出了"中国特色社会主义法治体系"科学命题,并把"建设中国特色社会主义法治体系,建设社会主义法治国家"作为全面依法治国的总目标、总抓手,把建设中国特色社会主义法治体系作为建设社会主义法治国家、法治中国的必由之路。从"法律体系"到"法治体系"的升级,是对法治建设规律认识的又一重大突破。复次,他丰富和创新了

"依法治国和以德治国相结合"的理论,把"依法治国和以德治国相结合"提升为坚持中国特色社会主义法治道路的基本原则之一,强调"治理国家、治理社会必须一手抓法治、一手抓德治,既重视发挥法律的规范作用,又重视发挥道德的教化作用,实现法律和道德相辅相成、法治和德治相得益彰。"① 最后,他还深刻阐述了全面依法治国的一系列辩证关系,如政治和法治、改革和法治、民主和专政、发展和安全、依法治国和依规治党等。

(五)继承、创新和发展"科学发展观"的法治理论

党的十六大以来,以胡锦涛为主要代表的中国共产党人,根据新的发展要求深刻认识和回答了新形势下实现什么样的发展、怎样发展等重大问题,形成了科学发展观。

科学发展观包含着丰富的法治理论,蕴含着一系列创新思想。构建社会主义和谐社会是科学发展观法治理论的重要内容。胡锦涛指出:"社会和谐是中国特色社会主义的本质属性","构建社会主义和谐社会是贯穿中国特色社会主义事业全过程的长期历史任务,是在发展的基础上正确处理各种社会矛盾的历史过程和社会结果。""要按照民主法治、公平正义、诚信友爱、充满活力、安定有序、人与自然和谐相处的总要求和共同建设、共同享有的原则,着力解决人民最关心、最直接、最现实的利益问题,努力形成全体人民各尽其能、

---

① 习近平:《加快建设社会主义法治国家》(2014年10月23日),《论坚持全面依法治国》,北京:中央文献出版社,2020年,第109页。

各得其所而又和谐相处的局面,为发展提供良好社会环境。"①

依法执政、依宪治国、依宪执政,是科学发展观另一标志性的法治理论。胡锦涛在运用和发展邓小平理论、"三个代表"重要思想的实践中,进一步发展了依法治国理论,系统阐述了"依法执政"理论,强调指出:"依法执政是新的历史条件下马克思主义政党执政的基本方式。依法执政,就是坚持依法治国、建设社会主义法治国家,领导立法,带头守法,保证执法,不断推进国家经济、政治、文化、社会生活的法制化、规范化,以法治的理念、法治的体制、法治的程序保证党领导人民有效治理国家。"② 同时,他强调指出:"依法治国首先要依宪治国,依法执政首先要依宪执政"。③ "依法执政"基本方式的确立和"依宪治国""依宪执政"法治理念的树立,是对依法执政和依法治国关系的深刻认识,是对依法执政科学内涵的深刻阐释,是我们党依法执政意识的升华、依法治国理论的重大创新。

习近平同志在浙江工作期间科学阐释和贯彻落实科学发展观的法治理论,实施依法执政,建设"法治浙江""平安

---

① 胡锦涛:《高举中国特色社会主义伟大旗帜 为夺取全面建设小康社会新胜利而奋斗——在中国共产党第十七次全国代表大会上的报告》(2007年10月15日),《胡锦涛文选》第2卷,北京:人民出版社,2016年,第625、626页。
② 《胡锦涛在中共中央政治局第三十二次集体学习时强调 坚持科学执政、民主执政、依法执政 扎实加强执政能力建设和先进性建设》(2006年7月3日),《人民日报》2006年7月4日,第1版。
③ 胡锦涛:《在首都各界纪念全国人民代表大会成立五十周年大会上的讲话》,《胡锦涛文选》第2卷,第232页。

浙江",构建"和谐社会",创造了许多可复制可推广的经验。党的十八大以来,在全面依法治国实践中,他创造性地发展了科学发展观的法治理论,并将其推向新境界。习近平同志科学阐明了法治与和谐社会的关系,提出"和谐社会本质上是法治社会"的命题,指出,"法治通过调节社会各种利益关系来维护和实现公平正义,法治为人们之间的诚信友爱创造良好的社会环境,法治为激发社会活力创造条件,法治为维护社会安定有序提供保障,法治为人与自然的和谐提供制度支持。"[①] 同时,习近平同志还创造性地发展了"以人为本"的善治理念,指出法治建设要"坚持人民主体地位""以人民为中心",法治建设为了人民、造福人民、保护人民,法治建设依靠人民、为人民所掌握所运用。

习近平同志在坚持依法执政的实践中,进一步深刻论述了依法执政的战略地位、重大意义和实现方法。一是把依法执政作为中国特色社会主义法治道路的本质特征,指出:"改革开放以来,我们深刻总结我国社会主义法治建设的成功经验和深刻教训,把依法治国确定为党领导人民治理国家的基本方略,把依法执政确定为党治国理政的基本方式,走出了一条中国特色社会主义法治道路。"[②] 二是丰富了依法执政的科学内涵,指出:"依法执政,既要求党依据宪法法律治国理政,也要求党依据党内法规管党治党。"依法执政,具体体现在"党领导立法、保证执法、支持司法、带

[①] 习近平:《之江新语》,第 204 页。
[②] 习近平:《坚持依法治国和以德治国相结合》(2016 年 12 月 9 日),《论坚持全面依法治国》,第 165—166 页。

头守法上"。三是将依法治国基本方略与依法执政基本方式有机结合,"坚持依法治国、依法执政、依法行政共同推进,坚持法治国家、法治政府、法治社会一体建设。"四是强调依法执政对于依法治国的重大意义:"依法治国是我国宪法确定的治理国家的基本方略,而能不能做到依法治国,关键在于党能不能坚持依法执政,各级政府能不能依法行政。"五是强调法治建设要体现党科学执政、民主执政、依法执政的要求,把依法执政贯穿于依法治国全过程各领域。六是在法理上充分论证依宪治国、依宪执政,指出,"宪法……是国家各种制度和法律法规的总依据"[1]"宪法是全面依法治国的根本依据"[2]"宪法是我们党长期执政的根本法律依据"。[3] 所以,"坚持依法治国首先要坚持依宪治国,坚持依法执政首先要坚持依宪执政。"[4]

习近平法治思想形成发展的理论逻辑,体现了习近平同志守正创新的科学精神,他对马克思主义的坚定信仰、对毛泽东思想的法治理论和中国特色社会主义法治理论的深刻把握、对创新发展中国特色社会主义法治理论的理论自觉、对中国特色社会主义法治理论的方法升华,前所未有地展示了

---

[1] 习近平:《关于我国宪法和推进全面依法治国》(2018年2月24日),《论坚持全面依法治国》,第215页。
[2] 习近平:《切实尊崇宪法,严格实施宪法》(2018年1月19日),《论坚持全面依法治国》,第201页。
[3] 习近平:《切实尊崇宪法,严格实施宪法》(2018年1月19日),《论坚持全面依法治国》,第201页。
[4] 习近平:《加快建设社会主义法治国家》(2014年10月23日),《求是》2015年第1期。

马克思主义法治理论中国化当代化的大手笔、大格局、大境界。

三、创造性转化、创新性发展：习近平法治思想的历史逻辑

习近平法治思想不仅是在实践中生成、在理论中升华的思想创造，也是在历史中传承和凝练的思想精华。习近平同志坚持历史唯物主义的方法论，坚持回看走过的路、比较别人的路、远眺前行的路，深度考察了人类社会法治发展的历史，深刻把握了人类法治进步的规律，深层汲取了中国传统法治文化和世界法治文明的精华，使习近平法治思想潜涵着深厚的历史逻辑。

（一）在历史考察反思中，丰富和创新历史唯物主义法治原理

历史是最好的老师。注重从历史考察分析中汲取治国理政智慧、牢记历史经验、牢记历史教训、牢记历史警示，是我们党的优良传统和政治优势，这在习近平同志身上十分鲜活地体现了出来。习近平同志富有深情地指出："不忘历史才能开辟未来，善于继承才能善于创新"；[①]"只有坚持从历史走向未来，从延续民族文化血脉中开拓前进，我们才能做

[①] 习近平：《在纪念孔子诞辰 2565 周年国际学术研讨会暨国际儒学联合会第五届会员大会开幕会上的讲话》（2014 年 9 月 24 日），北京：人民出版社，2014 年，第 11 页。

好今天的事业";①"治理国家和社会,今天遇到的很多事情都可以在历史上找到影子,历史上发生过的很多事情也都可以作为今天的镜鉴"。② 基于这一历史唯物主义的立场、观点和方法,习近平同志坚持察古知今、鉴人知己,对古今中外治国理政的经验和教训进行了系统考察和深刻反思,为奉法强国、全面依法治国提供了历史依据。

1. 对人类法治发展史的洞悉考察

习近平法治思想是在科学洞悉和系统考察人类法治发展史的基础上生成的,是对人类法治文明成就的理性提取。在中央全面依法治国委员会第一次会议上,习近平同志指出,从我国古代看,凡属盛世都是法制相对健全的时期。例如,春秋战国时期,法家主张"以法而治",偏在雍州的秦国践而行之,商鞅"立木建信",强调"法必明、令必行",使秦国迅速跻身强国之列,最终促成了秦始皇统一六国。汉高祖刘邦同关中百姓"约法三章",为其一统天下发挥了重要作用。汉武帝时形成汉律六十篇,沿用于两汉近四百年。唐太宗以奉法为治国之重,一部《贞观律》成就了"贞观之治",以《贞观律》为基础修订而成的《唐律疏议》为大唐盛世奠定了法律基石。他又指出,从世界历史看,国家强盛往往同法治相伴而生。三千多年前,古巴比伦国王汉谟拉比即位后,统一全国法令,制定

---

① 习近平:《在纪念孔子诞辰2565周年国际学术研讨会暨国际儒学联合会第五届会员大会开幕会上的讲话》(2014年9月24日),第14页。

② 中共中央党校组织编写,何毅亭主编:《以习近平同志为核心的党中央治国理政新理念新思想新战略》,北京:人民出版社,2017年,第74页。

人类历史上第一部成文法《汉谟拉比法典》，并将法典条文刻于石柱，推动古巴比伦王国进入上古两河流域的全盛时代。

习近平同志非常重视从中华法治文明演进中深入挖掘国家制度和国家治理的经验智慧。一是构建国家制度和治理体系。在数千年的文明演进中，我国古代社会逐渐形成了一整套包括朝廷制度、郡县制度、土地制度、税赋制度、盐铁专卖制度、科举制度、监察制度、军事制度等在内的国家制度和国家治理体系。这套制度和治理体系总体上有效地保障了国家统一、民族融合、社会发展、文明传承进步。二是发挥大国体制的治理优势。自秦朝结束分封制、改行郡县制、统一度量衡、车同轨、书同文以来，单一制的大国体制使国家能够集中国力和民力治水、屯田、戍边、治乱，开辟大运河、建设都江堰、构筑万里长城、无数次成功抵御大规模外敌入侵，都体现出大国体制的显著优势。三是良法善治。唐代长孙无忌制定唐律，法理为基，以礼入法，塑造了德法共治这一中华法系的鲜明特色，形成了源远流长的良法善治的文化传统。

习近平同志在深入研究人类法治文明史之后，对法治规律有了更清晰、更全面的认识，得出一系列科学论断。他深刻指出："法治和人治问题是人类政治文明史上的一个基本问题，也是各国在实现现代化过程中必须面对和解决的一个重大问题。综观世界近现代史，凡是顺利实现现代化的国家，没有一个不是较好解决了法治和人治问题的。相反，一些国家虽然也一度实现快速发展，但并没有顺利迈进现代化的门槛，而是陷入这样或那样的'陷阱'，出现经济社会发展停滞甚至倒退的局面。后一种情况很大程度上与法治不彰有关。""历史是最好的老师。经验和教训使我们党深刻认识到，法治是治国理政不可或缺的重要手段。"①"人类社会发展的事实证明，依法治理是最可靠、最稳定的治理。"②"当今世界，法治逐渐成为国家和社会治理的共同选择，但其具体模式千差万别。这也表明，法治没有永恒不变的标准，实行法治只能是根据本国经济、政治、文化和社会传统的实际情况，加以借鉴参考，而不能照搬照套。"③"从已经实现现代化国家的发展历程看，像英国、美国、法国等西方国家，呈现出来的主要是自下而上社会演进模式，即适应市场经济和现代化发展需要，经过一二百年乃至二三百年内生演化，逐步实现法治化，政府对法治的推动作用相对较小。像新加坡、韩国、日本等，呈现出来的主要是政府自上而下在几十年时间快速推动法治化，政府对法治的推动作用很大。就我国而言，我们要在短短几十年时间内在十三亿多人口的大国实现社会主义现代化，就必须自上而下、自下而上

---

① 习近平：《在十八届四中全会第二次全体会议上的讲话》（2014年10月23日），中共中央文献研究室编：《习近平关于全面依法治国论述摘编》，北京：中央文献出版社，2015年，第12、8页。

② 习近平：《在庆祝澳门回归祖国15周年大会暨澳门特别行政区第四届政府就职典礼上的讲话》（2014年12月20日），《论坚持全面依法治国》，第120—121页。

③ 周咏南：《习近平在省委理论学习中心组学习会上强调 认真学习研究社会主义法治不断推进"法治浙江"建设》，《浙江日报》2006年2月6日，第1版。

双向互动推进法治化。"① 据此，法治是人类社会发展的共同主题，也是随时代变奏、应实践发展、受文化形塑的差异文明。这些科学论断极大地丰富和创新了历史唯物主义法治原理。

2. 对中国近代政治法律制度探索历史进程的理性反思

鸦片战争后，中国沦为半殖民地半封建社会。中国向何处去，在中国建立什么样的国家制度、社会制度和法律制度，是近代以来中国人民面临的一个历史性课题。为解决这一历史性课题，中国人民进行了艰辛探索。辛亥革命之前，各种变法新政、思想启蒙等都未能取得成功。辛亥革命之后，中国尝试过君主立宪制、议会制、多党制、总统制等各种制度模式，各种政治势力及其代表人物纷纷登场，都没能找到正确答案，中国依然是山河破碎、积贫积弱，列强依然在中国横行霸道、攫取利益，中国人民依然生活在苦难和屈辱之中。习近平同志对近代以来中华儿女的艰辛探索、中华民族的发展命运进行了全面反思，指出：不触动旧的社会根基的自强运动，各种名目的改良主义，旧式农民战争，资产阶级革命派领导的民主主义革命，照搬西方政治制度模式的各种方案，都不能完成中华民族救亡图存和反帝反封建的历史任务，都不能让中国的政局和社会稳定下来，也都谈不上为中国实现国家富强、人民幸福提供制度保障。只有彻底打碎旧的国家机器和法统，结束半殖民地半封建社会制度，建

---

① 习近平：《各级领导干部要做尊法学法守法用法的模范》（2015年2月2日），《论坚持全面依法治国》，第135—136页。

立社会主义国家制度和法律制度，实行人民当家作主的民主政治，才能从根本上改变中华民族和中国人民的命运。这些认识生动地提供了开辟社会主义民主法治道路、坚持和发展中国特色社会主义政治法律制度的历史依据。

3. 对新民主主义法制和社会主义法制建设曲折前行的经验总结

习近平同志善于总结党和国家历史上法治建设正反两方面的经验，以史为鉴、教育党和人民坚定不移地走中国特色社会主义法治道路，奋力推进法治中国建设。20世纪以来，中国先进分子和革命力量在马克思主义真理旗帜下创立了中国共产党，并以马克思主义为指导致力于建设人民当家作主的新社会新政权新制度。土地革命时期，我们党在江西中央苏区建立了中华苏维埃共和国，开启了探索建设国家制度和法律制度的伟大征程。抗日战争时期，我们党建立了以延安为中心、以陕甘宁边区为代表的抗日民主政权，成立边区政府，按照"三三制"原则，以参议会为最高权力机关，建立了各级立法、行政、司法机关，创造了"马锡五审判方式"。在解放战争节节胜利之际，我们党在东北解放区、华北解放区等地建立了人民政权，组建了具有未来中央人民政府雏形的华北人民政府。新民主主义政权建设和法制建设的这些伟大探索为建立新中国的国家制度和法律制度积累了宝贵经验。新中国成立之初，我们党把在局部地区执政的新民主主义制度建设经验在全国范围内推广，通过了具有临时宪法性质的《中国人民政治协商会议共同纲领》，确立了新中国的国体、政体和法制，实现了从两千多年封建专制统治向人民民主法治的伟大飞跃。

新中国成立后，我们党在废除国民党旧法统的同时，积极运用中央苏区和革命根据地法制建设的成功经验和人民政协的伟大成果，抓紧建设社会主义法制。1954年9月20日，第一届全国人民代表大会第一次会议通过了《中华人民共和国宪法》，以根本法的形式规定了我国的国体、政体、国家机构、公民基本权利和义务等，实现了人民民主和社会主义民主法律化制度化，为建立社会主义法律体系奠定了宪制基础。之后，我国又根据宪法制定了一系列法律、法令并着手起草民法、刑法、刑事诉讼法等基本法律。然而，后来受各种主客观因素影响，我们"逐渐对法制不那么重视了，特别是'文化大革命'十年内乱使法制遭到严重破坏，付出了沉重代价，教训十分惨痛！"[1]

改革开放以来，我们党坚定不移地推进法治建设。党的十八大以来，以习近平同志为核心的党中央更加重视法治建设，提出全面依法治国并将其纳入"四个全面"战略布局，提出建设中国特色社会主义法治体系，建设社会主义法治国家，建设法治中国，开创了经济持续繁荣、社会和谐安定、人民安居乐业的新局面。[2]

习近平同志在全面总结和反思中国近现代法治建设正反

---

[1] 习近平：《在中共十八届四中全会第二次全体会议上的讲话》（2014年10月23日），中共中央文献研究室编：《习近平关于全面依法治国论述摘编》，第8页。

[2] 参见习近平：《关于〈中共中央关于全面推进依法治国若干重大问题的决定〉的说明》（2014年10月20日），《论坚持全面依法治国》，第85、86页。

两方面经验的基础上,深刻地揭示出法治与国家前途、人民命运息息相关的历史逻辑:"法治兴则国家兴,法治衰则国家乱。什么时候重视法治、法治昌明,什么时候就国泰民安;什么时候忽视法治、法治松弛,什么时候就国乱民怨。"① 这一论断极大地丰富和发展了马克思主义法治理论和中国特色社会主义法治理论,以历史的证明力和理论的解释力坚定了党和人民深入推进全面依法治国、建设社会主义现代化法治强国的信念和意志。

(二)对中华优秀法治文化的创造性转化、创新性发展

习近平同志坚持运用马克思主义历史观和方法论,深入研究中国传统法治文明和法治思想,将其精神标识和思想精髓提炼出来、展示出来,实现在思维中鉴古知今、在实践中以史资政。

习近平同志十分注重对中华优秀传统法治文化的传承、发展和创新。他指出:"我国古代法制蕴含着十分丰富的智慧和资源,中华法系在世界几大法系中独树一帜。要注意研究我国古代法制传统和成败得失,挖掘和传承中华法律文化精华,汲取营养、择善而用。"② "在几千年的历史演进中,中华民族创造了灿烂的古代文明,形成了关于国家制度和国

---

① 习近平:《在中共十八届四中全会第二次全体会议上的讲话》(2014年10月23日),中共中央文献研究室编:《习近平关于全面依法治国论述摘编》,第8页。

② 习近平:《加快建设社会主义法治国家》(2014年10月23日),《求是》2015年第1期。

家治理的丰富思想,包括大道之行、天下为公的大同理想,六合同风、四海一家的大一统传统,德主刑辅、以德化人的德治主张,民贵君轻、政在养民的民本思想,等贵贱均贫富、损有余补不足的平等观念,法不阿贵、绳不挠曲的正义追求,孝悌忠信、礼义廉耻的道德操守,任人唯贤、选贤与能的用人标准,周虽旧邦、其命维新的改革精神,亲仁善邻、协和万邦的外交之道,以和为贵、好战必亡的和平理念,等等。"[1] 在中国法治的历史传统和民族精神之中,有许多超越时空、普遍有益、饱含精华、体现法治文明的经典命题和论语,如"法者,所以兴功惧暴也。律者,所以定分止争也。令者,所以令人知事也。法律政令者,吏民规矩绳墨也。"(《管子·七臣七主》)"法者,治之端也。"(《荀子·君道》)"经国序民,正其制度。"[2] "法,非从天下,非从地出,发于人间,合乎人心而已。"[3] "当时而立法,因事而制礼。礼、法以时而定,制、令各顺其宜。"(《商君书·更法》)"法令行则国治,法令弛则国乱。"[4] "匠万物者以绳墨为准,驭大国者以法理为本。"[5] "立善法于天下,

---

[1] 习近平:《坚持和完善中国特色社会主义制度、推进国家治理体系和治理能力现代化》,《习近平谈治国理政》第3卷,第119—120页。

[2] 荀悦撰,张烈点校:《汉纪·孝武皇帝纪一卷第十》,北京:中华书局,2002年,第159页。

[3] 慎到著,许富宏校注:《慎子集校集注·慎子逸文存疑》,北京:中华书局,2013年,第102页。

[4] 王符撰,汪继培笺,彭铎校正:《潜夫论笺校正·卷四·班禄第十五·卷四·述赦第十六》,北京:中华书局,1985年,第190页。

[5] 萧子显撰,中华书局编辑部点校:《南齐书·卷四十八·列传第二十九·孔稚珪》,北京:中华书局,1972年,第836页。

则天下治；立善法于一国，则一国治。"① "盖天下之事，不难于立法而难于法之必行。"② 等等。

习近平同志对这些优秀文化遗产和法理精华如数家珍、信手拈来，将它们恰到好处、栩栩传神地引用在自己的讲话和文章中，并加以创造性转化、创新性发展，从而消除了近代以来文化虚无主义对传统法文化的误解和曲解，使中华法文化的精髓得到传承，使法治的中国精神和民族品格得以彰显。阅读习近平同志有关法治的论述，之所以感受到其浓郁的文化底蕴、深厚的思想积淀、明快的修辞风格，一个重要原因就在于其广征博引、古为今用、推陈出新，善于激活优秀传统法文化的生命，赋予其当代价值和时代意义，让法治传统智慧在中国法治建设和国家治理现代化实践中焕发出时代光彩。

（三）对世界法治文明成果的择善而用、兼容并蓄

习近平法治思想既是中国特色社会主义法治理论的最新成果，又是人类法治文明成果的集成创新，具有全球化背景下法治上的可鉴性、法理上的共识性。正如习近平同志所指出的："中华民族是一个兼容并蓄、海纳百川的民族，在漫长历史进程中，不断学习他人的好东西，把他人的好东西化

---

① 王安石：《临川先生文集》，北京：中华书局，1959年，第678页。
② 张居正撰：《张太岳集》卷三十八，《请稽查章奏随事考成以修实政疏》，上海：上海古籍出版社，1984年，第482页。

成我们自己的东西,这才形成我们的民族特色。"① 他强调指出:"坚持从我国实际出发,不等于关起门来搞法治。法治是人类文明的重要成果之一,法治的精髓和要旨对于各国国家治理和社会治理具有普遍意义,我们要学习借鉴世界上优秀的法治文明成果。"②

千百年来,世界不同国家和法系中都生成了许多跨越时空的理念、制度和方法,反映了人类法治文明发展的一般规律,凝聚着法治的人类精神,诸如依法治理、权力制约、权利保障、宪法法律至上、法律面前人人平等、契约自由、正当程序、无罪推定等法理命题,以及有关法律、法治和法理的许多学说。在世界不同民族的历史上都产生过许多杰出的思想家和广为流传的经典著作,这些经典著作包含着很多迄今仍有借鉴意义的法治思想精华。习近平同志自知青年代起就博览群书,博采中外哲学社会科学之智识,汲取人类各领域思想之养分,这使他的法治思想具有更宽阔的知识视野、更厚重的理论品质、更强大的思维力量。习近平法治思想之所以能在世界舞台上彰显话语魅力、思想活力和实践伟力,正是因为它吸纳了世界法治文明成果,凝结着人类共同的治理智慧,分享着极其珍贵的中国方案和中国法理。

党的十八大以来,习近平同志在出国访问期间,在讲话、报告、会谈中时常言及外国思想史的经典人物及其思想

---

① 习近平:《完善和发展中国特色社会主义制度 推进国家治理体系和治理能力现代化》,《人民日报》2014年2月18日,第1版。

② 习近平:《加快建设社会主义法治国家》(2014年10月23日),《求是》2015年第1期。

学说。他引用过很多外国法学论述、法治格言和法理金句。例如,"卢梭说,一切法律中最重要的法律,既不是刻在大理石上,也不是刻在铜表上,而是铭刻在公民的内心里。"①"罗马帝国三次征服世界,第一次靠武力,第二次靠宗教,第三次靠法律,武力因罗马帝国灭亡而消亡,宗教随民众思想觉悟的提高、科学的发展而缩小了影响,惟有法律征服世界是最为持久的征服。"②"一次不公正的裁判,其恶果甚至超过十次犯罪。因为犯罪虽是无视法律——好比污染了水流,而不公正的审判则毁坏法律——好比污染了水源。"③等等。

习近平同志在借鉴吸收国外法治理论和法治文明成果时,始终坚持辩证思维,反对不加甄别、全盘照搬、机械复制国外法治思想和学说,指出:"对世界上的优秀法治文明成果,要积极吸收借鉴,但也要加以甄别,有选择地吸收和转化,不能囫囵吞枣、照搬照抄,否则必然水土不服。"④"不能做西方理论的'搬运工'""我们有我们的历史文化,有我们的体制机制,有我们的国情,我们的国家治理有其他国家不可比拟的特殊性和复杂性,也有我们自己长期积累的经验和优势","在这个问题上,我们要有底气、有自信,

---

① 参见习近平:《论坚持全面依法治国》,第50页。
② 参见习近平:《加强党对全面依法治国的领导》,《求是》2019年第4期。
③ 参见习近平:《严格执法,公正司法》,《论坚持全面依法治国》,第46页。
④ 习近平:《全面做好法治人才培养工作》(2017年5月3日),《论坚持全面依法治国》,第177页。

要努力以中国智慧、中国实践为世界法治文明建设作出贡献。"①

综上，习近平法治思想的形成和发展不是偶然的，而是蕴含着深厚的实践逻辑、理论逻辑和历史逻辑。这三个逻辑是内在融贯、有机统一的，共同诠释着习近平同志在数十年领导实践中敢于实践、勇于创新、善于总结的思想创造力，刻画了我国改革开放以来恢复法制、完善法制、厉行法治的实践生命力，彰显出全面依法治国、建设法治中国、推进国家治理现代化的时代爆发力，共同汇合于新时代中国特色社会主义法治道路。这三个逻辑真实揭示了习近平法治思想是生动的实践体系、科学的真理体系、包容的文明体系，它的形成发展缘于经验的沉淀、理性的凝结、历史的淬炼，其体系构建是实践的需要、时代的要求和人民的呼唤。这三个逻辑串联起法治思想成长的客观规律、法治真理发展的一般规律、法治文明进步的共同规律，牵系着伟大领袖的法治情怀、伟大道路的法治真谛、伟大时代的法治精神。沿着这三大逻辑继续前行，我们必将续写中国特色社会主义法治理论新篇章，开辟21世纪马克思主义法治理论的新境界。

（原载《中国社会科学》2021年第3期）

---

① 习近平：《全面做好法治人才培养工作》（2017年5月3日），《论坚持全面依法治国》，第176、177页。

《中国社会科学》2021年度好文章获奖文章颁奖辞

《中国社会科学》2021年度好文章之《世界历史与中国道路的百年探索》（作者：吴晓明，责任编辑：李潇潇）

　　文章紧扣中国共产党百年历史与中国现代化百年探索史的重大课题，从世界历史的宏阔视野观照百年中国道路的价值，探讨了中国式现代化与马克思主义中国化相一致的历史进程及其规律，学理化地分析了中国道路白年探索的世界意义，提出了中国式现代化作为一种"新文明类型"的独到见解，是将政治话语转化为学术话语的典范之作。

世界历史与中国道路的百年探索[*]

吴晓明

摘要：中国共产党的成立，决定性地标志着中国的现代化进程与马克思主义建立起一种本质的关联。这种本质的关联立足于马克思主义的中国化，并通过中国道路的百年实践获得历史性的证明。在新的历史方位上，当今中国发展的世界历史意义在于，中国在完成其社会主义现代化任务的同时正在开启出一种新文明类型的可能性。

关键词：现代性　世界历史　中国共产党　中国道路　百年探索

作者吴晓明，复旦大学当代国外马克思主义研究中心研究员、哲学学院教授（上海　200433）。

---

[*] 本文为教育部哲学社会科学研究重大课题攻关项目"中国道路与人类文明进步的哲学研究"（17JZD037）阶段性成果。

以中国共产党的成立为标志，近代以来中国的历史性实践发生了一个决定性的转折，并由此开启出中国道路的百年探索。这条道路具有双重的本质规定：它是现代化与马克思主义中国化相统一的历史性进程。然而，这样一种历史性进程是在"世界历史"的境域中开展出来的，与"世界历史"的整体进程具有内在联系。一方面，如果不是由于现代性①的力量开辟出世界历史，就不会有以现代化和马克思主义中国化为定向的中国道路；另一方面，同样是由于中国道路与世界历史的内在关联，中国的历史性实践就不能不对世界历史进程产生影响，并在特定阶段上展现其深远意义。因此，本文尝试探讨的问题是：（1）现代性如何开辟出世界历史并设定其基本架构，从而使中国的现代化进程成为不可避免的？（2）在世界历史的整体背景中，中国的现代化事业何以同马克思主义建立起本质联系，进而持续地实现马克思主义的中国化？（3）中国道路的百年探索如何不断推进着现代化与马克思主义中国化的统一，并使这样的统一在不同阶段上得到历史性的实现？（4）作为中国道路的当代形态，中国特色社会主义对于世界历史具有怎样的意义，从而对于当今世界的历史性变局具有怎样的意义？

一

"世界历史"是现代世界的产物，换句话说，只有现代

---

① 所谓现代性，是指现代世界的本质—根据，它包含两个基本方面，即资本和现代形而上学；而现代化则意味着进入现代性之中。

世界才将自身展现为普遍的世界历史。由于现代性在特定阶段上取得了绝对力量，由于这种力量无远弗届地摧毁了一切地域间或民族间的隔阂壁垒，才第一次开辟出"世界历史"。因此，世界历史首先意味着先前局限于地域的或民族的历史不再可能，意味着先前的偶然交往被普遍的世界交往所取代。"资产阶级，由于开拓了世界市场，使一切国家的生产和消费都成为世界性的了。使反动派大为惋惜的是，资产阶级挖掉了工业脚下的民族基础……过去那种地方的和民族的自给自足的闭关自守状态，被各民族的各方面的互相往来和各方面的互相依赖所代替了。物质的生产是如此，精神的生产也是如此。"① 这是一个史无前例的根本性转变，是一个真正具有"世界历史意义"的转变。自此以后，正像总体的历史不能不是世界历史一样，任何一个民族的或地域的历史性活动在本质上不能不参与到世界历史的总体进程之中，并成为它的组成部分。

正是这一历史性的转变构成"世界历史"意识的现实基础，从而构成建立在这一意识之上的"历史哲学"的现实基础。在维科主张并推断历史具有一种普遍性质之后，在伏尔泰草创"历史哲学"的名目之后，普遍历史的观念作为世界历史意识的理论表现，便在德国思想界中迎来其多方阐述的鼎盛时期。无论是赫德尔的《人类历史哲学的观念》，还是席勒的《普遍历史的性质和价值》，也无论是康德的《世界公民观点之下的普遍历史观念》，还是黑格

---

① 《马克思恩格斯文集》第2卷，北京：人民出版社，2009年，第35页。

尔的《世界史哲学讲演录》，都试图揭示并论证一种普遍历史的观念。这里不必展开其具体内容，即便是这些论著的标题，就已表明各种学说都是围绕着"普遍历史"或"世界历史"这一枢轴旋转的。如果说，普遍历史或世界历史的观念构成历史哲学的理论前提，那么，这种观念的现实基础就是现代性的特定力量所开辟出来的世界历史进程；没有这样一种现实历史的展开过程，也就不会有所谓普遍历史或世界历史的意识或观念。换句话说，正是由于现实的历史运动本身转变为世界历史，由于现代性在18、19世纪的凯歌前进，普遍的世界历史或世界历史的普遍性，才在当时的各种学术中得到积极的思考，并在历史哲学中得到突出的理论表现。

然而，世界历史的普遍性并不是——根本不是——一种抽象的普遍性，仿佛世界历史乃是一个可供任何民族在其中自由表演的场所或均质性空间似的。毋宁说，那种抽象的因而是无内容的普遍性，离世界历史的真相实在是无比遥远。现代性（其主干是资本和现代形而上学）在开辟出世界历史的同时，也在它所占据的全部领域中建立起一种基本的支配—从属关系。《共产党宣言》将这种关系表述为："正像它（指资产阶级——引者注）使农村从属于城市一样，它使未开化和半开化的国家从属于文明的国家，使农民的民族从属于资产阶级的民族，使东方从属于西方。"[①] 一个世纪之后，海德格尔仍然重申西方历史"就要扩张为世界历史

[①] 《马克思恩格斯文集》第2卷，第36页。

了";为了强调这种扩张势力的源头("欧洲",即近代西方)以及势力范围的所及(人类、地球),他将这种统治—权力关系表述为"人类和地球的欧洲化"。①

中国自近代以来,遭遇到了极为严峻的挑战和危机;与以往任何一种严峻局面完全不同的是,以1840年为标志性开端的挑战和危机,归根到底起源于现代性所开辟的"世界历史"及其内在的支配—从属关系。这意味着,当时的中国是不可避免地被卷入世界历史之中,并且是不可避免地被抛到由现代性所设置的关系之中。抽象普遍性的观点根本无法理解这种关系。只是由于唯物史观,马克思才第一次将世界历史的本质性深刻地揭示为感性权力的支配—统治关系,就像现代经济生活植根于资本对活劳动的支配和统治一样。"资产阶级,由于一切生产工具的迅速改进,由于交通的极其便利,把一切民族甚至最野蛮的民族都卷到文明中来了。它的商品的低廉价格,是它用来摧毁一切万里长城、征服野蛮人最顽强的仇外心理的重炮。它迫使一切民族——如果它们不想灭亡的话——采用资产阶级的生产方式;它迫使它们在自己那里推行所谓的文明,即变成资产者。一句话,它按照自己的面貌为自己创造出一个世界。"② 正是这样一种世界历史的基本格局,使现代化——即进入现代性之中——成为一切民族之普遍的历史性命运:对于中华民族来说是如此,对于世界上其

---

① 参见孙周兴选编:《海德格尔选集》下卷,上海:上海三联书店,1996年,第1019—1020页。
② 《马克思恩格斯选集》第1卷,北京:人民出版社,2012年,第404页。

他民族来说也是如此。这意味着，中国所面临的现代化任务是历史的必然，是不以人们的主观意志和愿望为转移的。由此而得到把握的中国现代化进程乃是真正"历史性的"，而不仅仅是"历史学的"——海德格尔对这两个术语的区分表明：所谓"历史性的"是指"命运性的"；而马克思先行已用"如果它们不想灭亡的话"这个短语，明确提示出对于世界各民族来说是命运性的历史境况了。

然而，构成百年中国道路的本质规定不仅是现代化，还是马克思主义中国化。如果说，中国的现代化进程乃是历史性的，那么，这一进程与马克思主义的关联是否同样是真正历史性的呢？这个问题之所以产生，是因为西方现代世界的出生和成长初始并没有马克思主义的参与，而马克思主义倒毋宁说是现代世界的矛盾和对立发展到特定阶段上的产物。这种情形使得某种抽象的观点在中国现代化进程的主题上先验地假设：马克思主义对于这一进程来说可以是完全不必要的，也就是说，是偶然的或无关乎本质的。这样的观点全然无视现实的历史，而只是以一种纯粹主观的方式来假设并裁断历史，仿佛中国的现代化进程"本来"可以避开同马克思主义的关联似的，仿佛这一现代化进程如果听从其假设的指令就会得到更加"纯净"的开展似的。但我们从黑格尔的时代就已经知道，"……惯于运用理智的人特别喜欢把理念与现实分离开，他们把理智的抽象作用所产生的梦想当成真实可靠，以命令式的'应当'自夸，并且尤其喜欢在政治领域中去规定'应当'。这个世界好像在静候他们的睿智，以便向他们学习什么是应当的，但又是这个世界所未曾达到的"。①

　　与现实分离开来的理念是什么呢？是抽象普遍性的观念，是仅仅适合于主观主义地解释历史的观点。我们面临着"历史道路"的主题，而在这个主题上必然会表现出抽象历史观点和现实历史观点之间的对立。当现代性的力量开辟出世界历史时，就像我们在现实中遭遇一种普遍的历史命运一样，我们在理论上也面临着世界历史之普遍性的问题。但世界历史的普遍性绝不是抽象的普遍性，而是具有相当确切的实体性内容的；这样的实体性内容是如此多样纷繁，以至于这种普遍性除非能够通过不同的历史进程（"道路"）被具体化，否则它就根本不是真正普遍的（即黑格尔所谓渗入特殊并包含特殊的普遍性）。自黑格尔和马克思以来，用抽象的普遍性来假设并断言历史的观点就已经是时代错误了；更何况当这样的观点用西方历史所取得的普遍性外观来强制一切民族的历史道路时，它就尤其变得荒诞无稽。黑格尔在《历史哲学》中曾提出这样的问题："为什么'宗教改革'只限于若干国家？为什么它不普及到整个天主教世界？"② 对此黑格尔通过政治因素、经济因素和文化因素（民族精神或民族性格）的多重具体化，来说明宗教改革在日耳曼、罗马、斯拉夫各民族中的"被接受或者遭拒绝"，并且来说明宗教改革在日耳曼人、法兰西人和英格兰人那里所采取的不同方式和

---

　　① 黑格尔：《小逻辑》，贺麟译，北京：商务印书馆，1980年，第44—45页。

　　② 黑格尔：《历史哲学》，王造时译，上海：上海世纪出版集团，2006年，第393页，并参见第394—395页。

不同路径。同样，在马克思看来，世界历史的普遍性从来不意味着——也不可能意味着——历史道路的抽象同一性。即使是在1843年的西欧，落后的德国也不会重复先进的英国或法国的解放道路，相反，德国道路的可能性恰恰在于它走英国和法国道路的不可能性。而当1881年查苏利奇向马克思询问俄国道路的可能性时，马克思同样最坚决地拒绝了那种由西欧的比附而来的流行推断（此类推断直到今天在关于中国的历史假设和想象中依然流行），将这样的推断称作"社会新栋梁"的文坛奴仆的臆想，并且最坚决地要求通过特定的社会条件和历史环境的具体化，来揭示俄国道路的现实的可能性。

抽象普遍性的观点根本无法理解现实的历史，它尤其没有能力把握世界历史普遍性境况中不同民族的现实的历史道路。这样的观点往往只是从现代西方世界——尽管其内部亦有种种差别——中去抽象地取得一个现成的"公式"，并把它先验地强加到任何一个民族的历史进程之上。用抽象普遍性的观点来解答一个特定民族的历史道路问题，实在比解一次方程还要容易，并且这种观点还颐指气使地把每一个逸出或偏离"公式"的历史行程指斥为荒谬绝伦，仿佛任何一条历史道路都必须听命于抽象普遍性观念的指令似的。最为吊诡的是，唯物史观的原理、马克思的历史道路理论居然也时常被当作抽象普遍性的"公式"来看待和运用。这种做法之令人惊讶的天真和无头脑，只要读一下马克思的下述声言便足以一目了然："他（指米海洛夫斯基——引者注）一定要把我关于西欧资本主义起源的历史概述彻底变成一般发展道路的历史哲学理论,一切民族,不管它们所处的历史环境如何,都注定要走这条道路,——以便最后都达到在保证社会劳动生产力极高度发展的同时又保证每个生产者个人最全面的发展的这样一种经济形态。但是我要请他原谅。(他这样做,会给我过多的荣誉,同时也会给我过多的侮辱。)"① 马克思之所以要作出这样的反驳,是因为米海洛夫斯基把马克思"关于西欧资本主义起源的历史概述"变成了"一般发展道路的历史哲学理论",也就是说,变成了抽象的普遍性,即关于历史道路的"公式"——"这种历史哲学理论的最大长处就在于它是超历史的"。② 而马克思之所以有理由作出这样的反驳,是因为唯物史观的历史道路理论绝不滞留于并且满足于抽象的普遍性,恰恰相反,它要求"科学的抽象"始终深入现实历史的实体性内容之中,并且正像它在本体论上立足于"实在主体"——即"既定社会"——的自我活动一样,它把世界历史的普遍性把握为在特定社会条件和历史环境中被具体化了的普遍性。一句话,"历史是不能靠公式来创造的"。③ 在这里,具体化的观点也就是现实历史的观点,它与抽象历史的观点(其核心总是作为"公式"的抽象普遍性)相对立;这样的对立突出地体现在黑格尔的下述说法中:没有抽象的真理,真理是具体的。

只有站在现实历史的基础之上,才能真正把握世界历史

---

① 《马克思恩格斯文集》第3卷,北京:人民出版社,2009年,第466页。
② 《马克思恩格斯文集》第3卷,第467页。
③ 《马克思恩格斯文集》第1卷,北京:人民出版社,2009年,第624页。

处境中中国道路的历史性展开,才能把握中国道路百年探索的历史性进程。如果说,中国道路的现代化趋势相对说来还是易于理解的,那么,为了能够把握中国的现代化任务与马克思主义的本质关联,就必须依循现实历史的观点,否则就会寸步难行。

二

中国共产党的成立,决定性地标志着中国的现代化进程与马克思主义建立起一种关联,而这种关联的本质性和必然性,则是通过百年中国的历史性实践来证明的。这里所说的"证明",意味着上述关联历经长期的历史考验,并在这种考验的结论中成为真正历史性的。抽象普遍性的观点只把西欧资本主义的起源当成先验的公式来使用,因此才会把中国的现代化进程与马克思主义的关联想象为偶然的,即可以随意取消的。如果说这种虚假的抽象观念总是自不量力地试图反驳现实的历史,那么现实的历史则毫不容情地将这种观念揭示为主观主义的幻觉,就像现实的历史终究会把展开过程中那些偶然的、无关乎本质的东西摆放到适合于它们的位置上去一样。

为了简要地说明问题的关键,且让我们首先指出这样一点:中国的现代化进程之所以与马克思主义建立起本质的联系,是因为从根本上来说,中国的现代化事业必须经历一场彻底的社会革命来为之奠基,而中国的社会革命历史地采取了新民主主义—社会主义的定向。毫无疑问,如果没有一场彻底的社会革命，中国的现代化事业就不可能全面地展开并得以真正实现；同样毫无疑问，如果这场社会革命不是最终采取新民主主义—社会主义的定向，它就不会达到自己的目的并得以完成。一般说来，任何一个大规模的现代化进程都必然通过一场（或几场）社会革命来为其奠基，即使在西欧各国，现代性的展开过程也不能不经由社会革命（往往表现为政治革命）来为自己开辟道路；特殊地说来，这样的社会革命采取何种方式，其政治斗争的席卷范围和激烈程度，则完全取决于"实在主体"（即既定社会）的特定社会—历史状况，取决于由这种状况之具体化所规定的阶级关系和阶级斗争的性质。1640年的英国革命在一系列的历史事件中逐渐达成资产者和贵族的特定妥协，并通过所谓"光荣革命"达到自己的目的；而1789年的法国革命则表现为一种不断的上升运动，解放者的角色依次由参与革命的不同阶级来担任，激进的党派被更加激进的党派所取代，直到拿破仑用军事力量重建起政府的权力。必须承认，法国革命的意义是普遍的，黑格尔称这种意义是"世界历史性"的，而马克思则将之标识为"政治解放"的典范。这种普遍性固然意味着新的历史性时代的辉煌到来，但却绝不意味着任何民族的政治革命都会按照法国革命（或更广泛地说来，按照西欧革命）的方式来展开，并且会以这样的方式来达到自己的目的。

由此可见，世界历史的普遍性不仅是存在的，而且是强有力的，它要求在世界历史的广阔疆域中实现自身；然而，除非它能够超越抽象的普遍性，并在特定的社会

—历史条件中被具体化,否则的话,它就根本不可能实现自身,无头脑的抽象观念不过是在其主观的臆想中令其"实现"罢了。如果说,现代性的力量在开辟出世界历史的同时乃使现代化成为世界各民族的普遍命运,那么,对于中国现代化进程的展开与实现来说,同样必须通过一场社会革命来为它奠基;而这场社会革命的展开方式与实现方式,则取决于当时中国特定的社会状况与历史处境。如果说,中国的现代化进程与马克思主义的本质关联起源于中国革命最终采取了新民主主义—社会主义的定向,那么,一个很自然的问题是:中国革命何以会历史地采取这一基本定向呢?

对于回答这个问题来说,五四运动提供了一个合适的理解基地,但为此必须充分把握其整全的历史意义。五四运动的意义至少包括以下三个层面。第一,是基本观念或理念的层面。毫无疑问,五四运动的基本观念是现代化,是要求推动中国历史性进程的现代化。五四运动的旗帜上赫然写着"科学"与"民主"这两个口号,而这样的口号再清楚不过地表明这一运动的一般性质与使命。如果说"科学"与"民主"简要地标示着现代性的理念和目标要求的话,那么,五四新文化运动在基本观念上无非意味着使中国的历史性进程进入现代化之中,进入现代性的理念和价值目标的定向之中。在这种意义上,五四运动不仅承继着先前已渐次发生的现代化任务,而且以"新文化"的名义揭示了更全面的现代化任务,并用"科学"与"民主"突出地概括了现代性的基本观念。

第二，是现实历史的层面。五四运动不仅是一般的观念，而且是现实的历史运动。现代性的理念或口号，如果不是停滞于抽象的观念，它就必须通过现实的历史运动来展开和实现。作为现实的历史运动，五四运动——一言以蔽之——是：彻底地不妥协地反对帝国主义和彻底地不妥协地反对封建主义的运动。如果说，反对封建主义乃是新文化运动的题中应有之义（新文化本来就意味着用现代文化来克服或取代旧的封建主义文化），那么作为现实的历史运动，它为什么同时还要反对帝国主义呢？抽象普遍性的观点完全无法理解这一点，它仅仅停留在现代性理念的空疏形式中，它只能非历史地想象现代性的理念及其完美实现是现成地存在于西方—资本主义世界中，而根本看不到五四运动所揭示的正是这样一种历史的现实性：那已成为帝国主义列强的资本主义世界恰恰构成中国革命的敌人。因此，除非中国革命能够彻底地不妥协地反对帝国主义这个敌人，否则的话，它就不可能完成反对封建主义的历史任务，因而也就不可能为其现代化事业的整体进程真正奠基。由于抽象普遍性的观点在这里陷入手足无措的窘境，所以它就从中想象出一种对立来构陷历史，仿佛反对帝国主义的斗争不能不有害于现代性理念的展开似的，仿佛任何一种触犯西方"圣物"的运动对于现代化进程来说只会具有消极意义似的。然而，正是现实的五四运动表明：反对帝国主义和反对封建主义的斗争必然成为同一个历史运动；这样的历史运动意味着，如果它不能同时摧毁这两个敌人就不可能摧毁其中的任何一个，也就不可能为中国的现代化事业决定性地开辟出继续前进的道路。

因此，对于中国的现代化进程来说，反对帝国主义的斗争绝非具有"削弱"或"压倒"现代化展开的消极意义，恰恰相反，正是由于反对帝国主义斗争的同时并举，才积极地保全、捍卫并且拯救了现代化在中国道路上的历史性实现。

第三，是作为历史趋势的层面。五四运动作为现实的历史运动，不仅表现为一系列历史事实，还表现为特定的历史性趋势——现实的趋势就是在展开过程中表现为必然性的东西。在黑格尔看来，历史的总体趋势比既成的历史事实具有更高的现实性。抽象普遍性的观点既然连现实的历史运动都消化不了，它就尤其无法理解在五四运动中作为现实的趋势所展现出来的东西了。五四运动代表并揭示出怎样一种历史性的趋势呢？最为简要地说来，由于第一次世界大战和俄国十月革命极大地改变了世界历史的基本格局，又由于五四运动以反帝反封建作为基本目标，所以这一运动就不能不成为当时世界革命的组成部分；并且在成为世界革命之组成部分的同时，为中国共产党的成立做好了准备，从而为中国的现代化事业与马克思主义的本质关联做好了准备。正如毛泽东同志在《新民主主义论》中所指出的那样，"五四运动时期虽然还没有中国共产党，但是已经有了大批的赞成俄国革命的具有初步共产主义思想的知识分子。……五四运动是在思想上和干部上准备了一九二一年中国共产党的成立，又准备了五卅运动和北伐战争。"①

---

① 《毛泽东选集》第 2 卷，北京：人民出版社，1991 年，第 699—700 页。

由此可见，五四运动之整全的历史性意义不仅表现在现代性的基本理念中，而且反映在反帝反封建的现实运动中，最后还尤为突出地展现在中国革命的新民主主义方向中。如果说，在紧随其后的中国革命的历史性实践中，出现了各革命阶级的统一战线，出现了第一次国共合作，并且出现了作为统一战线和国共合作之政治基础的"新三民主义"，那么，对于中国共产党来说，这一进程就意味着新民主主义的定向在中国革命进程中的决定性出现，意味着中国革命采取这一定向的积极开端。在此之后的革命行程不仅跌宕起伏而且波澜壮阔，而这里真正重要的乃是这样一种历史性的趋势：以新民主主义为定向的中国革命在整个展开过程中表现为必然性。如果像黑格尔所说的那样，世界历史乃是"最高法庭"，或者如马克思所说的那样，"历史本身就是审判官"，那么，现实历史的决定性裁断就是：中国革命只有在新民主主义的定向中才能达到自己的目的，只要这个目的未曾达到，它就不会停顿下来，就像现实的革命进程不断地把脱离这一定向的背弃和逃遁无情地抛到自己身后一样。因此，正是现实的历史进程本身，将中国革命的使命最终托付给中国共产党，亦即托付给始终最坚决地执行新民主主义任务的政党。

在"世界历史"所敞开的理论和实践境域中，新民主主义是和社会主义相关联、相贯通的，没有这样的关联和贯通就根本没有新民主主义。对于中国共产党来说，正像新民主主义革命在其定义中将社会主义理解为自身之完成了的本质一样，以新民主主义—社会主义为定向的革命政党理所当然地将马克思主义把握为自身的思想理论基础。因此，只要中国的现代化进程必须通过一场社会革命来为之奠基，只要这场社会革命历史地采取新民主主义—社会主义的定向，中国的现代化进程与马克思主义的本质关联就是必然的，就是不以人们的主观意志或愿望为转移的。当无头脑的抽象观点还在继续假设（实则是虚构）历史——中国革命本应当避开新民主主义—社会主义的定向从而本可以摆脱马克思主义的影响——时，即便是稍有识见的西方历史学家也已清晰地看到中国革命进程中所展开的必然性了。例如，费正清在《伟大的中国革命》中这样写道：一战以后来到中国的杜威曾对他的学生胡适说，军阀和现代教育不可能并行不悖；而我们可以同样在历史上得出结论说，美国式的自由主义和中国革命不可能并行不悖。"……杜威于1921年7月11日离开上海时中国共产党刚好要在那里成立。最为进步的教育（指杜威在中国关于现代教育的演讲——引者注）刚刚展示在革命的中国面前时，她却转到马克思和列宁那边去了。哥伦比亚大学教师学院在共产国际阳光照耀之下，变得暗淡无光。显然，美国的自由主义解决不了中国的问题，虽然它作为主流思潮后来又苟延了15年。"①

马克思主义与中国革命、从而与中国现代化进程的本质联系，是真正历史性的，或如我们通常所说的那样，是"历史的选择"。事实上，为了解决中国所面临的严峻而紧

---

① 费正清：《伟大的中国革命》，刘尊棋译，北京：世界知识出版社，2000年，第243页。

迫的道路问题,以西方为主要来源的各种思潮几乎无不涌入中国,而五四时期的北京大学和《新青年》很快就成为思潮层出和争论汹涌的交汇地。"其他杂志也参加了《新青年》的讨论,在由此而形成的热潮中,当时所有在西方和日本流行的社会和哲学理论——现实主义、功利主义、实用主义、自由主义、个人主义、社会主义、无政府主义、达尔文主义和唯物主义等都得到不同程度的反映。"① 毫无疑问,所有这些思潮都或多或少、这样那样地影响并参与中国的历史性进程;同样毫无疑问,这些思潮的影响程度和参与程度取决于这一历史性进程自身的性质,取决于它在展开过程中表现为必然性的基本定向。因此,如果说,在中国道路的百年探索中,马克思主义逐渐占据了理论和实践上的主导地位,那么,这恰恰是因为现实历史本身的汰择拣选:正像这一历史进程使中国的现代化事业与马克思主义建立起最关本质的联系一样,它也将唯有在这一本质联系中才能完成的历史任务指派给堪当此任的中国共产党。"中国产生了共产党,这是开天辟地的大事变。这一开天辟地的大事变,深刻改变了近代以后中华民族发展的方向和进程,深刻改变了中国人民和中华民族的前途和命运,深刻改变了世界发展的趋势和格局。"②

---

① 费正清、赖肖尔:《中国:传统与变革》,陈仲丹译,南京:江苏人民出版社,1996年,第448页。

② 习近平:《在庆祝中国共产党成立95周年大会上的讲话》,北京:人民出版社,2016年,第2页。

三

在"世界历史"的基本处境中,中国最初是被动卷入现代化的历史进程,"在近代以后中国社会的剧烈运动中,在中国人民反抗封建统治和外来侵略的激烈斗争中,在马克思列宁主义同中国工人运动的结合过程中,一九二一年中国共产党应运而生。从此,中国人民谋求民族独立、人民解放和国家富强、人民幸福的斗争就有了主心骨,中国人民就从精神上由被动转为主动"。[1] 因此,中国的历史性实践不仅展开为一个以现代化为主题的运动进程,而且在特定的阶段上,使这一进程与马克思主义建立起本质的联系。这样的联系并不是一蹴而就的,它是在现实的历史进程中被建立起来、发展起来和巩固起来的,而这样一种本质联系的建立、发展和巩固,又是唯赖马克思主义的原理与中国的历史性实践相结合才成为可能的,也就是说,是唯赖马克思主义的中国化才成为可能的。在这个意义上,没有马克思主义的中国化,就没有马克思主义同中国现代化进程的本质联系。

我们之所以突出地强调这一点,是因为对于当时的先进知识分子和早期的共产党人来说,中国化的马克思主义并不是能够被现成地给予的东西,而是需要经过一个艰苦锻炼的过程才能被铸造出来的。在早期的"学徒状态"中,抽象

---

[1] 习近平:《决胜全面建成小康社会 夺取新时代中国特色社会主义伟大胜利——在中国共产党第十九次全国代表大会上的报告》,北京:人民出版社,2017年,第13页。

的原理或原则往往会占据上风。中国革命时期就有一部分马克思主义者，他们被恰当地称为"教条主义的马克思主义者"。我们很熟悉的一个例证是：1927年以后，教条主义者把马克思主义的原理和俄国的经验当成抽象的原则来加以运用，特别是试图把"中心城市武装起义"这一原则先验地强加给中国革命的进程。由之而来的结果同样是我们很熟悉的，它使得中国共产党的武装革命遭遇挫折。很明显，在这里导致挫折的根源，并不是马克思主义的原理本身，也不是俄国革命的经验，而是局限于抽象原则的无头脑的教条主义。只有当中国共产党人意识到，中国革命的道路不是"中心城市武装起义"，而是"农村包围城市"时，他们才开始在武装革命的主题上摆脱了执着于抽象原则的教条主义，也就是说，才真正使马克思主义的原理同中国革命的实践结合起来。这种结合的要义是：深入地把握中国特定的社会现实，并根据这一现实本身的具体情况来制定革命的纲领。"农村包围城市"的纲领，说到底是与中国的社会现实相结合、与中国革命的历史性实践相结合的马克思主义；而这种结合所要求的理论上的具体化，本来就是马克思主义学说的题中应有之义，是这一学说的"生命线"和"活的灵魂"。就此而言，那种封闭在抽象原则中而不欲同中国的历史性实践相结合的"马克思主义"，便成为马克思主义的反面。正如恩格斯晚年所指证的那样，当唯物史观的一些"朋友"仅仅把抽象原理当作现成的公式来裁剪各种历史事实时，唯物史观就立即转变为自己的"对立物"。

在这样的意义上，与中国化的马克思主义相对立的乃是教条主义的马克思主义。教条主义的要害在哲学上被称为"外在反思":它是一种忽此忽彼的推理能力,从来不深入特定事物的实体性内容之中,但它知道一般原则(抽象原则),并且把这样的原则先验地强加到任何内容(任何对象)之上。如果说,教条主义最为典型地在思维方面采取外在反思的方式,那么自黑格尔以来我们就已经知道:抽象普遍性的外在反思的运用,就其性质来说,不仅是形式主义的(就其无法把握实体性的内容而言),而且尤其是主观主义的(就其无法通达"事物自身"而言),所以黑格尔很正确地把外在反思叫作"诡辩论的现代形式""浪漫主义虚弱本质的病态表现",并且很恰当地把仅仅知道外在反思的人称为"门外汉"。顺便说说,在我们今天的知识界和学术界,抽象的理论态度和外在反思依然颇为盛行,在某些场合比起教条主义的马克思主义恐怕有过之而无不及,只不过作为其公式的教条不是来自俄国而是来自西方罢了。然而,无论这样的教条来自何方,外在反思总只局限于抽象普遍性的主观主义运作,而完全不知道"……一个所谓哲学原理或原则,即使是真的,只要它仅仅是一个原理或原则,它就已经也是假的了;要反驳它因此也就很容易"。①

由此可见,对于中国道路的百年探索而言,具有决定性意义的要点在于中国的现代化进程与马克思主义建立起本质的联系;但只有中国化的马克思主义才可能与这一历史性实

---

① 黑格尔:《精神现象学》上卷,贺麟、王玖兴译,北京:商务印书馆,1979年,第14页。

践真正建立起内在的和本质的联系，而仅仅满足于抽象原理的教条主义，则至多只是同这一历史进程在表面上发生某种外在的和偶然的联系罢了。正如毛泽东同志所说，"马克思主义的'本本'是要学习的，但是必须同我国的实际情况相结合"。[①] 之所以如此，是因为"形式主义地吸收外国的东西，在中国过去是吃过大亏的。中国共产主义者对于马克思主义在中国的应用也是这样，必须将马克思主义的普遍真理和中国革命的具体实践完全地恰当地统一起来，就是说，和民族的特点相结合，经过一定的民族形式，才有用处，决不能主观地公式地应用它。公式的马克思主义者，只是对于马克思主义和中国革命开玩笑，在中国革命队伍中是没有他们的位置的"。[②] 就此而言，自中国共产党成立以来，对于推进中国革命、从而推进中国整个现代化进程来说，没有什么比马克思主义中国化更为重要、更具决定性意义了。如果说，百年中国道路得以展开的关键取决于现代化和马克思主义的本质联系，那么，这种联系得以真正建立的关键则取决于马克思主义的中国化。正是因为这个缘故，我们把中国道路百年探索的本质规定理解为现代化和马克思主义中国化。

一种经常会出现的忧虑或责难是：中国化的马克思主义还能算是真正的马克思主义吗？就像当年来自莫斯科的指导者和中国的教条主义者会因此不断指责并追究"山沟沟里的马克思主义"一样，对于今天的中国特色社会主义，来

---

① 《毛泽东选集》第1卷，北京：人民出版社，1991年，第111—112页。
② 《毛泽东选集》第2卷，第707页。

自国内外的类似责难或鄙薄也会时常出现并且不绝如缕。这里不可能就各种议题或相关理论展开具体讨论，而只需就事情的基本性质指出这样一点就够了：马克思的学说本身就包含着经由社会—历史的特定内容来实现具体化的纲领，这一纲领对于其全部原则、原理来说是如此地关乎本质，以至于只要这个具体化纲领——我们将之称为"生命线"或"活的灵魂"——不再起作用，马克思的学说就立即丧失其生机而徒留一副躯壳而已，就像一个人被剔除了生命线并被褫夺了灵魂一样。如果说，一般的理论或学说经常满足于并且也适合于外在反思的运用，那么，对于马克思来说，事情就绝非如此。恩格斯在 1890 年致拉法格的信中就以非常严肃的口吻写道："所有这些先生们都在搞马克思主义，然而是 10 年前你在法国就很熟悉的那一种马克思主义，关于这种马克思主义，马克思曾经说过：'我只知道我自己不是马克思主义者。'马克思大概会把海涅对自己的模仿者说的话转送给这些先生们：'我播下的是龙种，而收获的却是跳蚤'。"① 马克思之所以坚称自己不是马克思主义者，正是因为那些所谓的马克思主义者自闭于抽象原则或公式的樊笼中，而完全错失或遗忘了那个性命攸关的具体化纲领。因此就事情的性质而言，一旦脱离社会—历史之特定现实的具体化，马克思主义就不再能够真正持立。

对于引领和推进中国的历史性实践来说，以及对于这一实践进程的理论把握和学术研究来说，那经由社会—历史之

---

① 《马克思恩格斯文集》第 10 卷，北京：人民出版社，2009 年，第 590 页。

特定现实的"具体化"就意味着"中国化"。因为"中国化"说的无非是：依循中国特定的社会—历史现实并因而能够切中并把握其实体性的内容。如果说马克思主义一刻也离不开这样的具体化，并且真正说来它只有在这种具体化的实行中才有积极的生存，那么，我们从基本性质上所辨明的是：中国化的马克思主义（总而言之，所有在理论上和实践上保有其具体化实行的马克思主义）才是名副其实的马克思主义，而那种滞留在脱离现实的无内容的抽象性之中的"马克思主义"，则从其拒绝具体化（例如中国化）的那一刻起，就已经远离了马克思主义的真正本质。在这个意义上，雷蒙·阿隆对当时两位著名的法国马克思主义哲学家的批评就是正当的和有道理的。他说，萨特和阿尔都塞都还只是提出了康德式的或小资产阶级的问题（"马克思主义何以是可能的"），他们与其说是对历史的实在感兴趣，还不如说是对哲学的先天条件感兴趣；他们并不试图把《资本论》的方法运用于我们的时代，运用于分析例如当时的法国社会或欧洲社会。因此，萨特和阿尔都塞所代表的学派不过意味着两个"神圣家族"，意味着一种"想象的马克思主义"。[①]

  马克思主义的中国化不仅伴随着中国革命的历程，而且贯穿于新中国成立以来、改革开放以来的整个历史进程。从现实历史的观点来看，马克思主义中国化在中国道路的百年探索中不仅是必然的，而且是意义极为深远的。

[①] 参见雷蒙·阿隆：《想象的马克思主义——从一个神圣家族到另一个神圣家族》，姜志辉译，上海：上海译文出版社，2007年，第95、98、170—171页。

同样，从现实历史的观点来看，马克思主义中国化并不是某种简单现成的结果，或一经达到就被凝固起来的东西。毋宁说，它作为自中国共产党成立以来无与伦比的历史性事件，是在错综曲折的进程中不断生成的，是在现实的繁复矛盾中不断发展的。因此，很容易理解的是，马克思主义中国化作为现实的历史进程及其理论表现，不会像书斋里画出的直线一样，也不会像黑板上的公式演算那样给出直接的答案。整个发展进程始终是一种真正的探索，一种已历百年并将继续不断前进的历史性探索。就像革命时期马克思主义中国化是在同主观主义（特别是教条主义）的斗争中，在经历许多曲折和探索中实现的一样，建设时期的马克思主义中国化也仍须进行同样性质的斗争，并且也是在多方经验和教训的积累中、在不断解放思想的探索中达到自己目的的。正是这整个发展过程牢固地建立起中国的现代化事业与马克思主义的本质关联，而这种关联可以说是无所不在地体现在中国道路百年探索的各个阶段上。

马克思主义中国化的当代形态是中国特色社会主义，它是伴随着改革开放而来的实践进程及其理论表现。就其一般性质而言，中国特色社会主义同样意味着现代化任务与马克思主义中国化的历史性结合；就其具体内容而言，它是和世界历史处境的特定变化相联系的，又是从中国经济社会的特定状况和先行积累的前提出发的。如果说改革开放标志着中国特色社会主义道路的积极开启，那么这条道路迄今大约40年的发展，或许可以简要地概括在建设"小康社会"的广阔实践中，概括在这一目标的提出、展开、深化和实现的历史进程中。改革开放之初提出的目标是"四个现代化",它同时也被进一步规定为"中国式的四个现代化"。中国式的现代化必须从中国的国情出发,而这样的国情首先就是耕地少、人口多、底子薄。因此,邓小平在1979年会见日本首相大平正芳时说:"我们要实现的四个现代化,是中国式的四个现代化。我们的四个现代化的概念,不是像你们那样的现代化的概念,而是'小康之家'。到本世纪末,中国的四个现代化即使达到了某种目标,我们的国民生产总值人均水平也还是很低的。……所以,我只能说,中国到那时也还是一个小康的状态。"① 从一方面来说,小康状态是一个阶段性的目标,这个目标是与社会主义初级阶段的历史定位相适应的;从另一个方面来说,中国特色社会主义首先是依循这个目标来为自己开辟道路的,而正是这条道路的历史性开辟,将现代化和马克思主义中国化相统一的发展进程推入新的历史阶段。

回顾这40年来的发展进程,大体可以说:中国特色社会主义在20世纪的最后20年中,实现了从贫困到温饱、从温饱到总体小康的积极跨越;而在21世纪的头20年中,则是全面建设小康社会的历史性进程,是从较低水平的尚不全面尚不平衡的小康,抵达小康社会的全面建成。毫无疑问,全面建成小康社会必将作为历史里程碑被载入史册,而小康社会的全面建成则意味着中国特色社会主义的阶段性目标得到历史性的实现。这里无法全面描述这一进程,如果要用一两个事例来作为提示的话,那么十分明显的是:就像"五位一

---

① 《邓小平文选》第2卷,北京:人民出版社,1994年,第237页。

体"的发展理念在思想理论上具有非常深远的意义一样,大规模人口迅速脱贫的实践成就——在中国和世界上均属史无前例——则是无论怎样评价都不会过高的。而在这一进程的无数事例或成就中能够得出的历史性概括是:小康社会的全面建成是中国特色社会主义的直接产物,并且因此也是中国现代化事业和马克思主义中国化总体进程的组成部分;它既是改革开放以来历史进程的阶段性完成,也是建党以来百年历史进程的划时代丰碑。

四

对于中国自近代以来的历史性发展来说,无论是现代化还是马克思主义中国化,都是在"世界历史"的境域中开展出来的。如果不是现代性在特定阶段上的力量开辟出世界历史,那么,中国的历史就依然会是地域性的或民族性的历史,这一历史的基本活动就既不会展现为现代化的进程,也不会展现为马克思主义中国化的进程。然而,自从中国被卷入到世界历史中以来,正是伴随着中国的现代化进程与马克思主义建立起本质的关联,中国的历史发展才为自己决定性地开辟出一条独特的道路,而这条道路的当代形态就叫中国特色社会主义。现在要问:在经历了中国道路的百年探索之后,当今的中国在世界历史中居于怎样的地位?中国特色社会主义的历史性实践,对于当今世界历史的进程来说具有怎样的意义?

为了能够回答这样的问题,必须首先把握现代性本身的历史性质。我们在前面曾经提到，现代性的力量在开辟出世界历史的同时，也为之架构了基本的支配—从属体系。但是，正像现代性本身是历史的事物一样，由现代性设置的体系也不能不具有历史的性质。只有完全无头脑的抽象观点才会认为，一切现代事物——特别是其制度设施和价值观念——乃是永恒的、非历史的，并且在这种意义上是"普遍的"，仿佛如此这般的事物或观念可以支配并掌控整个"古往今来"和"六合之内"似的。既然现代性本身乃是历史的产物，那么由之而来的一切都必然具有历史的性质；也就是说，有出生和成长，有鼎盛时期和文明贡献，也有衰老和死亡。一切历史的事物都具有这样的性质，都不能不经历这样的生死变迁。正是黑格尔史无前例地将历史性置入哲学之中，置入真正的哲学思考之中。因此，在黑格尔看来，就像"变异"是"存在"的真理一样，"过程"乃是"事物"的真理。为了解说这个具有原则高度的历史性原理及其意义，恩格斯引用了《浮士德》中靡菲斯特斐勒司的警句："凡是现存的，都一定要灭亡。"因此，这一原理的"……真实意义和革命性质，正是在于它彻底否定了关于人的思维和行动的一切结果具有最终性质的看法"。[1] 自此以后，抽象普遍性的观点和方法就不能不是时代错误了，因为这种观点和方法所设定的普遍性不仅是无内容的，而且是非历史的。

或许有人会问，难道世界历史中就不存在普遍性了

---

[1] 《马克思恩格斯选集》第4卷，北京：人民出版社，2012年，第222页。

吗？当然存在。无论是黑格尔还是马克思都从未否认过历史中的普遍者或普遍性（洛维特甚至说，马克思之所以针对费尔巴哈捍卫黑格尔，乃是因为黑格尔理解普遍者的决定性意义①），只不过这样的普遍者或普遍性绝不是抽象的、无内容的和非历史的。对于仅仅局限于知性并且仅仅知道外在反思的头脑来说，那经由社会—历史内容的具体化而来的普遍性，从一开始就是无法理解的。在黑格尔看来，特定的世界历史民族在特定的阶段承担起特定的历史任务，当这样的任务具有"世界历史意义"时，这样的民族及其任务就是"普遍的"。如果去除思辨哲学之最终的神秘化，那么，世界历史的普遍性，那唯一得到恰当理解的普遍性，就是指特定历史进程的承担者及其使命所具有的世界历史意义。但也正因为如此，这样的普遍性就必然是历史的，并且同样要经历它的生成与繁盛、枯竭与衰歇。就像黑格尔总是揭示由世界历史之普遍意义而来的绝对权力乃是"在特定阶段上"的一样，马克思对现代资本主义文明的批判，无非意味着澄清其历史前提并把握其历史界限，也就是说，把它当作一个历史的事物来理解——历史地肯定它并且也历史地否定它。在这里，非历史的抽象普遍性的观点不仅是天真的和无头脑的，而且往往是虚伪的和辩护性的，因为这种普遍性实际上总是使现代资产阶级关系"被乘机当做社会一般的颠扑不破的自然规律偷

---

① 参见洛维特：《从黑格尔到尼采》，李秋零译，北京：三联书店，2006 年，第 127 页注①。

偷地塞了进来"。① 正如马克思在批判现代经济学家时所指出的那样，他们试图证明现存社会关系的自然与和谐，以便由此来祝福现存事物的永垂不朽。

一旦历史性的原理得到真正的把握，我们就能充分意识到：现代性的力量以及由之而来的世界历史格局本身乃是历史的，也就是说，不仅是历史地可变的，而且是只有在特定的历史界限之内才具有现实性。就像我们在历史的进程中经常可以看到世界历史格局的某种调整和改变一样，我们今天尤其能观察到的各种现象正提示着并且标志着一个巨大变局——"百年未有之大变局"——的酝酿与历史性生成。如果说，上一个百年是以第一次世界大战和十月革命为开端的，那么，以之作为参照，我们今天所面临的变局将是尺度极大且意义极为深远的。

特别重要的是，这一世界历史的变局又与当今中国的历史性实践具有非同寻常的、实质性的联系，近期呈现出来的种种现象无不表明了这一点。诚然，中国同世界历史的命运性联系自1840年以来就是不可避免的，而马克思在19世纪50年代的一系列论文就已深刻涉及两者间的彼此联系了。但是，长期以来，这种联系虽然经常调整不同阵营间的力量对比，却很少真正触动现代性的体系本身——世界历史的整体演变还处在渐进过程之中。为什么当今中国的历史性进程开始显现出同世界历史的非同寻常的联系，以至于这一进程会被视为世界历史大变局中特别重要的相关变量呢？回答

---

① 《马克思恩格斯文集》第8卷，北京：人民出版社，2009年，第11页。

是：当代中国的历史性实践（即中国特色社会主义）本身发展到了一个特定的转折点，正是通过这个转折点，中国的历史性实践在形成自身飞跃的同时，开始对世界历史展现出新的重大意义。这个转折点乃是"新的历史方位"，它通过揭示中国特色社会主义新时代的到来而敞开它的整个意义领域。因此，只有站到新的历史方位上，才能真正把握中国的历史性进程对于世界历史来说开始显现出来的重大意义。

新的历史方位具有三重意义领域，它是由对于中华民族的意义，对于世界社会主义的意义，以及对于人类社会发展的意义来构成的。"中国特色社会主义进入新时代，意味着近代以来久经磨难的中华民族迎来了从站起来、富起来到强起来的伟大飞跃，迎来了实现中华民族伟大复兴的光明前景；意味着科学社会主义在二十一世纪的中国焕发出强大生机活力，在世界上高高举起了中国特色社会主义伟大旗帜；意味着中国特色社会主义道路、理论、制度、文化不断发展，拓展了发展中国家走向现代化的途径，给世界上那些既希望加快发展又希望保持自身独立性的国家和民族提供了全新选择，为解决人类问题贡献了中国智慧和中国方案。"[①]这里值得注意的是，一个意义深远的转折出现在关于中华民族的历史性叙事中。它一直被追溯到近代以来我们民族的整个历史境遇和历史命运，包括艰难困苦和顽强奋斗，从而开辟出一条通过全部现代化努力来实现中华民族伟大复兴的道

[①] 习近平：《决胜全面建成小康社会　夺取新时代中国特色社会主义伟大胜利——在中国共产党第十九次全国代表大会上的报告》，第10页。

路；这条道路通过其各阶段的发展，特别是通过建党以来的历史性实践，通过中国特色社会主义的持续推进，迎来了历史进程中具有转折意义的伟大飞跃。

这里尤其值得注意的是，中华民族的历史性进程开始对于世界历史展现出重大意义——不仅对于世界社会主义具有意义，而且因此对于整个人类社会的发展具有意义。如果回顾一下30多年前（20世纪的最后十多年）的世界境况，这样的意义就尤其变得显著。亲历那个时代的人一定记得：那时中国的改革开放刚刚起步，而世界社会主义正经历一场前所未有的挫折和危机——苏联解体，社会主义国家纷纷改旗易帜，一场又一场的"颜色革命"接踵而至，以至于当时一般的意识形态和知识氛围似乎都已认定，马克思主义最终被送进了坟墓，而《共产党宣言》的结论是彻底破产了，最能体现这种观点的是福山的《历史的终结与最后的人》。这部著作宣称世界历史在现代性中达到了它的最高的和最后的完成，也就是说，世界历史终结了，它终结于现代资本主义的基本建制中。因此，人类历史再也不可能产生出任何一种其他的可能性了。针对这种意识形态和知识氛围中的庸浅浮薄，哲学家德里达用《马克思的幽灵》这个系列演讲，尖锐地抨击了福山那种轻佻的伪黑格尔主义，以及紧随其后的一众目光短浅和没有头脑的学舌者。然而，尽管德里达的批判在理论上是颇为深刻的，但他当时也还没能看到：有一支现实存在的因而是"有肉体的"马克思主义，正在实践中活跃地生成并壮大起来——这就是中国化的马克思主义，就是在改革开放中展现出来的中国特色社会主义。

只有在经历了数十年的历史发展之后,特别是当我们站到新的历史方位上时,才可能清晰地看到中国特色社会主义所取得的巨大进展,并对其非凡意义作出真正历史性的估量。这样的意义乃是中国的发展进程对于"世界历史"的意义。它突出地展现为对于世界社会主义的意义:中国特色社会主义以其自身的积极创新和发展壮大,从20世纪末社会主义普遍遭遇的巨大挫折中决定性地站立起来;它在成为科学社会主义伟大印证和伟大实践的同时,历史性地开拓出世界社会主义在21世纪的积极前景。不仅如此,当中国的历史性进程对于世界社会主义具有意义时,它也突出地展现为对于人类社会发展的重大意义。这种意义从不表示也从不断言中国道路乃是人类社会发展的唯一道路,恰好相反,它敞开一个无比广阔的实践探索领域,而中国智慧和中国方案为解决人类问题所作出的积极贡献,正在于拓展出发展中国家走向现代化的途径并提供全新的选择。因此,"中国特色社会主义进入新时代,在中华人民共和国发展史上、中华民族发展史上具有重大意义,在世界社会主义发展史上、人类社会发展史上也具有重大意义。"[①]

由此可见,只有当中国特色社会主义在它的进程中抵达新的历史方位时,中国的历史性进程才会在对其自身具有重

[①] 习近平:《决胜全面建成小康社会 夺取新时代中国特色社会主义伟大胜利——在中国共产党第十九次全国代表大会上的报告》,第12页。

大意义的同时，对世界历史进程也具有重大意义。这样的重大意义是在何种程度上并具有何种性质呢？回答是：它是一种"世界历史意义"。这里所说的世界历史意义，是在黑格尔大体规定的那种含义上来使用的；它意味着：特定的民族在特定的阶段上承担起世界历史任务，由于这种任务在世界历史中具有更高的普遍性，因而便展现出它的世界历史意义。[①] 因此，就中国道路的百年探索来说，正像这一进程使现代化事业与马克思主义具有愈益加深的本质联系一样，以中国特色社会主义来定向的现代化事业，已经开始建立起与人类社会的整体发展、与世界历史之未来走向的本质联系。正是由于这种本质联系，中国道路的历史性进程才在特定的转折点上展现其世界历史意义。

当今中国的历史性发展之所以展现其世界历史意义，是因为中华民族的伟大复兴不仅在于中国将成为一个现代化强国，而且还在于：它在完成其现代化任务的同时正在开启一种新文明类型的可能性。如果说，中华民族的复兴仅仅是成为一个如英、美、日、德、法等的现代强国，那么这一进程就不会具有新的世界历史意义，而只不过是作为某种表征从属于现代资本主义文明及其被规定的意义罢了。只有当中华民族的复兴事业能够在消化现代性成果的进程中超越现代性本身，它所具有的世界历史意义才开始显现出来。新的文明类型是指什么呢？它是指超越现代资本主义的文明类型：它的现实前提是在特定的现代化基础上产生出来的，但它的成

---

① 参见黑格尔：《历史哲学》，第68—70页。

长却绝不仅限于现代性之中。用哲学的术语来说，它是以扬弃了的现代性为本质特征的。因此，一方面，新文明类型的可能性绝不会出现在现代化夭折或其意义被抹杀的地方（在那里出现的只可能是浪漫主义的倒退，是贫穷的普遍化和一切陈腐的东西死灰复燃），相反，它只有在现代文明的成果能够被积极地占有并且巩固地形成基础的地方才会真正出现。另一方面，对于新文明类型来说，现代化任务的展开与实现只是大厦的基础，而不是大厦本身；它的成长和发育不会被封闭在现代性的体系内部，相反，除非这一体系在理论上和实践中被不断地突破与超越，否则的话，新的可能性就不会积极地涌现出来并且持续地转变为现实性。

对于当今中国的历史性实践来说，这种新文明类型的可能性之所以是现实的可能性，首先取决于这一实践进程在其展开过程中已然形成的目标取向。当今中国向着未来筹划的具体目标是：经过30年左右的努力，在21世纪中叶建成一个"社会主义现代化强国"——它是高度现代化的，它又是以社会主义为根本取向的，而这两者的实践统一意味着一种新文明类型的可能性。换言之，这种现实的可能性来自当今中国的实践展开，是由中国化的马克思主义来为其制定方向的，是由中国特色社会主义的进一步发展来为其开辟道路的。不仅如此，在当今中国的历史性实践中，那种能够标识新文明类型之可能性的实践要求和实践主张，也已经在我们眼前积极地呈现出来了。这种可能性的出现固然以占有现代文明的成果为前提，但它的性质不能不越出现代性的规定之外。举例来说，"新型大国关系"只有在突破并超越"威斯特伐利亚体系"这一现代性的丛林法则时，才可能得到整全的理解和积极的实践；同样，"文明互鉴"也只有在现代性的力量所设置的支配—统治关系被突破和被超越的地方，才可能真正发展起来并且迎来它的繁花盛开。事实上，这样的例证可以举出很多："以人民为中心""共同富裕""人类命运共同体""大道之行天下为公"的理念都是如此。而所有这些实践要求和实践主张无非意味着：通过扬弃现代性本身而开展出一种现实的可能性，一种新文明类型的可能性。

  如果说，当今中国的历史性实践仍然必须更广泛并且更深入地推动其现代化进程，那么，这一进程同时也将更多地展现出新文明类型的可能性，并且更经常地将这种可能性转变为现实性。由此我们可以通过一种真正的历史性视域看到：以中国共产党的成立为标志，中国道路的百年探索在"世界历史"的处境中，开展出现代化与马克思主义中国化相统一的历史性实践；当这一实践进展到中国特色社会主义并抵达新的历史方位时，中国道路的历史性进程便展现出它的"世界历史意义"；这种意义的取得使中国的发展以如下的方式关联于当今的世界历史，即为之开启一种新文明类型的可能性。因此，尽管历史的进程会"翻涌起许多泡沫"，尽管历史的目标要通过无数艰巨的斗争才能达到，但中国道路的百年探索已经取得并将继续取得的历史性站位：中华民族在自立于世界民族之林并日益走近世界舞台中央时，将为人类作出更大的贡献。

（原载《中国社会科学》2021年第6期）

《中国社会科学》2021年度好文章获奖文章颁奖辞

《中国社会科学》2021年度好文章之《中国式现代化和新发展社会学》（作者：李培林，责任编辑：李凌静）

文章以大量经验事实为依据，从社会学角度对中国式现代化的独有特点进行了系统分析，并基于中国经验，提炼了中国式现代化的理论认识，提出了"新发展社会学"的主张，深化了学术界关于"中国式现代化道路"的理论研究，是构建中国特色社会学学科体系、学术体系、话语体系的重要收获。

中国式现代化和新发展社会学

李培林

摘要：中国式现代化是非常罕见的巨大社会变迁，呈现诸多独有的特点，经济体制变革和社会结构转型同时进行，跨越式发展和发展阶段叠加，人口规模庞大，世界影响深远。基于中国式现代化的经验，中国在发展的理念、发展的动力、发展的比较优势、发展的约束条件、发展的瓶颈问题、发展的目的等一系列重大发展议题上，形成了自身的理论体系，为构建新发展社会学奠立了基础。

关键词：中国式现代化　新发展社会学　中国经验　社会变迁

作者李培林，中国社会科学院大学特聘教授（北京102488）。

中国的走向现代化，是世界现代化历史上的一个重大事件，也是迄今为止世所罕见的巨大历史变革，它必然会产生广泛、深刻和长远的世界影响。在人类发展史上，还从未有过一个人口规模如此庞大的发展中国家，在世界经济政治体系中的位置发生过这样大的变动，这无论是对现有的以西方为中心的现代化体系，还是对既有的现代化理论，都是一个新事物。

社会学伴随世界现代化的历史进程而发展，每一次现代化的巨大变迁，都产生了具有世界影响的社会学的发展理论。基于欧洲的现代化实践，产生了社会学的经典现代化理论和后现代理论；基于美国的现代化实践，产生了大家熟悉的"芝加哥学派"、后工业社会理论和网络社会理论；基于拉美国家走向现代化的实践，产生了发展社会学的"世界体系论""依附理论"，等等。然而，令人费解的是，被称为"东亚奇迹"[1]的东亚国家和地区的现代化实践，至今还没有产生具有世界影响的社会学理论和学派。这从一个侧面说明，包括中国社会学在内的东方社会学，更加需要理论上的建树。中国学者也在试图创建基于中国改革开放以来发展经验的理论体系，如经济学家提出了"过渡经济学"[2]"新结构经济学"[3]等，社会学家也提

---

[1] 世界银行工作人员编：《东亚奇迹——经济增长与公共政策》，财政部世界银行业务司译，北京：中国财政经济出版社，1995年。

[2] 参见樊纲：《渐进改革的政治经济学分析》，上海：上海远东出版社，1996年；张军：《中国过渡经济导论》，上海：立信会计出版社，1996年；盛洪主编：《中国的过渡经济学》，上海：格致出版社、上海三联书店、上海人民出版社，2009年。

[3] 参见林毅夫：《新结构经济学：反思经济发展与政策的理论框架》，苏剑译，北京：北京大学出版社，2012年。

出了"转型社会学"①"实践社会学"②等。中国式现代化之所以需要自身的理论构建,是因为迄今为止各种关于现代化的理论,都很难准确概括、理解和解释中国式现代化的实际过程。我们需要一种超越西方现代化理论的视野,基于中国式现代化的发展经验,构建中国式现代化的话语体系、理论框架和解释逻辑。从国际社会学的理论构建来看,"新发展社会学"是一个具有学术积累传统、丰富实践基础和理论构建潜力的选择。经过改革开放40多年的中国式现代化实践,中国在发展的动力、发展的比较优势、发展的约束条件、发展的基本规律、发展的国际环境、发展的根本目的等一系列重大发展议题上,基于自身的新发展经验,已经形成了系统的理论认识,为构建基于中国式现代化经验的新发展社会学奠定了基础。

一、中国式现代化的新发展特色

人类社会的发展有着共同的发展规律,中国式现代化与世界其他国家的现代化,也有许多共同点和相通之处。但中国式现代化也有一些鲜明的特色,即区别于其他国家现代化的独特之处,如现代化的庞大人口规模、

---

① 参见李培林:《另一只看不见的手:社会结构转型》,《中国社会科学》1992年第5期;沈原:《市场、阶级与社会:转型社会学的关键议题》,北京:社会科学文献出版社,2007年。

② 孙立平:《实践社会学与市场转型过程分析》,《中国社会科学》2002年第5期;孙立平:《迈向实践的社会学》,《江海学刊》2002年第3期。

经济体制转轨和社会结构转型的同时进行、不同发展阶段的叠加、中国共产党的领导、百年屈辱的历史记忆、东方现代化的世界影响，等等。不了解中国式现代化的这些特色，就很难理解中国式现代化的逻辑和把握中国式现代化的走向。

第一，中国走向现代化是一场非常罕见的巨大社会变迁。这种"罕见"突出体现为它的巨大人口规模。世界现代化进程已进行了几百年，至今全世界实现现代化的发达国家的总人口也还不到10亿人。在人口比较集中的现代化经济体中，欧盟有4亿多人，美国有3亿多人，日本有1亿多人。而中国是14亿多人共同走向现代化，东方和西方现代化的版图将会因此而发生根本性变化，大国和小国崛起的逻辑完全不同。这种现代化的庞大规模，是西方一些政客决意打压中国的一个深层理由。当中国还处于解决温饱问题的发展阶段时，他们会认为中国的发展有助于维护世界经济社会格局的稳定。但现在情况不同，在零和博弈的思维定势下，他们会认为中国的崛起就意味着自身的相对衰落。西方发达国家的不少民众，也存在一种可以理解的对中国走向现代化的焦虑。中国人口规模如此庞大，如果中国人民都过上西方发达国家民众那样的生活，那世界需要多少资源、能源和财富？世界是否会像曾经发生过的那样，爆发争夺财富、土地、资源的冲突和战争？但这种焦虑和担忧，并不能成为剥夺发展中国家走向现代化权利的理由，而且世界现代化的历史也一再证明，人类有能力化解这种新的

"马尔萨斯陷阱",[1] 就像中国的发展实践已经很好地回答了西方学者当年提出的"谁来养活中国"的疑问。[2]

第二,中国走向现代化过程中有两个同时进行的重大转变。中国改革开放后的巨大变迁,由两个重大转变组成:一是从高度集中的计划经济体制向社会主义市场经济体制的转变,即经济体制变革转轨的过程;二是从农业社会、乡村社会、传统社会向工业社会、城镇社会、现代社会转变的过程,即社会结构转型的过程。两个转变的同时进行,在现代化历史上非常特殊。有学者把中国现代化放在"市场转型国家"的理论框架去解释,与苏联解体后的国家和东欧的前社会主义国家的发展进行比较,其实中国与它们除了存在政治体制改革方向的根本差异,还有一个很大的不同,就是这些国家大多数在市场转型之前,就已基本完成了工业化、城市化过程,不像中国有那么大的社会结构的改进弹性;也有学者把中国现代化放在所谓"东亚儒家文化圈"的理论框架中去解释,与东亚"四小龙"的经济起飞过程进行比较,而实际上后者并不存在经济体制深刻变革的发展维度。而对中国经济起飞和现代化过程的解释,经济体制的变革创新始终是一个关键性的变量,改革、发展和稳定的关系,也始终是驾驭中国巨大变迁的快车的关键。我们原以为,经济

---

[1] 英国18世纪经济学家马尔萨斯(Thomas Robert Malthus,1766–1834)在《人口原则》和《政治经济学原理》中提出,人口增长是按照几何级数增长的,而生存资源仅仅是按照算术级数增长的,多增加的人口总是要以某种方式被消灭掉,人口不能超出相应的发展水平。这个理论被称为"马尔萨斯陷阱"。

[2] 参见 Lester R. Brown, *Who Will Feed China?: Wake-Up Call for a Small Planet*, New York: W. W. Norton & Company, 1995.

体制的变革是阶段性的,一旦实现转变就会基本稳定下来,因为体制变动是有摩擦成本的,而社会结构的转变则是更加长期的和艰难的。但现在看来,随着社会结构的深刻变迁,特别是互联网的迅猛发展和新技术革命的广泛影响,经济体制仍然需要在一个相当长时期不断地进行适应性的深化改革和创新。这种经济体制和社会结构同时进行的双重重大转变,需要一种新的理论解释框架。

第三,中国走向现代化的跨越式发展和发展阶段的叠加。西方经典现代化理论根据西方国家的发展经验曾断定,现代化是一个经济工业化、政治民主化、社会城市化、文化世俗化、组织理性化的整体过程,是从传统社会结构类型转变为现代社会结构类型。但中国的走向现代化呈现出跨越式发展的特征,即用几十年的时间走过了很多国家上百年的发展历程。从1978年到2020年的42年中,中国的GDP年均增长9.2%,人类历史上未曾有过。在20世纪70年代末,中国的人均GDP还不到200美元,甚至低于世界低收入国家的平均水平;而到2020年中国的人均GDP已经达到1万多美元,处于中等偏上收入国家水平,并预计在未来几年跨过按世界银行标准的高收入发展阶段国家的门槛。在这种跨越式发展中,由于发展的各个层面的不平衡,中国在发展中呈现出发展阶段的"三期叠加",我们要同时面对和解决农业社会、工业社会和后工业社会的发展问题。比如说,我们依然要保证粮食安全,守住18亿亩耕地红线,确保"把饭碗端在自己手里",在相当长时期内还要大规模减少农村相对贫困人口;同时我们要适应发展动力的转换，使国内消费成为维持经济长期增长的基础性力量，促进第三产业的发展，并防止过早"去工业化"；我们还要采取最严格的绿色发展措施，节约资源和保护环境，兑现碳达峰和碳中和的承诺。正是由于这种发展阶段"三期叠加"的特点，中国在取得举世瞩目的发展成就的同时，也存在诸多不尽如人意的发展问题，如城乡发展的差距和人的现代化素质。

第四，中国走向现代化的全球化背景和东方现代化的世界影响。过去的发展社会学理论并不缺乏世界视野，也从国际经济秩序、国际分工或依附发展的角度讨论发展中国家与发达国家之间的发展关系，并构建了由边陲国家、半边陲国家、核心国家构成的现代世界体系的重要理论框架。[1] 但中国今天走向现代化面临的全球化，是百年未有之大变局，其开放程度和复杂性都前所未有。用以往的现代世界体系理论、"冷战"历史背景下的"两大阵营"理论以及"文明冲突"的理论，都难以深刻解释现在新的国际经济政治格局。从文化的深层原因看，在世界现代化的历史上，西方发达国家还从未面对过像中国这样人口和经济规模如此庞大的东方发展中国家的崛起。西方的一些政治家很难理解，一个非西方文明的国家，更非所谓白人盎格鲁—撒克逊新教徒裔（White Anglo-Saxon Protestant，WASP）为主导的国家，还是共产党领导的国家，怎么会发展得这么快。虽说日本也是一

---

[1] 参见伊曼纽尔·沃勒斯坦：《现代世界体系——16世纪的资本主义农业和欧洲世界经济体的起源》第1卷，郭方等译，北京：社会科学文献出版社，2013年。

个非西方文明的国家,但日本自视已"脱亚入欧",① 属于七国集团的"西方阵营"。而中国有几千年的文明史,拒绝"全盘西化",对于根深蒂固的西方文化优越论者来说,中国的和平崛起也是一种文化威胁。特别是中国有上百年受西方列强欺凌的历史记忆,在他们看来,中国人有骨子里的排外心结。而且,即便中国按他们的意愿发展,他们依然会把中国作为一种改变西方国家统治秩序的威胁进行打压。所以,所谓的"文明的冲突",并不只是一种学术的表述。

第五,中国走向现代化的中国共产党领导和民族记忆。1840年第一次鸦片战争,西方列强用坚船利炮打开了中国国门,开启了中国近代受列强侵略、签订不平等条约、丧权割地赔款的耻辱史。据有关学者统计和测算,1840年第一次鸦片战争以后的近代中国,因战败等原因,根据不平等条约规定支付的战争赔款总值高达10亿多两白银,② 造成晚清财政的崩溃和国运衰败。③ 在世界现代化的历史上,有哪一个其他国家,财富被如此巨大规模地掠夺过?从1931年到1945年,日本帝国主义在长达14年的侵华战争中,掠夺无数财富和资源,给中国人民造成了极其严重的生命和财产损失。这段耻辱的历史,永远铭刻在中华民族的血泪记忆里。

---

① "脱亚入欧"是日本明治维新时期著名思想家福泽谕吉提出的理论,对日本的世界定位、社会心态和后来的社会价值取向产生了深远的影响。
② 参见王年咏:《近代中国的战争赔款总值》,《历史研究》1994年第5期。
③ 参见梁义群:《甲午赔款与晚清财政大变局》,《浙江学刊》1990年第4期。

鸦片战争之后，启蒙、救亡、变法、图强成为中华民族的历史主题，中国的志士仁人高举民主和科学的旗帜，从器物、制度到文化全面向西方学习，并历经洋务运动、戊戌变法、辛亥革命、五四新文化运动等近代史上的政治社会运动，虽然推翻了帝制，但国家仍然四分五裂、积贫积弱。中国在变法图强的道路上，引进过各种主义和思潮，尝试过民主共和制、君主立宪制、议会制和总统制，并以失败告终。中国最终选择了把马克思主义基本原理同中国具体实际相结合的道路，选择了中国共产党的领导，选择了中华人民共和国的国体和政体，这是一种历史的选择。

现在西方各主要大国的所谓民主制，实则存在很大差异，对君主立宪制、多党或两党制、半总统制或总统制，中国并未说三道四，但愿适合他们自身的民意和国情。但西方国家的一些政客和学者，却不断妖魔化中国共产党领导的多党合作和政治协商制度与人民代表大会制度，套用"极权主义"（totalism）或"威权主义"（authoritarianism）理论来抹黑中国的政治体制。但他们无法理解和解释的是，为什么中国在中国共产党的领导下，能够成功地驾驭和发展市场经济，保持长期的经济增长和社会稳定，人民生活不断改善。难道一个国家的发展道路、制度选择与一种国体和政体存在的理由，能够脱离其历史文化、民意基础和人民生活幸福的目标吗？中国在实际的政治过程和决策选择中，经历了广泛的征求各方不同意见的民主程序，他们对此不愿了解。而其对民主的理解，已背离了包括协商民主在内的民主形式的多样性发展实际进程,① 只限于作为意识形态上"政治正确"的选票政治、政党抗衡和议会里少数人的论辩、争斗。

第六,中国式现代化的世界贡献。中国作为一个发展中国家,其走向现代化对世界的最大贡献,就是大规模地减少贫困人口。在改革开放初期的1981年,世界上生活在1.25美元(购买力平价)贫困线下的每100个人中,就有43个是中国人,到2011年这一数字下降到11人。② 2015年联合国提出到2030年全球消除极端贫困的愿景,中国提前10年在2020年就实现了这个目标,全部消除了按国际标准的绝对贫困人口。与世界其他国家和地区相比较,"由于中国的进步,东亚的极端贫困发生率从1990年的61%下降到了2015年的仅有4%"。③ 改革开放几十年来,中国成为世界上减贫人数最多的国家,有7亿多人摆脱绝对贫困,对世界减贫贡献率超过70%。④ 世界历史上从未出现如此大规模的减少贫困。中国在走向现代化的过程中,没有侵略其他国家,没有掠夺他国的资源和财富,也没有向其他国家输出难民。中国中等收入群体的规模已经约5亿人,是世界上潜力

---

① 参见戴维·赫尔德:《民主的模式》,燕继荣等译,北京:中央编译出版社,2008年。
② 参见世界银行:《2013年世界发展指标》,王喆等译,北京:中国财政经济出版社,2013年。
③ 联合国:《千年发展目标报告(2015年)》,2015年7月6日在纽约发布,第15页"消除极端贫困与饥饿"栏目。
④ 参见中华人民共和国外交部和国务院扶贫办:《消除绝对贫困:中国的实践》,2020年9月26日在中国同联合国经社部、联合国开发计划署共同举办的减贫与南南合作高级别视频会议上发布。

最大、增长最快、规模庞大的单一消费市场，这将成为促进世界经济增长的重要动力。

二、中国式现代化的新发展阶段和新发展理念

经过40多年的改革开放，中国式现代化进入新发展阶段，发展的动力、发展的约束条件、发展的瓶颈问题和发展的国际环境都发生了极其深刻的变化，有些变化甚至是带有转折性的。这些深刻变化使中国式现代化进程面临一系列新的发展问题的挑战。但中国式现代化没有先例可循，只能逢山开路、遇水架桥。面对错综复杂的新发展问题，中国经过最广泛的凝聚智慧和共识，提出了创新、协调、绿色、开放、共享的新发展理念体系，用以统领发展全局，这是中国式现代化一次新的发展观的革命。新发展理念是一个涵盖从发展动力到发展目的的完整体系，每一个关键词对解决新发展阶段的瓶颈问题都极具针对性。新发展理念也反映了人类社会发展的共同要求，对以往发展中国家的发展理念有重大提升和创新，对构建新发展社会学意义重大。对我国来说，把握新发展阶段、贯彻新发展理念、构建新发展格局，都成为新发展社会学的重大研究议题。

1. 能否顺利实现产业结构升级和抢占技术创新的制高点？

发展中国家在走向现代化的过程中，不断实现产业结构

的升级，这本是现代化发展的一个自然历史过程。按照我们过去的理解，所谓产业结构的升级，就是一个经济体从以农业为主转变为以工业为主、再转变到以服务业为主的过程。因为发达国家的服务业产出占国民生产总值的比重，几乎都在70%以上。而且我们过去认为，既有的国际贸易秩序和规则，似乎就是保护发达国家用高技术产品和现代服务业产品与发展中国家的农产品和一般工业制成品进行交换，发展中国家也只能在这种交换中积累资本和技术，逐步实现产业结构升级。

发展中国家过去的产业技术升级，一般也都是走模仿和替代的道路。我们知道，技术的更新换代有一个规律，就是随着时代的发展越来越快。从电灯的发明到芯片的产生，过去需要几十年更新换代的技术产品，现在可能几年就被更新替代了。"摩尔定律"①（Moore's Law）揭示的不仅是一种行业规律，还是技术更新替代的发展总趋势。所以，一项技术发明如果不能及时实现市场化应用、获得收益，就可能血本无归。为了鼓励对科技开发的投入，人类发明了知识产权保护制度。发展中国家的工业制成品，实际是本国低廉劳动力和市场与发达国家先进技术和设计的结合，本来是一种发达国家占据控制技术和品牌的优势地位、拿走大部分收益的互惠合作。但当中国按照产业结构升级的规则，制造品从服装鞋帽发展到电子产品时，美国却感到了一种失去技术垄断的威胁，对中国提出的

---

① 英特尔创始人之一戈登·摩尔1965年在准备一个关于计算机存储器发展趋势报告时研究发现，集成电路上可以容纳的晶体管数目大约每经过18个月便会增加1倍，而价格下降。这被业界称为"摩尔定律"。

"自主创新"极为敏感,不惜丢掉他们一直标榜的自由贸易的旗帜,对中国开始实施全面的技术封锁和恶意打压。我们应该庆幸的是,这让中国幡然觉醒,意识到关键技术上被垄断和仰人鼻息是多么致命和可怕。走市场换技术的路,在一些"卡脖子"技术和关键领域是行不通的。

中国在历史上第一次把创新作为发展的第一动力,尽管学习、模仿、替代仍是发展中国家产业结构升级的普遍规则,但现在看来它并不适合所有的产品和发展阶段。中国要实现产业结构在新发展阶段的升级,必须在关键技术和核心技术上打破垄断,全面抢占技术创新的制高点。尽管这可能是一条艰难、坎坷和漫长的路,但这已经成为我国经济社会发展和国家安全的命脉。所以,我们必须对创新的动力、创新的环境、创新的文化和激励创新的制度有全新的认识。

2. 能否实现均衡发展和乡村振兴,让农民普遍富裕起来?

均衡发展是长期发展的内在要求,尽管有时打破均衡、实现重点突破也是必要的。我国已全面建成小康社会,历史性地消除了绝对贫困人口,开启全面建设社会主义现代化国家新征程。但如果用现代化的标准衡量,我国最大的发展软肋,就是仍然存在巨大的城乡差距,仍然存在庞大的农业人口,农村居民的绝大多数仍然属于低收入人口。2020年,我国按常住人口计算,农村居民仍占总人口的36.0%,约5亿多人,农村居民的年人均可支配收入只相当于城镇居民年可支配收入的39.0%。我国绝大多数农民收入较低的根本原因，还是人多地少，全国农户平均耕作面积不到0.5公顷，绝大多数农民耕作面积和经营规模较小，难以达到社会劳动者的平均收益。2020年，从我国就业结构来看，农业从业人员还占就业总人数的23.6%，约1.8亿人，但在我国国民生产总值中，农业增加值只占7.7%。农业劳动的生产率和平均收益，都远低于第二、第三产业。①

所以说，乡村振兴的要求有千条万条，但提高农民收入、改善农民生活、让农民普遍富裕起来，是最大的难点。发达国家和地区的农民走向现代化和普遍地进入中等收入群体，走过两条道路。一是欧美国家的道路，就是转移农业劳动力、减少农民，实现农业现代化和规模经营。比如，这些国家的农业从业人员通常只占全部就业人员的3%以下，农业增加值只占国民生产总值的1%左右。但这些国家多数是人地关系宽松，比如欧洲大国农户的户均耕地面积约为中国农户的60倍到80倍，北美和南美大国农户的户均耕作面积就更多。② 二是东亚和一些人地关系也紧张的国家和地区，他们通常无法实现农业的大规模土地经营，但通过农业多种经营、高效农业、以工以商补农，特别是大量减少农民，也使农民普遍进入中等收入群体，不过这些国家和地区普遍放弃了自主保证粮食安全的观念，认为在开放的国际贸易体系

---

① 数据根据国家统计局公布的数据测算。参见国家统计局编：《中国统计年鉴2021》，北京：中国统计出版社，2021年。
② 根据2000年前后的数据，农户户均农地面积，英国69公顷、法国41公顷、德国36公顷、美国175公顷。参见黄树仁：《心牢：农地农用意识形态与台湾城乡发展》，台北：巨流图书公司，2002年，第171页。

里，可以通过国际市场保证粮食安全供给。

中国也在借鉴已有的农业和乡村社会现代化经验，但由于自身国情又无法完全模仿这两条道路，必须走出自己的新路。中国在历史上相当长的一个时期，走了黄宗智所说的"内卷化"或"过密化"的农业发展道路，即迫于生计，只能在有限耕地面积上投入大量的劳动和资金，尽管单位面积产出较高，但劳动边际收益却持续降低。[①] 改革开放以来，随着我国工业和服务业的发展，我国也开始大规模地转移农村富余劳动力，并促进耕地的规模化经营，取得了显著成效。目前，我国已经有约1/3的家庭承包耕地面积实现了流转，也有近2.9亿农民转移到第二、第三产业，成为农民工。农民工打工的工资性收入，已占农村居民总收入的40%以上，并成为促进农民收入增长的最重要影响因素。[②] 但现在情况正在发生变化，农业劳动者的老龄化程度加剧，转移到第二、第三产业的潜力降低，理论上依然存在的大量农村富余劳动力，实际上都不再可能成为工商产业的劳动力后备军。2020年我国农民工总量几十年来首次出现负增长，目前还不清楚这是由于新冠肺炎疫情的影响产生的短期变化，还是我国劳动力总量的持续减少带来的转折性变化。

我国也在尝试通过国际市场的粮食贸易调整农业的产品结构，提高农业的效益水平，通过农产品的贸易逆差弥补耕地和水资源的缺乏。但我国作为一个十几亿人口的大国，不

---

① 参见黄宗智：《长江三角洲小农家庭与乡村发展》，北京：中华书局，2000年；黄宗智：《华北的小农经济与社会变迁》，北京：中华书局，2000年。

② 参见国家统计局编：《中国统计年鉴2021》，第184页。

可能像一些人口规模较小的国家那样，放弃自主粮食安全的战略，必须确保饭碗端在自己手里。

当然，乡村振兴和让农民普遍富裕起来，从规模化农业经营、农业劳动力兼业和农业劳动力向第二、第三产业转移，有多种发展的路子，但在保证粮食安全的前提下，关键还是要看农民收入的提高、农民生活的改善、农民长远发展能力的增强和城乡发展差距持续缩小。

3. 能否在经济持续发展的基础上实现成果共享和共同富裕？

改革开放以来，我国以基尼系数衡量的居民收入差距经历了一个先扩大后缩小的过程。在改革开放初期，我国居民人均年收入的基尼系数只有 0.2 左右，在理论上处于一种非常平均的分配状况，但这种"干多干少一个样"的平均主义，成为影响劳动积极性和制约经济发展的严重障碍。改革开放以后，我国实行的家庭联产承包责任制、扩大企业自主权、沿海地区率先开放等一系列举措，冲破了传统观念和僵化体制的羁绊，极大调动了广大劳动者的积极性，提高了资源配置的效率，促进了经济社会的发展。1984 年《中共中央关于经济体制改革的决定》指出，"历史的教训告诉我们：平均主义思想是贯彻执行按劳分配原则的一个严重障碍，平均主义的泛滥必然破坏社会生产力。"[①] 邓小平同志

[①] 中共中央党校教务部编：《十一届三中全会以来党和国家重要文献选编（一九七八年十二月——二〇〇七年十月）》，北京：中共中央党校出版社，2008 年，第 180 页。

也强调,"改革首先要打破平均主义,打破'大锅饭',现在看来这个路子是对的。"①

市场竞争机制的效应与"效率优先、兼顾公平"政策形成的合力,也使居民收入差距迅速拉大,基尼系数快速攀升。起初,一些学者认为,根据诺贝尔经济学奖获得者库兹涅茨发现的发展中国家基尼系数"倒 U 型"曲线(inverted U curve)的理论,② 随着经济的发展,我国收入差距也会在 2000 年中国实现总体小康并进入中等收入发展阶段以后自然缩小。然而,由于城乡差距和区域差距是我国居民收入差距最重要解释变量这一特殊性,也由于 2000 年之后我国房地产业和虚拟经济的快速发展,在推动经济高速增长的同时,对收入差距的扩大也产生重要影响,2000 年之后我国基尼系数继续攀升。

从 2006 年开始,我国强调"更加注重社会公平",③并要求"逐步扭转收入分配差距扩大趋势"。④ 此后,我国在提高农民收入、缩小地区发展差距、扩大社会保障覆盖面和减少农村贫困等方面,采取了一系列更大力度的举措,对扭转收入差距扩大趋势发挥了重要作用。居民收入差距的基尼系数在 2008 年到达转折点 0.491,此后步入收

---

① 《邓小平文选》第 3 卷,北京:人民出版社,1993 年,第 155 页。

② Simon Kuznets, "Economic Growth and Income Inequality," *The American Economic Review*, vol. 45, no. 1, 1955, pp. 1–28.

③ 中共中央党校教务部编:《十一届三中全会以来党和国家重要文献选编(一九七八年十二月——二〇〇七年十月)》,第 714 页。

④ 中共中央党校教务部编:《十一届三中全会以来党和国家重要文献选编(一九七八年十二月——二〇〇七年十月)》,第 749 页。

入差距缩小的轨道,但在 2016—2018 的 3 年又出现"翘尾",警示我们缩小收入差距的道路会艰难而漫长。党的十九届五中全会在制定"十四五"时期以及到 2035 年发展目标和任务时强调,要"扎实推动共同富裕","改善收入和财富分配格局","全体人民共同富裕取得更为明显的实质性进展"。①

我国学者在这种发展变化中也在重新审视效率与公平的关系。其一,效率和公平可能并非过去我们所认为的绝对此起彼伏的关系,而是要建立二者之间的一种均衡,在社会主义市场经济体制下,我们能够实现这种均衡。比如地域面积和人口规模与韩国差不多的浙江,在我国发达省份中是市场经济比较发达、民营经济产出在地区经济产出中占比较高的省份,2020 年地区人均 GDP 已经相当于韩国人均 GDP 的 2/3,但其城乡差距和区域差距在全国都是最小的,具备了推进高质量发展和建设共同富裕示范区的良好基础。其二,共同富裕也是有差别的富裕,并不是要返回平均主义。所谓公平,更重要的是看公正不公正,看机会是否公平,而不是简单地只看平均不平均,共同富裕也是建立在效率与公平的均衡之上的,是有差别的共同富裕。其三,走共同富裕的道路,既要改善收入分配结构,更要优化财富分配结构,随着人们财富拥有量的增加,财富分配将成为控制贫富差距的更重要的方面。其四,根据一些国家控制贫富差距的经验,缩

---

① 《中共中央关于制定国民经济和社会发展第十四个五年规划和二〇三五年远景目标的建议》,北京:人民出版社,2020 年,第 5、32 页。

小收入和财富差距是一个漫长的过程,要有足够的耐心。

4. 能否继续保持人力资源的比较优势和红利?

改革开放以来,我国之所以能够实现经济的长期高速增长,除了经济体制改革释放的巨大能量和活力,一个重要的比较优势就是劳动力的充分供给。1982—2014 年,我国劳动年龄人口(15—64 岁)的总量从 6.25 亿人增加到峰值 9.96 亿人。1982—2010 年,我国劳动年龄人口占总人口的比重也从 61.5% 增加到峰值 74.5%。在此期间,我国人口抚养比(少儿抚养比+老年人抚养比)持续下降。[①] 加之我国劳动参与率相对较高,劳动力供给比较优势明显,为经济增长提供了强大动力。

大量的劳动密集型产业向我国转移,同时也带来了大量的资本和技术。从 2009 年到 2020 年,中国连续 11 年位居世界第一制造业大国,对世界制造业贡献的比重接近 30%,成为名副其实的"世界工厂",为全世界普通家庭的生活提供了大量性价比优良的商品。

但 20 世纪第一个 10 年之后,我国的人口结构发生深刻变化,劳动年龄人口占总人口的比例和劳动年龄人口的总量相继越过转折点出现下降,现在劳动力总量每年减少数百万人,劳动力规模的比较优势和红利不断弱化。为此,我国也适时逐步推出人口均衡发展、放松人口控制和适当鼓励生育的政策,但随着现代化过程中生育养育的直接成本(特别

[①] 参见国家统计局编:《中国统计年鉴2021》,第 33 页。

是子女的教育成本）和间接成本（就业、升职、进修、娱乐等的时间和机会）大量增加，我国妇女的总和生育率和生育意愿持续降低，人口老龄化的程度快速加深。

在这种情况下，我国人力资源的比较优势蓄积，从劳动力的规模和数量转向劳动力的素质提高，在这方面，相比于发达国家，我们还有很大的发展潜力和空间。近20年来，我国的各级教育特别是高等教育，实现了跨越式发展。高等教育的毛入学率（高等教育在学人数占18—22岁适龄人口的比例），1980年只有2.2%，2000年达到11.2%，2020年则上升到54.4%。2020年，我国劳动年龄人口（16—59岁）平均受教育年限达到10.8年，新增劳动力平均受教育年限人均达到13.8年。①

通过劳动力受教育水平和劳动工作技能的大幅度提高，我国仍可望继续保持劳动力的比较优势和红利。

5. 能否在绿色发展硬约束要求下持续发展？

2020年9月，习近平主席在第七十五届联合国大会一般性辩论上宣布，中国将采取更加有力的政策和措施，二氧化碳排放力争于2030年前达到峰值，努力争取2060年前实现碳中和。② 中国作为一个发展中的大国作出这一庄严承诺，在全球引起巨大反响。2021年3月19日，第十三届全

---

① 参见教育部：《2020年全国教育事业发展统计公报》，《中国教育报》2021年8月28日，第3版。

② 参见习近平：《在第七十五届联合国大会一般性辩论上的讲话》，《人民日报》2020年9月23日，第3版。

国人民代表大会第四次会议审议通过《中华人民共和国国民经济和社会发展第十四个五年规划和2035年远景目标纲要》，该纲要在阐述2035年远景目标时也向全世界宣布和承诺，"广泛形成绿色生产生活方式，碳排放达峰后稳中有降，生态环境根本好转"。[1]

中国贯彻绿色发展理念的"双碳目标"，已经成为我国发展条件的"硬约束"，对中国的发展方式提出了极大挑战。因为在2019年我国能源消费总量中，煤炭、石油、天然气等产生碳排放的化石能源占84.7%，水电、风电、核电、太阳能发电等能源仅占15.3%。[2] 而且，我国经济的发展阶段正处在跨越"中等收入陷阱"的关键时期，并且确定了到2050年实现现代化的目标，必须保持的持续经济增长使能源消耗总量仍处于上升时期，人民生活的快速改善也使得人均耗能处于快速增长时期。这种耗能增长的"叠加"，意味着我国能源消耗的总量在相当长时期内不但无法出现转折性变化，还会继续增加。因此，我国必须走改变能源结构的道路，逐步减少化石能源消耗的占比和总量，大力发展非化石能源和可再生能源，通过技术改进降低单位能耗的碳排放，同时实施全民节约能源行动，这将是一场极其深刻的生产生活方式的革命。

当然，中国提出这一"绿色革命"，并非屈服于国际社

---

[1] 《中华人民共和国国民经济和社会发展第十四个五年规划和2035年远景目标纲要》，北京：人民出版社，2021年，第8页。

[2] 按发电煤耗计算法计算。参见国家统计局能源统计司编：《中国能源统计年鉴2020》，北京：中国统计出版社，2020年，第58—59页。

会的压力，我们也没有用美国人均耗能是中国人均耗能的十几倍作为中国可以放宽自身绿色约束的理由，中国是根据自身确定的新发展理念和高质量发展的要求，承担起大国的责任，坚信可以通过走绿色发展的道路实现现代化。

绿色发展是对中国的挑战也是机遇，我们需要抢占新能源产业发展的先机，使新能源产业的发展成为我国经济发展的一个新的增长点，促进社会的全面进步。

6. 能否在新的国际经济政治秩序中继续扩大开放？

改革开放以后，我国为了加快社会主义现代化建设，扭转了对外封闭、对内搞阶级斗争的错误，适时作出世界进入和平与发展时代的判断，把"对外开放"作为发展经济的重要战略。1982年12月，对外开放政策被正式写入我国宪法。邓小平同志当时明确指出，"对外开放具有重要意义，任何一个国家要发展，孤立起来，闭关自守是不可能的，不加强国际交往，不引进发达国家的先进经验、先进科学技术和资金，是不可能的"。[①] 在改革开放初期，围绕着对外开放政策特别是设立经济特区，一直都有很激烈的争论，也有很多担忧，主要担心中国走上资本主义道路和被外国资本控制。中国加入世界贸易组织之前，曾作了各个方面的研判，也一度担心中国的经济经受不住对外开放带来的冲击。2001年中国正式加入世界贸易组织，成为全面对外开放的新起点。然而，随着中国经济的发展，

---

① 《邓小平文选》第3卷，第117页。

原来把中国作为资本主义世界的新市场、极力施压要求中国对外开放的西方发达国家,开始担心中国经济的崛起会改变既有的世界经济政治格局,认为中国从对外开放中占了大便宜。特别是美国转而对中国采取设立国际贸易壁垒、技术封锁、金融打压等一系列"脱钩"和"孤立"政策,试图迫使中国就范。其实早在1982年,顶着各种压力大力推进对外开放政策的邓小平,就富有远见地指出,"任何外国不要指望中国做他们的附庸,不要指望中国会吞下损害我国利益的苦果"。①

当前,世界经济政治格局进入一个发展前景极端不确定的时期,这将是一个长期、艰难的磨合时期。中国的对外开放需要适应世界形势的新变化和百年未有之大变局,西方发达国家也需要适应中国的发展变化,放弃所谓"从实力的地位出发"与中国打交道的马基雅维利式②的政治谋略和"零和博弈"思维,共同构建合作共赢的新型国际关系和人类命运共同体。中国将坚定不移地坚持对外开放的政策,中国作为一个拥有14亿多人口的世界第二大经济体,也会在维护世界经济政治秩序中承担起大国的责任。

三、中国式现代化经验的新发展社会学思考

经过40多年的改革开放,中国式现代化走过了艰苦卓

---

① 《邓小平文选》第3卷,第3页。
② 参见乔纳森·哈斯拉姆:《马基雅维利以来的现实主义国际关系思想》,张振江等译,北京:中央编译出版社,2009年。

绝和波澜壮阔的道路，进行了规模宏大和不断开拓创新的现代化实践，取得了举世瞩目的巨大成就，也积累了丰富的现代化发展经验和教训。我们需要对这些宝贵的经验从不同的维度进行梳理，以便成为我们创新学科理论体系的经验基础。从新发展社会学的视角来总结，可以大致概括如下要点。

1. 现代化的社会转型：连续谱式的结构改进

在经典的现代化理论中，从传统社会向现代社会的转型，被描述成是从一种社会类型向另一种社会类型的全面转变，包括经济的工业化、政治的民主化、社会的城市化、文化的世俗化、组织的理性化等。后来人们发现，当工业化、城市化的过程完成之后，社会实际发展过程超越了这种理论叙述框架，用经典现代化理论很难解释新的发展现实，于是后现代理论应运而生，并用一系列结构性变化的指标，来标志"后现代社会"或"后工业社会"的来临。但深刻改变社会的新的结构性变量不断产生，特别是信息技术的革命性影响，催生了网络社会的兴起和信息时代的到来，让人们突然意识到，虚拟社会的无限扩大完全改变了人们的生产方式和生活方式。所以，现代化的社会转型，要尊重实践的发展，不应当受到理论上某种社会类型的束缚，实践才是检验真理的唯一标准。

从中国的发展经验看，所谓现代化的社会转型，实际是一个连续谱式的结构改进，这种结构改进可能并没有一个宿命式的社会类型终点，人们对美好生活的向往和生产力的革命性飞跃，不断塑造着我们的未来社会。经济的增长，是社会结构改进的基础，但社会结构的改进，也并非就是经济增长的被动后果，社会结构的改进反过来也可以为经济增长提供更广阔的空间。这也是为什么我们要把"增长"和"发展"区别开来，把"发展"视为一种更加广泛的结构改进和社会进步。

当然，在现代化的连续谱式结构改进过程中，也形成了由一些标志性转折点划分的不同发展阶段，这种阶段性的划分有助于我们更清晰地认识不同发展阶段的发展动力、发展任务和发展要求。例如，在长时段的社会主义初级阶段中，从温饱阶段到小康阶段、从小康阶段到全面小康阶段、从全面小康阶段到基本现代化和全面现代化阶段，在不同的阶段要解决不同的突出发展问题和突破不同的发展瓶颈。特别是根据中国国情提出的"小康社会"以及"全面建成小康社会"要求，让我们认识到现代化的指标体系，其实也是因时因地并随认识的深化动态调整的，要根据发展理念的提升不断完善，而不是刻板的规定。我们要根据发展阶段的变化而调整发展战略，但也不能违背发展的规律或凭激情去做超越发展阶段的事。

2. 民富国强的逻辑：形成长期持续发展的深层动力

一个国家的现代化，最重要的是要形成长期持续发展的深层动力。新中国成立后，中国为了快速地实现初始资本积累，建立一个独立自主的现代化强国，选择了"先生产后生活"、通过工农业"剪刀差"和重工业赶超战略完成初始资本积累的国强民富道路。这种战略为我国建立完整的工业体系发挥了重要作用，但意外的结果是人民生活改善相对比较缓慢，跟不上时代的步伐，经济发展中的动力不足、活力不足、效率不足问题突出。特别是亚洲"四小龙"经济起飞和西方国家的现代化快速发展，让我们深刻反思。

改革开放以后，我们从迅速改善人民生活的初衷出发，选择了优先发展与人民消费密切相关的产业战略，大力发展民生产业，成效显著。从食品加工业到纺织业、从家用电器到各种电子产品、从汽车到住房，中国的制造业和建筑业飞跃发展，用几十年的时间快速实现产业结构的不断升级，走出了一条民富国强的新路，为中国式现代化奠立了雄厚的经济基础。

从国强民富的道路到民富国强的道路，或许都是我们在不同发展阶段面对不同发展挑战做出的必然选择，但发展的结果告诉我们，只有把发展动力建立在民生福祉之上，把生产和消费密切结合起来，才能调动起亿万民众的发展激情和热望，才能形成长期持续发展的深层动力。人民，只有人民，才是创造历史的真正动力，这是民富国强的逻辑所在。

3. 非均衡中的均衡发展：全面发展和重点突破

"均衡"是一个国家宏观经济发展的基本要求，比如总供给和总需求的均衡，宏观经济的经济增长、物价稳定、增加就业和国际收支平衡四大调控目标，都是国民经济的均衡要求。但这就像社会学所讲的"和谐"，是发展的一种理想状态和追求的基本目标，而现实中的发展状态可能更多是

"非均衡"和"非和谐"的状态。发展的过程，就是不断地从非均衡走向均衡的周而往复、循环上升的过程。

然而，在不同的发展阶段，都会出现一些阻碍发展的瓶颈，要破除瓶颈，又往往不得不打破发展均衡，而由此产生的新的非均衡，又可能成为新的发展瓶颈，造成发展策略上的两难选择。根据中国式现代化的经验，保持宏观经济发展的基本均衡是非常必要的，但实现发展瓶颈的重点突破也是实现跨越式发展所必需的。中国在改革开放初期，设立深圳特区和采取沿海率先对外开放的政策，打破平均主义"大锅饭"分配体制和采取"效率优先、兼顾公平"的政策，发展民营经济和培育市场竞争主体的政策等，都是为了打破发展瓶颈的重点突破。没有这种打破均衡的重点突破的带动，很难有跨越式发展，但没有宏观发展的相对均衡，发展的持续性就难以保证。

中国式现代化进入新发展阶段，乡村振兴、扎实推进共同富裕、实现低碳目标、坚持绿色发展、防范重大风险，这都是要实现的新发展均衡要求，但也是夯实基础、蓄积能量，以便在新的发展基础上实现更大的突破。

4. 从渐进变革到全面依法治国：处理好改革、发展和稳定的关系

中国改革开放的成功，很重要的一条经验，就是始终把处理好改革、发展和稳定三者之间的关系，作为驾驭中国式现代化高速航行巨轮的稳定锚。改革是推动发展的强大动力，发展是实现改善民生的第一要务，稳定是改革和发展顺

利进行的根本保证。

中国在从高度集中的计划经济体制向社会主义市场经济转型的过程中，为了保持社会稳定，没有采纳当时西方经济学新自由主义主流学派的建议，像苏联和东欧国家那样采取"休克疗法"实现过渡，而是通过先易后难、循序渐进、试点先行、以点带面以及"双轨制"过渡等渐进式改革方法，最终取得了成功。而根据西方经济学新自由主义主流学派的理论推论，"双轨制"过渡会造成高昂的体制摩擦成本，并形成滋生腐败的大量租金，造成普遍的投机寻租行为，是注定要失败的。而中国渐进式改革为处理好改革、发展和稳定的关系提供了工具性手段，避免了难以承受的社会震荡代价，从而通过发展成果有效抵消了改革成本。从苏联和东欧国家"休克疗法"的市场化转型过程看，他们普遍承受了经济停滞和倒退一二十年的沉重代价，其社会震荡代价远高于渐进式改革的摩擦成本，而国家解体的代价就更无法估量。当然，这也得益于中国在任何情况下，无论是政治风波、国际金融危机还是重大自然灾害，都始终把发展作为第一要务，为推进改革、分期支付改革成本和维护社会稳定奠立基础。

现在看来，渐进式改革也并不是一切改革的普遍法则。中国经过几十年改革开放，各方面的制度都已经趋于更加成熟、更加定型。试点先行仍然是我们推进和深化改革的主要方法，但顶层设计和全面依法治国成为中国在新阶段推进现代化发展的更普遍做法。规范化、制度化、法制化成为降低制度摩擦成本、提高制度效能的新要求。但深化改革仍然是一项长期任务，随着实践的发展，体制仍需要进行不断的适应性变动和创新。

5. 国家治理的新框架：政府、市场和社会

在分析一个国家的经济运行和资源配置时，人们通常采取"政府和市场"的二元分析框架，把市场调节视为资源配置的基础性和决定性力量，而把政府干预视为规范市场秩序和对市场自发调节失效进行纠偏的必要力量。不同理论背景的经济学家，对市场和政府作用的强调有很大的差异。西方国家的主流思想是市场决定一切，国家干预经济越少越好，但实际上也不尽然，现在的美国就正以国家安全为名对经济横加干涉。东亚一些国家曾被西方一些学者和政客指责为政府通过产业政策对经济干涉太多，对社会主义中国，他们更是把政府干涉经济作为一项罪名。而现在是中国在高举经济开放和自由贸易的大旗，而西方国家反而不断设立自由贸易的障碍。中国主动参与了西方国家制定规则的经济全球化过程，而现在他们却认为中国占尽全球化的便宜，他们要改变规则打压中国。其实中国突破传统意识形态的束缚，采用市场经济体制也好，在市场在资源配置中起决定性作用的条件下更好地发挥政府作用也好，都是按照自己的国情和经济本身发展的规律，并非受某种意识形态的束缚，这可能也就是中国在此问题上成功的秘诀。不管怎么说，在中国经验里，无论是在宏观经济调控、制定发展战略、规划发展方向还是在维护市场竞争秩序等方面，政府都发挥了更强有力的作用，这也促使我们重新思考政府和市场的合理关系，而不

是简单地把"大市场、小政府"或"小政府、大社会"这种不精确的表述视为圭臬。

在分析一个国家的社会运行和资源配置时，西方国家的政治学家和社会学家比较倾向于使用"国家和社会"的二元分析框架，并习惯于把国家和社会对立起来，作为相互制衡的力量。通常的理论推论是，过分强大的和缺乏制衡的国家权力，会形成压制社会自由的桎梏，导致国家极权专制，而现代社会的基础，是形成能够制衡国家权力的"公民社会"。中国在历史上曾长期一盘散沙，所以一直被打上东方专制国家的符号，[①] 改革开放以来社会发生的巨大变迁，仍没有消除这种西方偏见。

其实任何现实的经济运行，都是嵌入特定的政治和社会结构中的，没有能够脱嵌的在理论上存在的纯粹经济运行。中国改革开放以来的发展过程，使我们有了一个关于经济社会运行和资源配置的新的认识框架，即"政府、市场和社会"的共治框架，就是在经济社会发展中，必须建立有效率的政府、有秩序的市场和有活力的社会，它们共同发挥作用而又各有侧重，对于发展的不同事务，"上帝的归上帝，凯撒的归凯撒"。改革开放以来，中国已经从一个"强政府、弱市场、弱社会"的国家，变成"强政府、强市场、弱社会"的国家和逐步走向"强政府、强市场、强社会"的国家。在这次新冠肺炎疫情的世界大流行中，中国在疫情

---

① 参见卡尔·A.魏特夫：《东方专制主义：对于极权力量的比较研究》，徐式谷等译，北京：中国社会科学出版社，1989年。

防控中广泛的社会参与和社区治理发挥了令人惊叹的作用,显示了迅速成长的强大的社会力量。

6. 社会共识的形成:广泛参与的基层社会治理

社会共识形成的集体意识,是基层社会治理的重要条件。中国历史上就有"皇权不下县"的说法,"皇权"和"绅权"的分野,造成了国家治理和基层社会治理的分途。而皇权的崩溃、频繁的战乱和群雄四起,造成基层社会的一盘散沙。所以,1949年毛泽东在受中国人民政治协商会议第一次全体会议委托起草的会议宣言《中国人民大团结万岁》中指出,"我们应当将全中国绝大多数人组织在政治、军事、经济、文化及其他各种组织里,克服旧中国散漫无组织的状态"。[①] 改革开放以后,为了释放社会活力,发展生产力,提高资源的配置效率,我国先后在农村废除了"人民公社"体制和在城市进行了"单位制"改革,并在法律上确认了城乡社区基层组织的"自治"性质,整个基层社会面临一个普遍的再组织过程。经过几十年的改革探索和制度化过程,中国基层社会形成了一整套基于社会共识的"共建共治共享"的基层社会治理的成熟制度,广泛的社会参与形成了基层社会治理的自治基础。

这次全球肆虐的新冠肺炎疫情,是对中国基层社会治理的大考验。我国几十万个城乡社区(居委会、村委会),作为基层群众自治组织,在疫情防控中发挥了关键作用,令人

---

① 《毛泽东选集》第5卷,北京:人民出版社,1977年,第9—10页。

刮目相看。快速有效地深入到千家万户的社会动员，以政府为主导，以社区为抓手，从纵向到横向的单位组织、社会组织、志愿者和广大民众广泛参与，形成严格防控的集体意识和社会共识，迅速建立科学、动态的基层社区治理分级防控体制，保障封闭社区的物流和生活必需品供给，形成一种既能够抵御非常态现代社会风险又能够适应常态经济社会生活的基层社会治理新格局。

7. 人民的共同利益：中国共产党执政的社会基础

令西方一些政治家百思不得其解的是，他们视为"专制""威权""反民主"的中国共产党领导和长期执政，怎么会在中国获得那么高的民意支持；他们期望的中国"和平演变"和服膺西方意识形态，怎么会总是落空；缺乏"两党制衡"或"朝野制衡"的中国共产党，怎么实现的与时俱进和自我纠偏革新。其实，这是一个很简单的道理，就是中国共产党把最广大人民的共同利益作为执政的社会基础。中国之所以能够做到一心一意谋发展，全心全意改善人民生活，大到消除绝对贫困、乡村振兴和改善生态环境，小到垃圾分类、厕所革命和治理背街小巷，都是从人民的共同利益出发，就是因为中国共产党以此作为执政的坚实民意基础。而每一项发展的重大决策和长远规划，都历经外人难以想象的复杂细致的民主协商程序，最大限度地凝聚各方智慧和远见卓识，一旦做出决定，就言必行、行必果，长期坚持、久久为功。中国共产党在执政中不断发展社会主义民主，最广泛地团结社会各阶层和各种社会力量共同推进社主义现代化，也决不允许政治腐败、经济寡头、金融大鳄、网络大亨操控政治、垄断市场、煽动和挟持民意。可以说，人民共同利益的守护者，全心全意地为人民服务，这是中国共产党执政的最大底气。

当然，中国共产党的执政始终要居安思危，高度重视密切联系群众和社会团结。近十几年来，西方发达国家贫富差距拉大，特别是中产阶级平均生活水平下降，产生普遍的失望和焦虑，反建制、反权威、反精英、反全球化的新民粹主义兴起，形成庞大的社会民众基础，造成社会撕裂，促使极左翼和极右翼的走强，动摇了传统大党的执政基础，这是需要我国引以为鉴的。

8. 坚守全人类共同价值和走自己的路

中国现在仍然是一个发展中国家，但对世界发展的贡献已经有目共睹。中国是世界第一制造业大国，也是世界上潜力最大、增长最快、规模庞大的单一消费市场，这将成为促进世界经济增长的新动力。中国已制定了到2035年基本实现现代化的远景目标，这一发展过程不会因任何波折而中断。中国坚守和平、发展、公平、正义、自由、民主的全人类共同价值，不搞意识形态的对抗，但也不惧怕被当作"西方价值观"敌对的国家。我们坚信，崇尚自由、平等，市场经济才有源源不断的内生动力；追求公正、法治，社会生活才有崇德向善的道德风尚。

中国坚信中国特色社会主义道路是引领中国实现现代化的必由之路，也是和平发展之路。中国在让全体人民过上美好生活的同时，也要成为国际经济政治秩序的建设者和负责任的国际大国，不断提升国民素质和文明程度，不断增强不同文化之间交流、理解和沟通，与世界人民一道，把世界建设得更加美好。这当然是一条非常漫长的道路，可能会不断有矛盾、冲突和对抗，但大国都需要具有管控对抗激化边界的智慧和能力，走出一条超越"修昔底德陷阱"[①]的世界和平发展的新路。国际经济政治秩序正面临第二次世界大战以来最严重的不确定性，但"丛林规则"是走向毁灭的选项，人类应该有智慧创造共同发展的未来。

本文只是为构建基于中国式现代化经验的新发展社会学破题，作为一种学科思想体系，还需要更加规范的理论框架、更加清晰的分析逻辑、更加学理化的思想表达和对中国经验普遍意义的阐释。最重要的是，作为中国的学问，要能够为中国未来的发展提供有益的借鉴。

（原载《中国社会科学》2021 年第 12 期）

[①] Herman Wouk, "Sadness and Hope: Some Thoughts on Modern Warfare," *Naval War College Review*, vol. 33, no. 5, 1980, pp. 4–12.

《中国社会科学》2021年度好文章获奖文章颁奖辞

《中国社会科学》2021年度好文章之《中国宏观经济韧性测度——基于系统性风险的视角》（作者：刘晓星、张旭、李守伟，责任编辑：梁华）

文章基于近30年来中国经济在历次金融危机中展现出的应对能力，通过合成金融市场价格指数、测度金融市场系统性风险、估计时变脉冲响应函数，构建包含风险吸收强度和风险吸收持续期双维度的中国宏观经济韧性测度模型，为深入理解和有效提升我国宏观经济韧性，提供了一种新的分析思路和有益借鉴。

中国宏观经济韧性测度[*]
——基于系统性风险的视角

刘晓星　张　旭　李守伟

摘要： 在外部不确定性冲击加剧和内部新旧动能转换背景下，准确识别金融市场系统性风险冲击下的中国宏观经济韧性成为一个重要话题。利用117种金融指数测度金融市场系统性风险，使用151种宏观经济指标估计时变脉冲响应，采用风险吸收强度和吸收持续期定量测度宏观经济韧性，通过区制转换模型考察其影响因素，结果表明：中国宏观经济韧性稳步提升，特别是进出口子系统的韧性提升更加明显；宏观经济韧性在产业、行业、地区、城—乡层面存在显著异质性；宏观经济韧性受到经济状况、货币周期、全要素生产率影响，呈现出区制转换特征。识别经济系统的风险吸收能力、探索提升宏观经济韧性的路径，对形成以国内大循环为主体、国内国际双循环相互促进的新发展格局和实现高质量

---

[*] 本文为研究阐释党的十九大精神国家社会科学基金重大专项课题"新时代基于系统性金融风险的国家金融安全体系研究"（18VSJ035）阶段性成果。

发展战略目标，具有重要意义。

关键词： 经济韧性　系统性风险　吸收强度　吸收持续期

作者刘晓星，东南大学经济管理学院教授（南京　211189）；张旭，南京信息工程大学管理工程学院讲师（南京　210044）；李守伟，东南大学经济管理学院教授（南京　211189）。

引　言

党的十九大报告明确提出，我国经济已由高速增长阶段转向高质量发展阶段，正处在转变发展方式、优化经济结构、转换增长动力的攻关期，建设现代化经济体系是跨越关口的迫切要求和我国发展的战略目标。在经济新旧动能转换的攻关期，保持实体经济平稳运行是实现经济高质量发展的重要保障。

近年来，国际政治与经济环境日益复杂多变。新贸易保护主义和"逆全球化"思潮所带来的不确定性冲击对金融市场产生显著影响，而这进一步引致宏观经济波动。因此，在面临内部经济动能转换、外部不确定性冲击双重环境下，准确识别经济系统的风险吸收能力、探索提升宏观经济韧性的路径，对形成以国内大循环为主体、国内国际双循环相互促进的新发展格局和实现高质量发展战略目标具有重要意义。

中国宏观经济韧性测度 　　　　　　　　　　　121

　　改革开放以来，中国经济保持高速增长，并发展成为第二大经济体。在这一过程中，中国经济在面对全球性风险冲击时展现出的强大恢复力同样令人瞩目。如图1所示，中国经济在历次金融动荡时期均能先于其他国家从风险冲击中复苏，这种强劲的经济韧性是中国成功应对各种不确定性冲击的关键。正如习近平总书记在2020年初指出的，"中国经济韧性强劲，内需空间广阔，产业基础雄厚，我们有信心、有能力实现今年经济社会发展目标，特别是抓好决胜全面建成小康社会、决战脱贫攻坚的重点任务。"①

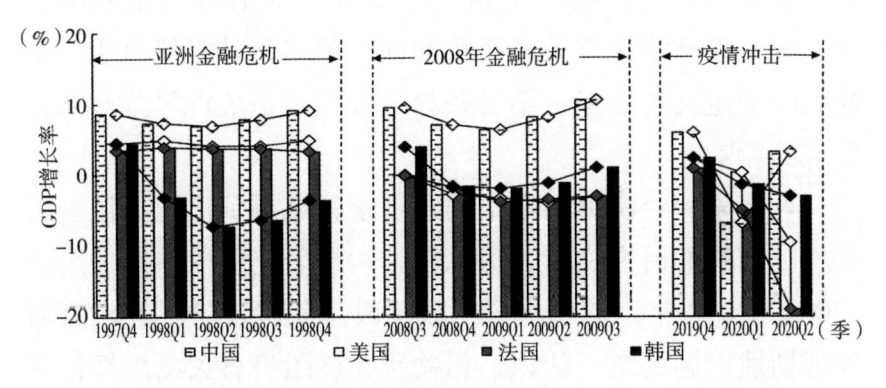

图1　主要经济体在不确定性冲击时期的 GDP 增长率

资料来源：圣路易斯联邦储备银行经济数据库（https://fred.stlouisfed.org/）。

　　韧性是一个物理学概念，表示物体在塑性变形和破裂过程中吸收能量的能力。经济韧性是韧性在经济学中的概念拓

---

①《习近平同英国首相约翰逊通电话》，《人民日报》2020年2月19日，第1版。

展,指经济系统抵御外部冲击的能力。然而,目前关于经济韧性的文献以定性研究为主,现有的定量研究存在一些局限,例如,经济韧性的测度方法集中于少数核心指标,缺少从时间维度的动态测度与分析。因此,本文在韧性内涵启发下,从系统性风险视角测度我国宏观经济韧性,并评估其影响因素。

一、文献综述

从文献来看,与本文相关的研究主要沿着三条脉络展开。第一条脉络主要关注经济韧性,第二条脉络侧重于系统性风险的定义与度量,第三条脉络聚焦于系统性风险对实体经济的影响。

近年来,经济韧性在空间经济学领域得到广泛关注。关于经济韧性的研究文献,可总结为两个研究阶段。第一阶段(2002—2010年)属于概念形成阶段。此阶段学界并没有对经济韧性内涵的统一认识,相关研究试图将有关概念嫁接到区域经济学、空间经济学的理论中。在该阶段,Reggiani 等较早地将韧性引入空间经济学领域。①

第二阶段(2010年至今)进入探索研究阶段。这一阶段虽尚未建立起完整的理论体系,但相较于先前的研究,已经取得实质性进展。例如,Boschma 提出了关于区域韧性的

---

① A. Reggiani, T. De Graaff and P. Nijkamp, "Resilience: An Evolutionary Approach to Spatial Economic System," *Networks and Spatial Economics*, vol. 2, 2002, pp. 211-229.

概念。它不仅将经济韧性概念化为一个区域抵御冲击的能力，而且将其扩展到区域发展新增长路径的长期能力。① 在该阶段也出现了比较有影响的实证研究，例如，Bristow 和 Healy 研究了欧洲经济在 2007—2008 年经济危机中的韧性，发现在危机发生时创新领导者地区更有可能从危机中迅速恢复。② 徐圆和张林玲采用反事实实验的方法测度了我国城市经济韧性，发现拥有多样化产业结构的大城市更能抵御风险。③

金融危机并不是经济系统唯一冲击来源，自然灾害如地震、洪水等也是经济韧性相关研究的考量之处。例如，Zhou 等计算了 2008 年汶川地震最严重地区的经济韧性指数，并采用数据包络分析模型和 Malmquist 生产率指数分析年度灾后恢复的效率和效果，研究发现地震在受灾地区造成了短期经济衰退，工业经济的韧性不如农业和服务业。④ Bondonio 和 Greenbaum 运用美国县域数据研究当地经济对罕见自然灾害的抵御能力，研究发现所有受影响的县都经历了短期的经济下降，从长期来看，灾前社会经济条件较差的县的增长仍

---

① R. Boschma, "Towards an Evolutionary Perspective on Regional Resilience," *Regional Studies*, vol. 49, no. 5, 2015, pp. 733 – 751.

② G. Bristow and A. Healy, "Innovation and Regional Economic Resilience: An Exploratory Analysis," *Annals of Regional Science*, vol. 60, no. 5, 2017, pp. 1 – 20.

③ 参见徐圆、张林玲：《中国城市的经济韧性及由来：产业结构多样化视角》，《财贸经济》2019 年第 7 期。

④ K. Zhou, B. Liu and J. Fan, "Post-Earthquake Economic Resilience and Recovery Efficiency in the Border Areas of the Tibetan Plateau: A Case Study of Areas Affected by the Wenchuan Ms 8.0 Earthquake in Sichuan, China in 2008," *Journal of Geographical Sciences*, vol. 30, no. 8, 2020, pp. 1363 – 1381.

然滞后，特别是在低强度灾害情况下。① 然而，目前的研究集中于区域经济韧性，侧重于单次冲击的影响，忽视了动态变化特征。此外，从经济韧性的测度方法来看，现有文献往往关注某个核心变量，如失业率、经济增长率等，忽视了经济系统其他变量的边际贡献。

2008年以来，系统性风险的定义和度量成为风险研究领域的核心问题。然而，学术界并未就系统性风险范畴的界定达成一致意见。② 合理地度量系统性金融风险并甄别其影响因素关系到未来金融监管政策的选择与安排。系统性风险的度量方法可以归纳为三类：第一类是基于业务关联数据的结构化方法；第二类是基于金融数据的综合指数方法；第三类则是基于市场数据的简约化方法。结构化方法使用的银行间风险敞口数据难以获取，因此，该方法的适用性大大降低。综合指数测度方法通过将多个反映金融系统状况的指标按照某种模型、方法或原则进行合成，但其无法刻画系统性风险的传染性和关联性。简约化度量方法通过金融市场数据推导出系统性风险的关联关系。"自下而上"的简约化度量方法以单个个体发生风险为条件来估计系统性风险，代表性方法包括条件在险价值（Condi-

---

① D. Bondonio and R. T. Greenbaum, "Natural Disasters and Relief Assistance: Empirical Evidence on the Resilience of U. S. Counties Using Dynamic Propensity Score Matching," *Journal of Regional Science*, vol. 58, no. 2, 2018, pp. 659–680.

② 参见杨子晖、周颖刚：《全球系统性金融风险溢出与外部冲击》，《中国社会科学》2018年第12期。

tional Value-at-Risk，CoVaR）和 ΔCoVaR。① 此外，一些学者提出先假定系统性风险、后推导个体风险分布，这种方法被称为"自上而下"的度量方法。例如，Acharya 等提出使用边际期望损失（Marginal Expected Shortfall，MES）测度系统性风险。② 鉴于简约化系统性风险度量方法在适用性、简便性等方面的优势，2008 年金融危机以来，此类方法受到广泛推崇。

作为现代经济的核心，金融系统内部生成的风险会对经济产生深远影响。关于系统性风险对经济的影响效应，现有文献多集中于基于动态随机一般均衡（Dynamic Stochastic General Equilibrium，DSGE）模型的机制分析。例如，王擎和田娇研究发现，源于资本监管的顺周期性，系统性金融风险经历三个阶段的传递后，实体经济并未得到有效改善，并且资本监管的顺周期性经金融体系传至实体经济。③ Ge 等研究发现，由资本质量冲击和银行流动性冲击引起的银行净资产的降低会导致家庭贷款、房价和产出下降。④

基于以上分析，本文认为，现有研究还存在以下几点不足。首先，现有的文献主要从单次风险冲击方面研究经济韧

---

① T. Adrian and M. K. Brunnermeier, "CoVaR," *American Economic Review*, vol. 106, no. 7, 2016, pp. 1705 – 1741.

② V. V. Acharya et al., "Measuring Systemic Risk," *The Review of Financial Studies*, vol. 30, no. 1, 2017, pp. 2 – 47.

③ 参见王擎、田娇：《银行资本监管与系统性金融风险传递——基于 DSGE 模型的分析》，《中国社会科学》2016 年第 3 期。

④ X. Ge, X. Li and L. Zheng, "The Transmission of Financial Shocks in an Estimated DSGE Model with Housing and Banking," *Economic Modelling*, vol. 89, 2020, pp. 215 – 231.

性，缺少从时间维度的动态评估，忽视了宏观经济对系统性风险的动态反馈。其次，经济韧性的测度方法侧重于风险冲击的影响大小，而对经济复苏速度和风险吸收速度的考量不足。再次，现有方法主要关注核心变量，因而在变量选择和效应评估方面具有局限性，对经济韧性的异质性考察不足。最后，关于系统性风险的定义和测度，现有的文献侧重于测度金融机构的系统性风险，而对金融市场体系的系统性风险考察并不充分。为此，本文拟从以下三个方面展开：第一，选取151个宏观经济指标，运用时变参数因子扩展向量自回归模型（Time-Varying Parameter Factor-Augmented Vector Autoregression，TVP-FAVAR）测度宏观经济韧性；第二，使用117种指标测度系统性风险；第三，从异质性维度分析我国宏观经济韧性及其影响因素。

二、模型构建和数据说明

（一）经济韧性界定与度量

1. 经济韧性概念界定

经济韧性的内涵可以追溯到物理学中与冲击韧性（或抗冲击强度）相关的概念。冲击韧性是指物体在冲击载荷作用下吸收变形功和断裂功的能力，反映物体内部的缺陷和对外来冲击负荷的抵抗能力。经济韧性反映的是经济系统内部对外部冲击的抵御能力。可见，经济韧性与物理学中冲击力相关的概念具有一脉相承的特点。因此，可以借助冲击韧性的相关理论构建经济韧性度量方法。

冲击韧性的内涵是在保持物体原样的情况下，尽可能吸收或抵抗外部冲击力的能力。但是，这种概念很难直接运用到经济学中。外部冲击使得经济变量发生改变，无法"保持原样"，因此很难直接运用冲击韧性的测度方法。然而，冲击韧性核心思想是保持物体原样，因而可以通过观察经济变量受到外部冲击后恢复原始水平的能力，这种能力即可理解为经济系统的风险吸收（或风险抵御）能力。此外，这种受到冲击时恢复原始水平的能力可以从风险吸收的"大小"和风险吸收的"速度"两个维度考察。本文将风险吸收的数值大小定义为风险吸收强度，而将风险吸收的"速度"定义为风险吸收持续期（或者平均吸收期限）。在一般情况下，风险吸收强度和风险吸收持续期具有一定的相关性，但在一些特殊情况下，两者存在很大差异（如图2所示）。

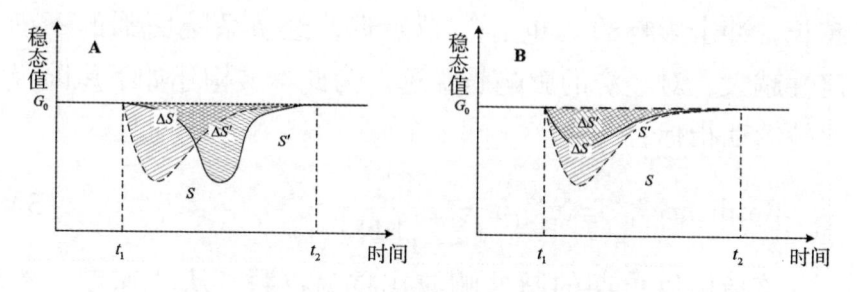

图2　系统性风险冲击前后稳态经济运行轨迹

2. 经济韧性测度方法构建

经济系统受到外部冲击时会暂时偏离原始运行轨迹。本文在Zhou等方法基础上，构建如下反映经济韧性的系统性

风险吸收强度指标：[①]

$$\text{Resilience}^P = \frac{S - \Delta S}{S} \qquad (1)$$

其中，Resilience^P 表示风险吸收强度，ΔS 为阴影区域面积，表示经济损失，S 为未发生风险冲击时的经济状态。

测算宏观经济韧性需要经济变量对外部冲击的反应函数，而脉冲响应函数恰好提供了这样一种模式。假设在时刻 t，经济变量 i 对系统性风险 j 冲击的第 n 期的响应为 $\Phi^n_{t,i \leftarrow j}$，公式（1）可以表示为：

$$\text{Resilience}^P_{t,i \leftarrow j} = \frac{N\bar{h} - \sum_{n=1}^{N}|\Phi^n_{t,i \leftarrow j}|}{N\bar{h}} \qquad (2)$$

其中，N 为脉冲响应期数，$\bar{h}$ 为可选择的脉冲响应参考值。[②]

经济系统的风险吸收持续期可以理解为经济系统吸收风险的平均期限，持续期越长，表示经济恢复原始水平的时间越长，冲击影响的"重心"越延迟，经济系统面临的不确定性越大，对经济的影响越深远。为此本文构建如下风险吸收持续期指标：

$$\text{Resilience}^D_{t,i \leftarrow j} = \sum_{n=1}^{N} n \frac{\Phi^n_{t,i \leftarrow j}}{(\sum_{n=1}^{N}|\Phi^n_{t,i \leftarrow j}|)} \qquad (3)$$

该指标以单期的脉冲响应比重为权数，从"速度"维

[①] K. Zhou, B. Liu and J. Fan, "Post-Earthquake Economic Resilience and Recovery Efficiency in the Border Areas of the Tibetan Plateau: A Case Study of Areas Affected by the Wenchuan Ms 8.0 Earthquake in Sichuan, China in 2008," pp. 1363 – 1381.

[②] 为使得风险吸收强度在时间维度具有可比性，本文选择样本期内最大的脉冲响应值衡量 $\bar{h}$。

度衡量系统性风险对经济系统的影响。鉴于选取的经济指标均为"慢速"指标,本文使用 Korobilis 提出的因子模型计算脉冲响应函数。① 模型表示为:

$$\text{Macro}_t = \lambda_t^f f_t^{\text{Macro}} + \upsilon_t \tag{4}$$

$$\begin{bmatrix} \text{Risk}_t^j \\ f_t^{\text{Macro}} \end{bmatrix} = a_t + d_{t,1} \begin{bmatrix} \text{Risk}_{t-1}^j \\ f_{t-1}^{\text{Macro}} \end{bmatrix} + \cdots + d_{t,q} \begin{bmatrix} \text{Risk}_{t-q}^j \\ f_{t-q}^{\text{Macro}} \end{bmatrix} + \eta_t \tag{5}$$

其中,Macro_t 为 $m \times 1$ 维宏观经济变量,Risk_t^j 为第 j 个金融市场系统性风险,潜在因子 f_t^{Macro} 即为本文测算的宏观经济因子。

(二) 系统性风险测度

1. 金融市场价格指数合成

为了测度宏观经济韧性,需要准确度量金融市场价格指数和金融市场系统性风险。根据投资组合理论和资本资产定价理论,市场组合应包含所有的风险资产,因此,本文将尽可能多的金融资产价格纳入进来。鉴于金融市场收益率数据均为"快速"指标,本文采用 Koop 和 Korobilis 提出的因子模型估计金融市场指数。② 该模型可以表示为:

$$x_t = \lambda_t^f f_t + \lambda_t^y y_t + \mu_t \tag{6}$$

---

① D. Korobilis, "Assessing the Transmission of Monetary Policy Using Time-Varying Parameter Dynamic Factor Models," *Oxford Bulletin of Economics & Statistics*, vol. 75, no. 2, 2013, pp. 157–179.

② G. Koop and D. Korobilis, "A New Index of Financial Conditions," *European Economic Review*, vol. 71, 2014, pp. 101–116.

$$\begin{bmatrix} y_t \\ f_t \end{bmatrix} = c_t + B_{t,1} \begin{bmatrix} y_{t-1} \\ f_{t-1} \end{bmatrix} + \cdots + B_{t,p} \begin{bmatrix} y_{t-p} \\ f_{t-p} \end{bmatrix} + \varepsilon_t \tag{7}$$

其中，x_t 为金融资产价格指数，y_t 为宏观变量，[①] λ_t^f 为因子载荷，λ_t^y 为宏观变量系数。模型中，潜在因子 f_t 即为本文测算的金融市场指数。

2. 金融市场系统性风险测度

Acharya 等提出的边际期望损失 MES 是应用较为广泛的测度指标。[②] 该方法用于测度金融市场未发生危机时金融机构对整个金融系统的风险（或损失）的边际贡献程度。假设金融市场体系由 N 个金融机构或市场组成，在 $1-\alpha$ 置信水平下，单个金融机构或市场对整个金融市场体系风险（或损失）的边际贡献为：

$$MES_\alpha^i = \frac{\partial ES_\alpha}{\partial w_i} = -E\left[r_i \mid R \leqslant -VaR_\alpha \right] \tag{8}$$

其中，ES_α 为整个金融市场体系的期望损失。从公式（8）可以看出，MES 并不具有可加性，即通过加总单个资产的系统性风险值并不能得到金融市场总体系统性风险。然而，理论上，如果假设资产的权重相等，通过对单个资产的系统性风险值加总后取平均值便可以得到整个金融市场体系的系统性风险值。

本文使用 Brownlees 和 Engle 提出的基于双变量 DCC-

[①] 本文选取的宏观变量包括：利率、产出缺口和货币供应量。
[②] V. V. Acharya et al., "Measuring Systemic Risk," pp. 2-47.

GARCH 模型的动态方法估计 MES。[1] MES 存在以下形式:

$$\text{MES}_{i,t-1}(C) = E_{t-1}(r_{i,t} | r_{m,t} < C) = \sigma_{i,t}\rho_{i,t}E_{t-1}(\varepsilon_{m,t} | \varepsilon_{m,t} < \frac{C}{\sigma_{m,t}}) + \sigma_{i,t}\sqrt{1-\rho_{i,t}^2}E_{t-1}(\varsigma_{i,t} | \varepsilon_{m,t} < \frac{C}{\sigma_{m,t}}) \quad (9)$$

其中，$r_{m,t}$ 表示市场指数收益率，$r_{i,t}$ 表示第 i 个资产的收益率，$\sigma_{m,t}$、$\sigma_{i,t}$ 为条件标准差，$\rho_{i,t}$ 表示市场和单个资产收益率之间的动态相关系数。尾部条件期望 $E_{t-1}(\varepsilon_{m,t} | \varepsilon_{m,t} < \frac{C}{\sigma_{m,t}})$ 和 $E_{t-1}(\varsigma_{i,t} | \varepsilon_{m,t} < \frac{C}{\sigma_{m,t}}$ 可以简单地通过满足 $\varepsilon_{m,t} < c$（$c = C/\sigma_{m,t}$）条件下残差序列（$\varepsilon_{m,t}$，$\varsigma_{i,t}$）的均值计算得出。

（三）数据说明

为测度金融市场系统性风险，本文选择股票市场、债券市场、外汇市场、金融衍生品市场、商品市场、国际金融市场 6 类金融资产价格指数，共计 117 种金融市场指标。为了更为准确地测算金融市场价格总体指数，本文选取 1996 年 1 月至 2020 年 3 月的金融市场数据。对于宏观经济数据，本文选取 151 个指标。[2] 这些指标包含 10 个大类，分别为物价体系、消费体系、进出口体系、景气指数体系、利率体系、货币和信贷体系、资本市场体系、财政体系、产出体系、固定资产投资体系。对于总量性指标，本文选取同比增

---

[1] C. Brownlees and R. F. Engle, "SRISK: A Conditional Capital Shortfall Measure of Systemic Risk," *Review of Financial Studies*, vol. 30, no. 1, 2017, pp. 48 – 79.

[2] 因篇幅所限，略去使用的指标明细，感兴趣的读者可向作者索取。

长率。本文使用即时拆分方法对季度数据进行调整。鉴于宏观经济数据的可获得性,本文选取的宏观经济变量的起止时间为 1999 年 1 月至 2020 年 3 月。

三、实证结果与分析

(一)系统性风险测度结果与分析

为避免不同指标趋势性因素造成的影响,使用资产价格指数的周期性成分构建金融市场价格指数。得到金融市场指数后,进一步运用 DCC-GARCH 模型测算每一个金融资产指数的系统性风险 MES 数值,在此基础上加总后平均得到 6 个金融子市场和总体系统性风险。计算结果如图 3 和图 4 所示。从趋势上来看,在 2008 年之后,我国金融市场总体系统性风险呈现出逐年下降的趋势。值得一提的是,在疫情期间(样本期 2020 年 1 月至 2020 年 3 月),我国金融市场总体系统性风险并没有显著上升,反映出我国金融市场抵御外部冲击的能力显著

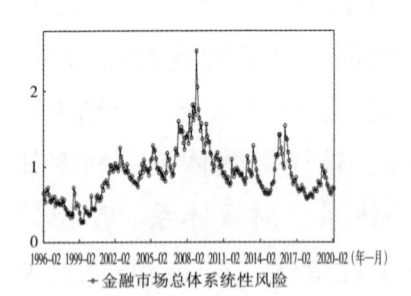

图 3　金融市场总体系统性风险

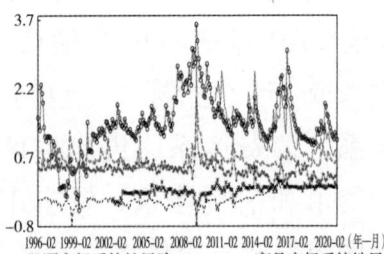

图 4　金融子市场系统性风险

增强，表现出较强的韧性。此外，股票市场和金融衍生品市场与总体系统性风险的变化趋势较为接近，说明股票市场和金融衍生品市场在金融市场系统性风险中占主导地位。

（二）中国宏观经济韧性测度结果与分析

1. 宏观经济韧性整体性分析

本文分别计算反映宏观经济韧性的两个度量指标：吸收强度和吸收持续期。具体来说，本文分别选取 6 个金融子市场系统性风险和总体系统性风险值构建 TVP-FAVAR 模型，① 然后分别计算经济系统或经济子系统对每个系统性风险指标冲击的吸收强度和吸收持续期。②

图 5 描绘了经济系统对系统性风险冲击的吸收强度。整体上来看，经济系统对不同金融子市场系统性风险冲击的吸收强度表现出相似的变动趋势，呈现出"V"型形态。经济系统对总体系统性风险和股市系统性风险冲击的吸收强度在 2008 年之后呈现出逐步上升的趋势，说明我国宏观经济韧性在金融危机之后稳步提升。值得注意的是，经济系统的外汇风险吸收强度在 2005 年开始下降，显著早于其他市场，一种可能的解释是人民币汇率制度改革导致人民币汇率长期呈现出下降趋势，引致经济系统的风险吸收强度下降。对于债券市场系统性风险冲击，宏观经济的吸收强度普遍高于其他市场，并且具有长期上升趋势，这表明我们需要进一步提

---

① 在使用 MCMC 方法估计模型时设定的参数抽取次数为 10000 次，预设值设定为 2000，使用剩余的 8000 次抽取结果计算参数估计值。

② 为使计算结果具有可比性，此处设置冲击大小为单位 1。

升债券市场发展规模和发展质量。近几年，我国经济系统对国际金融市场系统性风险的吸收强度稳步提升，说明我国经济抵御外部不确定性冲击的韧性逐步增强。

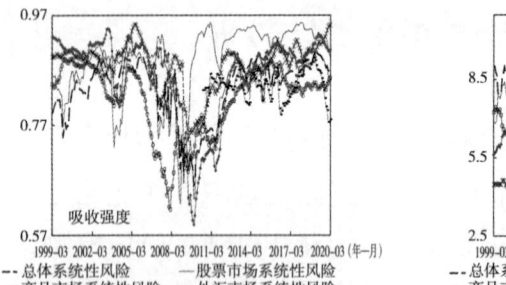

图5 经济系统的风险吸收强度

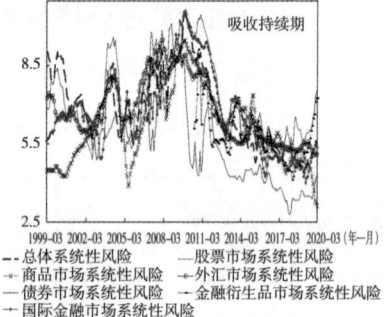

图6 经济系统的风险吸收持续期

图6描绘了经济系统对系统性风险冲击的吸收持续期。与吸收强度类似，经济系统对不同金融子市场系统性风险冲击的吸收持续期具有一致的变动趋势，并且呈现稳步下降趋势，表明我国宏观经济从系统性风险冲击中恢复的速度显著提升。从子市场来看，经济系统对债券市场系统性风险冲击的吸收持续期最短，说明经济系统从债券市场风险冲击中复苏的速度最快。对于来自国际金融市场的系统性风险冲击，我国宏观经济的风险吸收平均时间显著降低，特别是在最近几年，相比于其他市场风险，下降的幅度更加明显，意味着我国经济从国际金融市场风险冲击中恢复的速度稳步提升。

本文进一步将151个经济变量分为10个经济子系统，分别探讨经济子系统的风险吸收能力。图7描绘了经济子系统的风险吸收强度和吸收持续期。可以看出，对于股票市场系统性风险冲击，经济子系统的风险吸收强度在 2008 年达到低点后稳步提升。进出口系统的风险吸收强度保持稳步上升趋势，特别是 2015 年股市大幅波动时期展现出较强的风险吸收强度。利率、货币和信贷系统的风险吸收强度呈现出"W"形态，在 2008 年金融危机后逐渐提高。然而，利率系统的风险吸收强度在 2008 年后并未达到之前的水平，一种可能的解释是利率市场化增加了利率波动性，使得风险吸收能力降低。投资系统与产出系统的吸收强度较为一致。从风险吸收的持续期来看，进出口、景气指数、财政以及资本市场子系统在样本期内呈现出稳步下降趋势。物价、消费、投资、产出、利率以及货币和信贷子系统的风险吸收持续期在 2008 年金融危机期间达到最大值后呈现出"L"形态。从吸收持续期长短来看，产出和投资系统的持续期较长，而进出口系统的持续期较短。

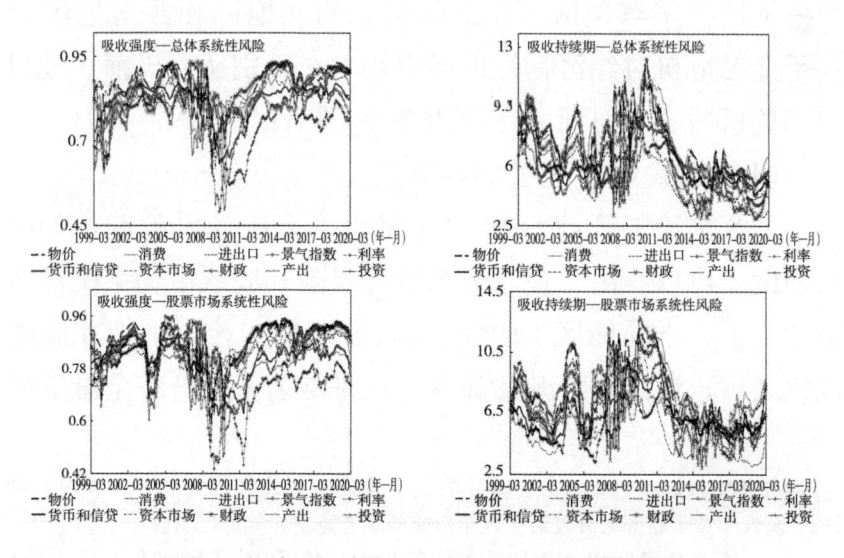

图 7　经济子系统的风险吸收强度和吸收持续期

对于总体系统性风险冲击,物价系统保持了较高的吸收强度,消费、产出和进出口系统的风险吸收强度保持了较快的上升趋势,而消费系统的吸收强度波动性最小。从吸收持续期来看,除利率系统外,其他经济子系统的吸收持续期均呈现出下降趋势,其中,财政和进出口系统的吸收持续期较短,产出和物价系统的吸收持续期较长。综合来看,近几年,我国宏观经济子系统的风险吸收能力维持在高位,且波动较小,说明我国经济各个子系统的风险抵御能力稳步增强。

2. 宏观经济韧性异质性分析

本文进一步从地区、产业、行业层面分析宏观经济韧性的异质性。其中,地区指标类别包括东部地区、中部地区和西部地区,还包括地理区域分类,即华北地区、华中地区、华南地区、华东地区、东北地区、西北地区和西南地区。[①]鉴于金融危机对经济韧性的显著影响,分别从危机前、危机中和危机后三个时期测算异质性经济韧性。[②]

（1）区域 GDP 韧性的异质性

图 8 描绘了区域 GDP 对金融市场系统性风险冲击的吸收强度。可以看出,在总体系统性风险和股票市场系统性风险冲击下,不同地区 GDP 的吸收强度较为接近,但在金融危机之后,地区差异开始显现。从平均值来看,在金融危机

---

① 本文根据《中共中央、国务院关于促进中部地区崛起的若干意见》和《国务院发布关于西部大开发若干政策措施的实施意见》划分区域。
② 危机前代表 1999 年 3 月至 2007 年 12 月,危机中代表 2008 年 1 月至 2009 年 12 月,危机后代表 2010 年 1 月至 2020 年 3 月。

之前，东部地区 GDP 的风险吸收强度大于西部地区，中部地区的风险吸收强度最小，而在金融危机之后，中部地区 GDP 的风险吸收强度超过西部地区。在商品市场系统性风险冲击下，地区经济越发达其风险吸收强度越小。在外汇市场系统性风险冲击下，东北地区 GDP 的风险吸收强度显著大于华南地区，中部地区的风险吸收强度最为突出。对于国际金融市场系统性风险冲击，在非金融危机期间，中部地区 GDP 的风险吸收强度最小，而在危机期间，中部地区 GDP 风险吸收强度的排序发生显著变化。

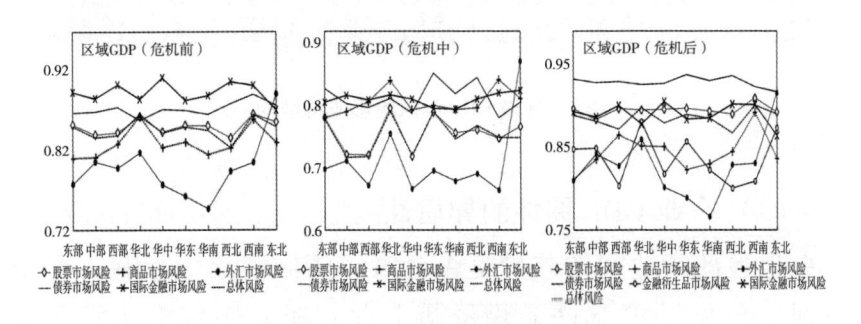

图 8　区域 GDP 的风险吸收强度

从区域 GDP 的风险吸收持续期结果可以看出，对于股票市场和总体系统性风险冲击，地区 GDP 的吸收持续期在 2008 年金融危机之后明显降低，说明我国经济子系统从风险冲击中恢复的速度显著提升。从平均值来看，东部地区 GDP 的风险吸收持续期最短，中部地区最长。在商品市场系统性风险冲击下，不同地区 GDP 的风险吸收持续期的相对大小在危机期间发生明显变化。在债券市场系统性风险冲击下，在非危机期间，中部地区 GDP 的风险吸收持续最长，而西部地区最短。综合来看，不同地区 GDP 的风险吸收强度和吸收持续期存在较大差异，反映出不同地区经济韧性存在差异，这种差异在危机期间更加明显。

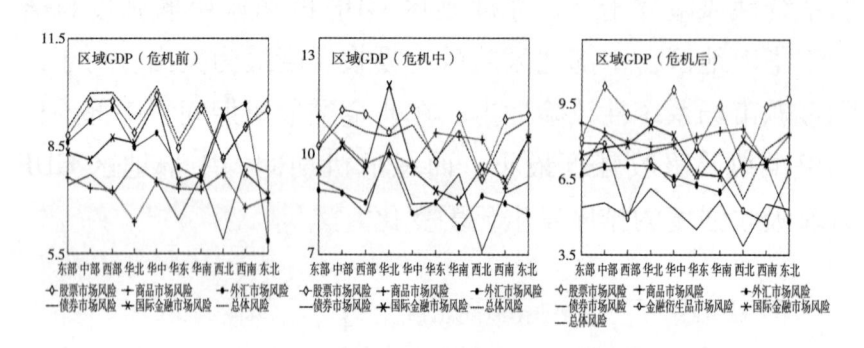

图 9　区域 GDP 的风险吸收持续期

（2）产业 GDP 韧性的异质性

为验证产业间的差异是否会对经济韧性产生影响，本文分别从产业 GDP 和产业物价两个方面探究经济韧性的结构性差异。本文绘制出不同产业 GDP 的风险吸收强度和吸收持续期，结果如图 10 和图 11 所示。对于股票市场和总体系统性风险冲击，建筑业和金融业的风险吸收强度较小，住宿和餐饮业相对较大，房地产业的风险吸收强度在危机前后发生显著变化。对于商品市场系统性风险冲击，批发和零售业的风险吸收强度最小，而房地产业的风险吸收强度最大。对于债券市场系统性风险冲击，不同产业 GDP 的风险吸收强度在 2008 年金融危机前后发生显著变化。其中，建筑业、住宿和餐饮业的吸收强度在危机期间降幅最大。整体来看，第二产业的风险吸收强度相对较弱,第一产业和第三产业风险吸收强度的相对关系因风险来源不同而变化。

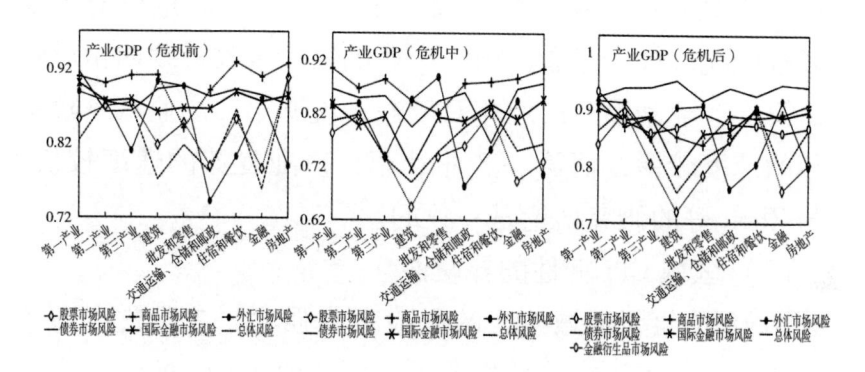

图 10　产业 GDP 的风险吸收强度

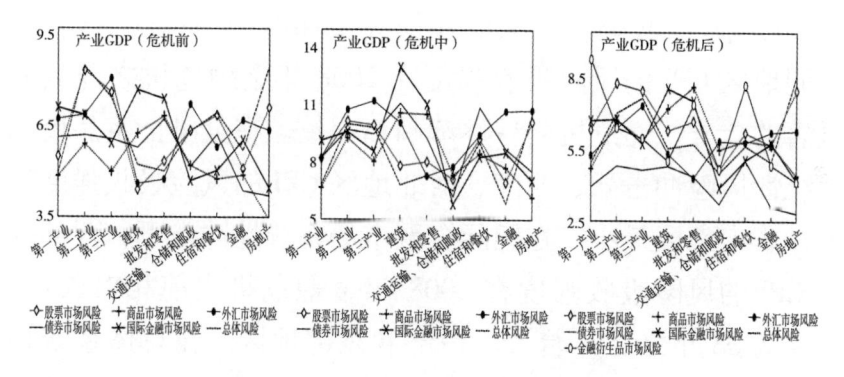

图 11　产业 GDP 的风险吸收持续期

对于股票市场和总体系统性风险冲击,第一产业 GDP 的吸收持续期最短,第二产业最长,其中,金融业、建筑业和交通运输、仓储和邮政业的吸收持续期较短,而房地产业的吸收持续期较长,说明系统性风险对房地产业的影响更加深远。对于外汇市场系统性风险冲击,第三产业 GDP 的风险吸收持续期显著小于其他产业，第一产业 GDP 的风险吸收持续期最长。对于债券市场系统性风险冲击，不同产业或行业风险吸收持续期的相对大小在 2008 年金融危机前后发生显著变化。综合来看，第二产业的风险吸收持续期相对较长，第一产业和第三产业相对较短，说明第二产业从风险中复苏的速度较慢，而第一产业和第三产业复苏的速度较快，这与 Zhou 等的研究结论是一致的。①

(3) 区域 CPI 韧性的异质性

图 12 描绘了区域 CPI 的风险吸收强度。在股票市场系统性风险冲击下，在非危机期间，西北地区 CPI 的吸收强度最小，而西南和东北地区较大，而在危机期间，西北地区 CPI 的风险吸收强度最大。在债券市场系统性风险冲击下，不同地区 CPI 的风险吸收强度在 2008 年金融危机之前具有显著的差异，而危机之后逐渐趋于一致。在金融衍生品市场系统性风险冲击下，西南、西北地区 CPI 的风险吸收强度较大，华南地区最小。在国际金融市场系统性冲击下，西部地区 CPI 的风险吸收强度在 2008 年金融危机之前相对较小，而在 2008 年之后开始大于中部和东部地区。在总体系统性风险冲击下，西北、西南、东北和华中地区 CPI 的吸收强度较大，而较发达地区华北、华东和华南地区较小。

---

① K. Zhou, B. Liu and J. Fan, "Post-Earthquake Economic Resilience and Recovery Efficiency in the Border Areas of the Tibetan Plateau: A Case Study of Areas Affected by the Wenchuan Ms 8.0 Earthquake in Sichuan, China in 2008," pp. 1363 – 1381.

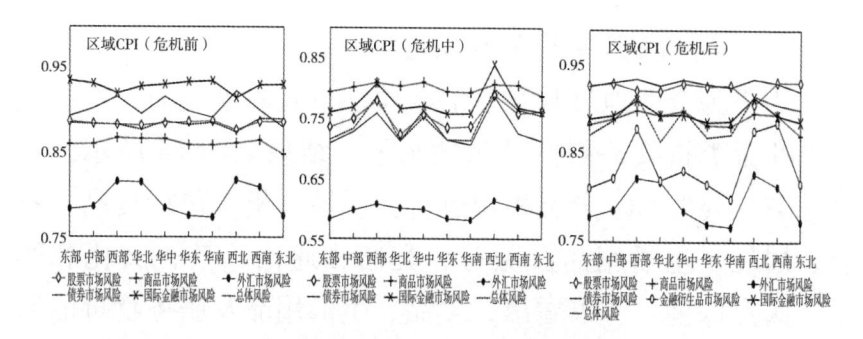

图12 区域 CPI 的风险吸收强度

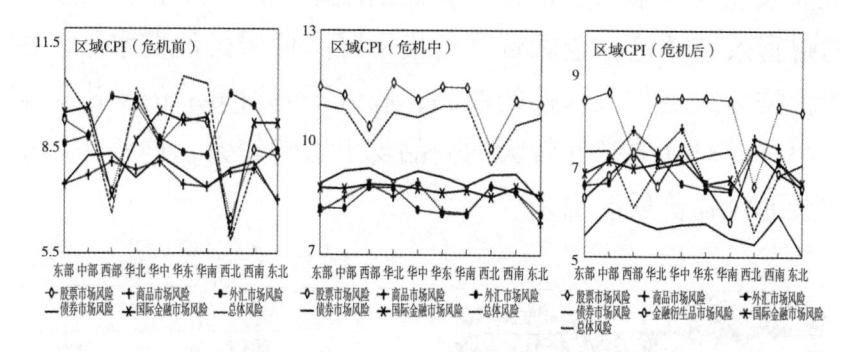

图13 区域 CPI 的风险吸收持续期

图 13 描绘了区域 CPI 的风险吸收持续期。可以看出，在股票市场系统性风险冲击下，西部地区 CPI 的吸收持续期最短，而东部地区最长。从地理区域看，华北地区 CPI 的吸收持续期最长，西北地区较短。在债券市场系统性风险冲击下，东部地区 CPI 的风险吸收持续期较短，中部地区和西部地区较为接近。在总体系统性风险冲击下，西部地区 CPI 的吸收持续期较短，东部地区最长，分地理区域看，西北地区最大，而较发达的地区如华北、华东和华南地区较长。综合来看，我国物价体系抵御金融风险冲击的能力由东至西逐渐增强。

(4) 类别 CPI 韧性的异质性

为更为全面地反映物价的异质性风险吸收能力，本文选取 CPI 分类指数并测算其韧性水平，结果如图 14 所示。本文选取主要的 CPI 分类指数进行异质性分析，包括食品、衣着、居住、生活用品及服务、交通和通信、教育文化和娱乐、医疗保健。可以看出，食品、生活用品及服务物价的风险吸收强度较大，而居住类、衣着类和医疗保健类物价的风险吸收强度较小，这也符合我们的理论预期。根据金融资产的财富效应理论，金融资产价格下降降低居民消费水平。由于食物为缺乏收入弹性的商品，收入下降对食品的支出影响较小，而对其他弹性较大的商品支出影响较大，这些作用机制会通过物价反馈出来。

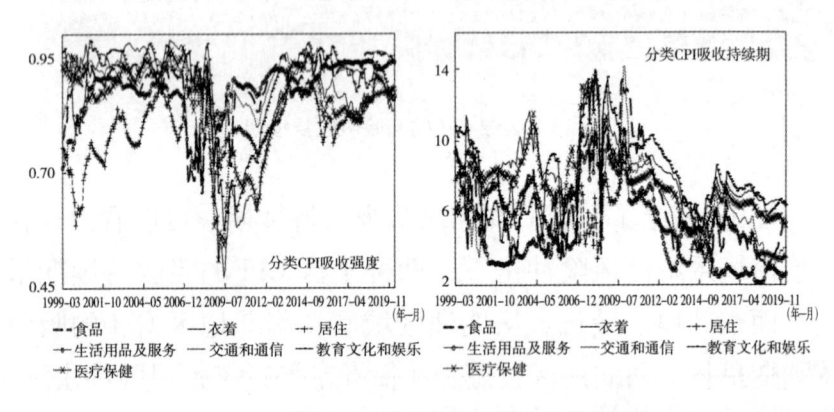

图 14 类别 CPI 的风险吸收强度和持续期

(5) 城乡 CPI 韧性的异质性

本文进一步绘制城市 CPI 和农村 CPI 的风险吸收强度和吸收持续期，如图 15 所示。在 2008 年之前，城市 CPI 与农村 CPI 的风险吸收强度比较接近，但在 2008 年之后，农村 CPI 的风险吸收强度开始强于城市 CPI，特别是在金融危机期间，两者之间的差异更加明显。从吸收持续期来看，在 2008 年金融危机之前，城市 CPI 的风险吸收持续期显著大于农村 CPI。而在 2008 年之后，两者趋于一致。

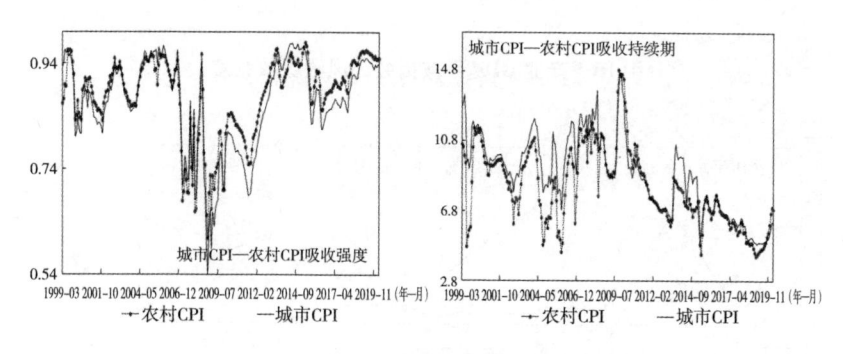

图 15 城乡 CPI 的风险吸收强度和持续期

（6）产业物价韧性的异质性

本文绘制出产业 GDP 平减指数的风险吸收强度和吸收持续期，结果如图 16 和图 17 所示。对于股票市场、外汇市场以及总体系统性风险冲击，第一产业和第三产业 GDP 平减指数的吸收强度具有相似的变化趋势，第二产业 GDP 平减指数的吸收强度较小。对于金融衍生品市场系统性风险冲击，第一产业和第三产业 GDP 平减指数的吸收强度相对较大，第二产业 GDP 平减指数的吸收强度较小，但这种排序关系在 2014 年股价上涨阶段发生了逆转。整体来看，第一产业和第三产业物价的风险吸收强度相对较大，第二产业物价的吸收强度较小。

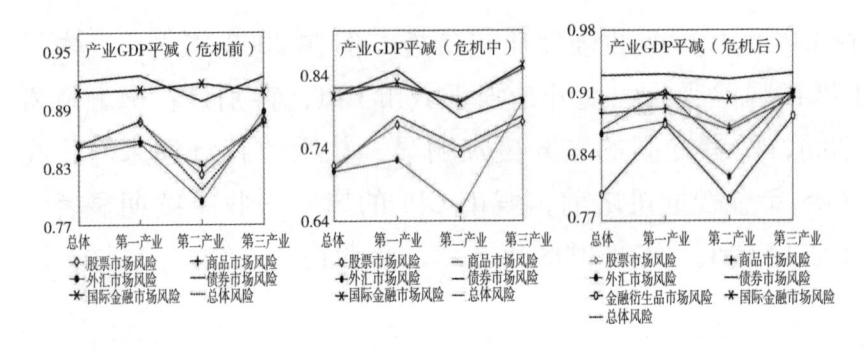

图 16　产业 GDP 平减指数的风险吸收强度

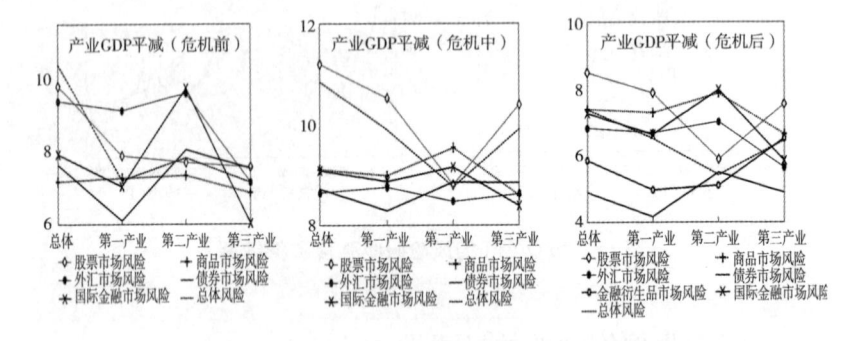

图 17　产业 GDP 平减指数的风险吸收持续期

对于股票市场、外汇市场和总体系统性风险冲击，在2008年金融危机之前，三大产业物价的风险吸收持续期较为接近，而在危机之后，第一产业和第三产业物价的吸收持续期超过第二产业。对于国际金融市场系统性风险冲击，在金融危机期间，第二产业 GDP 平减指数的吸收持续期最长，第三产业 GDP 平减指数最短。虽然第二产业 GDP 平减指数的风险吸收强度最弱，但在金融危机之后，其风险吸收持续期显著缩短，说明第二产业物价从危机中复苏的速度有所提升。

3. 稳健性检验

为验证研究结论的可靠性，本文从四个方面展开稳健性分析：第一，使用三种动态因子模型测度金融市场指数。第二，使用 VaR 和 ES 方法测算金融市场系统性风险，并进行稳健性检验。第三，使用不同的脉冲响应期数和风险测度方法计算经济韧性。第四，使用基于不同脉冲响应期数和风险测度方法计算的经济韧性结果检验其影响因素的稳健性。结果表明模型估计结果在数值大小、符号、显著性和结构变化的时间点上与之前的估计基本一致，本文的研究结论具有较强的稳健性。[①]

四、进一步研究：中国宏观经济韧性的影响因素

本文实证结果表明中国宏观经济系统韧性呈现出稳步提升的态势，同时还具有时变特征，由此，一个深层次的问题自然出现：是什么因素影响了经济系统的风险吸收能力？从图5和图6可以看出，宏观经济韧性在危机时期发生显著变化，意味着金融周期和经济周期可能是中国经济韧性变化的重要影响因素。货币政策在经济复苏的过程中具有重要作用，因此有必要考察货币周期是否对经济韧性产生影响。理论上，技术进步是经济发展的重要推动因素，为此本文将反映技术进步的全要素生产率纳入考察范

---

① 限于篇幅，略去稳健性检验结果，感兴趣的读者可以向作者索取。

围。本文构建如下检验模型：

$$\text{Resilience}_t^i = c_{1,i,S_t} + c_{2,i,S_t} \text{Risk}_t + c_{3,i,S_t} \text{GDP\_gap}_t \\ + c_{4,i,S_t} \text{M1\_gap}_t + c_{5,i,S_t} \text{TFP}_t + \tau_{i,t} \quad (10)$$

其中，i=1或2，1表示以风险吸收强度为被解释变量的方程，2表示以经济系统风险吸收持续期为被解释变量的方程。GDP_gap_t表示GDP缺口，M1_gap_t为M1增长率的周期项，TFP_t为全要素生产率。①

图18绘制了方程的滤波转移概率。可以看出，经济系统的风险吸收强度和吸收持续期呈现出显著的区制转换特征，这意味着经济与金融系统的结构性变化会改变经济系统的风险吸收能力和吸收模式。表1给出了风险吸收强度和风险吸收持续期方程的参数估计结果。可以看出，转移概率的估计结果均大于0.97，表明每一个区制都具有很强的惯性。结合c_{1,S_t}的估计结果，可以对风险吸收方程的区制进行定义：区制1代表风险吸收强度较低的高波动阶段，区制2代表风险吸收强度较高的低波动阶段。在吸收强度较低阶段，风险本身对吸收强度的影响较大，而在吸收强度较高阶段，这种影响不显著。GDP缺口系数的估计结果意味着，在风险吸收强度较低阶段，经济状态对风险吸收能力产生正向影响，而在吸收强度较高阶段这种影响不显著。货币周期对风险吸收强度产生负向影响，并且在吸收强度较低的阶段影响更大。此外，全要素生产率在风险吸收强度较低的阶段产生显著正向作用。对于风险吸收持续期方

---

① 使用H-P滤波方法得到GDP缺口项；对M1同比增长率使用H-P滤波方法得到周期成分；使用索洛残差方法得到全要素生产率。

程，区制 1 代表吸收持续期较短的低波动阶段，区制 2 代表吸收持续期较长的高波动阶段。在区制 2，风险本身对吸收持续期的影响更大，货币周期产生显著正向影响，在区制 1，GDP 缺口具有显著负向影响。全要素生产率的影响为负向，并且在区制 2 更加显著。综合来看，经济状况、全要素生产率对经济韧性产生正向影响，而风险、货币周期产生负向影响。

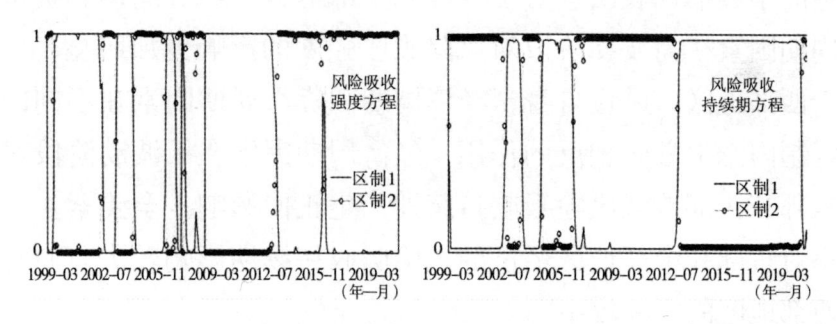

图 18　方程的状态转移滤波概率

表 1　经济韧性影响因素的区制回归结果

	吸收强度方程（i = 1）		吸收持续期方程（i = 2）	
	$S_t = 1$	$S_t = 2$	$S_t = 1$	$S_t = 2$
c_{1,S_t}	− 0.0175	0.8432 ***	8.5035 ***	19.8394 ***
c_{2,S_t}	− 0.0541 ***	− 0.0002	0.9232 ***	0.9746 ***
c_{3,S_t}	2.7627 ***	0.1001	− 22.9630 **	0.4605
c_{4,S_t}	− 0.0049 ***	− 0.0018 ***	− 0.0065	0.0921 ***
c_{5,S_t}	0.8655 ***	0.0311	− 3.7245 ***	− 12.9406 ***
σ^2_{τ,S_t}	0.0271 ***	0.0129 ***	0.3920 ***	0.7401 ***
p_{11}	0.9783 ***		0.9721 ***	
p_{22}	0.9834 ***		0.9798 ***	

注：*、＊＊、＊＊＊分别表示在 10%、5% 和 1% 水平上显著。

鉴于中国宏观经济韧性呈现出的显著异质性，本文进一步对不同区域和不同产业的经济韧性进行影响因素分析。表 2 给出了不同地区经济韧性的影响因素估计结果。对于风险吸收强度方程，系统性风险的系数 c_{2,S_t} 估计结果表明，在风险吸收强度的高波动阶段，风险自身对吸收强度的影响更大，并且这种差异在中部地区更加明显。GDP 周期项和货币周期项的系数估计表明，对于东部和中部地区，经济周期和货币周期因素在高波动阶段对风险吸收强度的影响更加明显，对于西部地区，风险自身、经济周期和货币周期因素在不同的区制内产生方向相反的作用。经济周期因素在低波动阶段对东部和西部地区风险吸收持续期产生正向影响。全要素生产率对东部和中部地区经济的风险吸收持续期影响较大，而对西部地区的影响较小。

表 2　区域经济韧性影响因素的区制回归结果

地区	系数	吸收强度方程（i=1）		吸收持续期方程（i=2）	
		$S_t = 1$	$S_t = 2$	$S_t = 1$	$S_t = 2$
东部地区 GDP 韧性	c_{1,S_t}	1.1007***	1.0484***	16.1956***	19.4821***
	c_{2,S_t}	-0.0477**	-0.0369***	-0.0256	1.2378***
	c_{3,S_t}	2.4298*	0.1800	53.2752***	6.3366
	c_{4,S_t}	-0.0094***	-0.0038***	0.0055	0.2093***
	c_{5,S_t}	-0.2609	-0.0922**	-10.7102***	-11.6051***
	σ^2_{τ,S_t}	0.0587***	0.0246***	0.7225***	1.3583***
	p_{11}	0.9474***		0.9716***	
	p_{22}	0.9663***		0.9877***	

续表2

地区	系数	吸收强度方程（i=1）		吸收持续期方程（i=2）	
		$S_t=1$	$S_t=2$	$S_t=1$	$S_t=2$
中部地区 GDP 韧性	$c_{1,St}$	0.9117***	0.8630***	21.2578***	18.6374***
	$c_{2,St}$	-0.0303***	-0.0722***	0.9258***	0.4335
	$c_{3,St}$	0.3485**	3.9044***	-1.4310	-23.1773
	$c_{4,St}$	-0.0032***	-0.0120***	0.2144***	-0.0110
	$c_{5,St}$	0.0322	-0.0181	-12.2135***	-12.8789***
	$\sigma^2_{\tau,St}$	0.0300***	0.0730***	1.3028***	0.5490***
	p_{11}	0.9727***		0.9894***	
	p_{22}	0.9584***		0.9480***	
西部地区 GDP 韧性	$c_{1,St}$	0.7895***	1.0628***	13.1253***	15.5863***
	$c_{2,St}$	0.0888***	-0.1554***	0.7750**	1.3949***
	$c_{3,St}$	-4.1159***	0.6110**	34.0041**	8.8960
	$c_{4,St}$	-0.0147***	0.0027**	0.0467***	0.2351***
	$c_{5,St}$	-0.0588	-0.0310	-8.0315***	-7.2748***
	$\sigma^2_{\tau,St}$	0.0662***	0.0472***	0.4856***	1.2538***
	p_{11}	0.9473***		0.9676***	
	p_{22}	0.9616***		0.9903***	

注：*、**、***分别表示在10%、5%和1%水平上显著。

表3给出了不同产业经济韧性的影响因素估计结果。对于风险吸收强度方程，在风险吸收强度的高波动阶段，风险自身对第二产业和第三次产业具有显著负向影响，并且对第三产业的影响更大，而对第一产业产生正向影响。经济周期对第一产业的风险吸收强度没有显著影响，而对第二产业产生正向影响，并且在区制1的影响更大。货币周期因素在高

波动阶段对第一产业和第三产业风险吸收强度产生显著负向影响。全要素生产率对第三产业的风险吸收强度具有显著正向影响。对于风险吸收持续期方程,经济周期因素对第一产业产生正向影响,而在低波动阶段对第三产业产生显著负向影响。货币周期因素对三大产业的影响模式具有较大差异,全要素生产率对第一产业和第二产业的影响较大。

表3 产业经济韧性影响因素的区制回归结果

地区	系数	吸收强度方程 ($i=1$)		吸收持续期方程 ($i=2$)	
		$S_t=1$	$S_t=2$	$S_t=1$	$S_t=2$
第一产业 GDP 韧性	$c_{1,St}$	2.2573 ***	0.9096 ***	14.8643 ***	7.0728 **
	$c_{2,St}$	0.0308 *	−0.0038	−0.8933 ***	0.1178
	$c_{3,St}$	0.4026	0.0705	53.1386 ***	21.5467 ***
	$c_{4,St}$	−0.0037 ***	−0.0003	−0.0551 ***	0.1296
	$c_{5,St}$	−1.5466 ***	−0.0320	−9.8074 ***	−0.2459
	$\sigma^2_{\tau,St}$	0.0433 ***	0.0187 ***	0.4479 ***	1.0845
	p_{11}	0.9460 ***		0.9723 ***	
	p_{22}	0.9714 ***		0.9584 ***	
第二产业 GDP 韧性	$c_{1,St}$	0.7687 ***	1.0514 ***	31.1418 ***	13.0330 ***
	$c_{2,St}$	−0.0437 **	−0.0150	0.0308	0.8345
	$c_{3,St}$	2.3116 **	0.3460	−5.5667	34.0463
	$c_{4,St}$	−0.0117 ***	−0.0015	0.1123	−0.0698 **
	$c_{5,St}$	0.0947	−0.1009	−21.5330 ***	−7.7755 **
	$\sigma^2_{\tau,St}$	0.0531 ***	0.0190 ***	1.1901 ***	1.1161
	p_{11}	0.9492 ***		0.9532 ***	
	p_{22}	0.9683 ***		0.9482 ***	

续表 3

地区	系数	吸收强度方程（i=1）		吸收持续期方程（i=2）	
		$S_t=1$	$S_t=2$	$S_t=1$	$S_t=2$
第三产业GDP 韧性	$c_{1,St}$	0.4626***	0.4959***	7.4548***	13.2660***
	$c_{2,St}$	−0.1169***	−0.0024	0.0568	−0.0063
	$c_{3,St}$	−0.2101	−4.1646***	2.3887	−41.2778**
	$c_{4,St}$	−0.0206***	0.0007	−0.0675**	−0.0552***
	$c_{5,St}$	0.3989***	0.3992***	−0.5991	−1.9254
	$\sigma^2_{\tau,St}$	0.0509***	0.0398***	1.4127***	0.5119***
	p_{11}	0.9210***		0.9909***	
	p_{22}	0.9675***		0.9575***	

注：*、**、***分别表示在10%、5%和1%水平上显著。

结论性评述

近几十年来，中国经济在历次金融危机中展现出了令人瞩目的强大经济韧性和自我修复增长能力。值此百年未有之大变局，大国博弈加剧，国内经济增长动能转换，疫情带来全球经济的不确定冲击，我国站在新的历史方位和发展起点，面临新的发展问题和挑战，从系统性风险视角识别中国宏观经济韧性问题就成为一个重要问题。本文在利用 117 种金融市场价格指数测度系统性风险的基础上，运用 TVP-FAVAR 模型估计经济系统中 151 种宏观经济指标对系统性风险冲击的时变脉冲响应，构建风险吸收强度和吸收持续期两个指标测度中国宏观经济韧性，采用区制转换模型分析其影响因素，得到以下主要结论。

第一，近年来，我国金融市场韧性稳步增强，抵御不确定性冲击的能力显著提升，系统性风险呈现下降趋势。第二，我国宏观经济韧性稳步增强，财政、税收和进出口子系统的风险吸收能力提升幅度较大，消费、投资、产出、物价、货币和信贷、利率子系统的风险吸收能力具有周期性特征。第三，第一产业和第三产业的风险吸收能力显著强于第二产业，西部地区物价和产出的风险吸收能力大于中部和东部地区，农村地区物价的风险吸收能力高于城市。第四，我国宏观经济韧性受到风险类别、经济周期、货币周期、技术水平等因素影响，呈现出显著的区制转换特征。

总体来讲，本文研究有助于理解我国宏观经济韧性变化的动态特征、异质性和影响因素。本文构建的基于时变脉冲响应函数的经济韧性测度方法，为从动态视角考察我国宏观经济韧性提供了一个可资借鉴的思路。本文研究发现，我国金融市场的系统性风险呈现明显的下降趋势，宏观经济抵御风险冲击的能力稳步提升，韧性逐渐增强，表明近年来我国金融市场的基础性制度建设取得成效，这为我国新一轮的金融改革提供了决策依据。本文研究表明，股票市场和金融衍生品市场平稳运行是我国防范系统性金融风险的关键，债券市场具有系统性风险"抵消"能力，基于此，需要构建多元化、多层次的金融市场体系，优化市场结构，提升金融市场发展质量。本文研究发现，近年来进出口系统抵御风险冲击的能力显著增强，这为形成以国内大循环为主体、国内国际双循环相互促进的新发展格局战略决策提供了一定的经验支持。消费、投资、产出、财政等实际部门的韧性增强为探索"内循环"发展模式提供了动力，进出口系统韧性的显著提升为探索发展"双循环"模式提供了保障。本文研究还表明，经济系统韧性在产业、行业、区域层面存在显著的异质性，这要求我们在制定经济政策时既要统筹考虑，也要因地制宜，从系统结构视角制定财政政策、货币政策，提升宏观经济总体的抗风险韧性。

（原载《中国社会科学》2021年第1期）

《中国社会科学》2021年度好文章获奖文章颁奖辞

《中国社会科学》2021年度好文章之《新时代国家安全学论纲》(作者：张宇燕、冯维江，责任编辑：张萍)

文章立足总体国家安全观，统筹分析世界百年未有之大变局和中华民族伟大复兴战略全局，运用国际政治经济学的理论与方法，阐述了国家安全学领域的重要概念、命题及其背后的演进逻辑，为中国的国家安全治理提出了具有战略性的政策建议，为新时代国家安全学的构建与发展提供了具有原创性的理论框架。

新时代国家安全学论纲

张宇燕　冯维江

摘要：统筹中华民族伟大复兴战略全局和世界百年未有之大变局的艰巨任务，亟须总体国家安全观指导下的新时代国家安全学理论提供分析框架和学术洞见。从厘定安全水平、安全能力和安全威胁关系的基本框架出发，可以得出七个理论命题，即绝对安全无法实现；为趋近绝对安全而不断增加安全投入，最终将陷入安全困境；封闭条件下，国家实现相对安全的努力应当止于均衡安全；开放条件下，霸权国可能生产出超过均衡安全的安全能力，并倾向于选择这样一些国家作为"保护"或掠夺对象：发展成果产出效率相对较高、安全能力产出效率相对较低；遵循不同技术路线分类处理有意安全威胁和无意安全威胁，比将两类威胁混合在一起处理，能达到更高的安全水平；构建人类命运共同体的关键是实现"大禹改进"，让来自其他行为体的有意安全威胁能力转变为防控共同的无意安全威胁的能力；合理配置安全能力冗余和加强国家系统安全投入，是应对不确定安全威胁的重要方式。

关键词：总体国家安全观　新时代国家安全学　安全能力　均衡安全　大禹改进

作者张宇燕，中国社会科学院大学国际关系学院、中国社会科学院世界经济与政治研究所研究员；冯维江，中国社会科学院世界经济与政治研究所研究员（北京　100732）。

引　言

2014年4月15日，习近平总书记在主持召开中央国家安全委员会第一次会议时，首次提出总体国家安全观。总体国家安全观的提出，为新时代国家安全学提供了主体内容、严整逻辑和基本构架。作为新时代坚持和发展中国特色社会主义的基本方略之一，坚持总体国家安全观被写入党的十九大报告，成为指引我国国家安全实践的重要思想。本文立足总体国家安全观重大战略思想，综合已有国家安全学理论研究成果，利用经济学、国际关系特别是国际政治经济学理论资源，试构建一个一般性的理论框架，以探索提出新时代国家安全学的分析纲要。[1]

---

[1] 学科要素主要包括基本假定、核心概念、研究对象及范围、理论原理、特定问题、检验方法、本体论认识论定位及价值取向等。本文主要结合国家安全学学科特征，对其中亟须澄清的部分加以梳理。参见张宇燕、李增刚：《国际经济政治学》，上海：上海人民出版社，2008年，第31页。我国学者自20世纪90年代起就从学科建设角度开始了对国家安全学的探索。一些学者从研究对象及重要领域出发，开展了对国家安全较为全面的论述，初步形成了国家安全学的理论体系。参见李少军：《国家安全理论初探》，《世界经济与政治》1995年第12期；刘跃进：《建立"国家安全学"初探》，《国家安全通讯》1999年第1期；刘跃进：《为国家安全立学——国家安全学科的探索历程及若干问题研究》，长春：吉林大学出版社，2014年。本文则主要从分析方法的角度，讨论国家安全学可以运用的概念和理论工具。应当指出，这些工具主要是帮助锚定、理解和分析国家安全领域的重要议题以及其发展背后的约束条件与演变逻辑，并非可直接用于安全治理的政策工具。

新时代国家安全学应该突出以下特点。第一，顺应并推动侧重研究外部威胁的"国际安全"向内外并重的"国家安全"回落的趋势。当代西方主流国家安全理论是在"冷战和外部侵略的威胁甚于萧条与社会变革的影响"的背景下发展起来的，"国际安全"获得了比"国家安全"更大的影响力。[1] 总体国家安全观则强调"既重视外部安全，又重视内部安全"，对新时代国家安全学提出了在开放条件下统筹分析外部安全与内部安全的要求。第二，倡导向"总体性"回归的理论视角。当代前沿的国家安全研究强调深入到议题或领域之中，寻找特定现象与因素之间的因果机制或相关关系，很少再提出现实主义、制度主义、建构主义这样的"大理论"，也较少致力于将相互排斥的"大理论"整合到更加完整的"大一统"框架之中。基于此，新时代国家安全学在关注国家安全重点领域的同时，更应强调国家安全理论和实践的"总体性"，在汲取已有国家安全理论养分基础上，致力于回到安全的基本假定和概念来构建相对统一的理论框架，提倡基于较为完整的框架来研究纷繁复杂的议题和现象。

一、基本假定

本文遵循以下基本假定：

---

[1] 参见巴里·布赞、琳娜·汉森：《国际安全研究的演化》，余潇枫译，杭州：浙江大学出版社，2011年，第13页。

假定一，国家和其他可能影响国家安全的博弈者是追求自身利益最大化的理性行为体。博弈者种类繁多，包括国家、国际机构、社会组织、公司乃至个人等。在追求自身利益的过程中，博弈者的个体理性未必能加总为集体理性。① 行为体企图通过竞争或合作手段实现自身利益的最大化，但由于信息不对称、有限理性等客观条件的约束，加之各博弈者力量及运用力量的能力强弱不一，讨价还价过程存在权力不对称，行为体并非总能确保自身利益最大化。②

假定二，安全是一种利益，是让其他具体利益得到保障从而免于损失威胁的元利益，安全利益是国家的第一需要。安全与利益密不可分。安全的基本前提是利益的存在。③ 其他条件相同时，利益越多，潜在的安全威胁也越大。从国家层面来看，国家利益是国家制定和实施安全战略的出发点，也是国家判断安全状态的主要标准。国家利益是一个主权国家在国际社会中生存需求和发展需求的总和。④ 国家安全的

---

① 参见莱因霍尔德·尼布尔：《道德的人与不道德的社会》，蒋庆等译，贵阳：贵州人民出版社，1998年，第7—8页。

② 参见张宇燕、任琳：《全球治理：一个理论分析框架》，《国际政治科学》2015年第3期。

③ 这里的利益包括经济或物质利益但不限于此，荣誉、价值观等非物质利益同样重要。抽象地讲，利益是被理性所驯化的欲望。例如，对金钱的欲望可被驯化为经济利益，对名声的欲望可被驯化为荣誉利益。被驯化后的利益又可进一步用来驯化或制约其他"野蛮"的欲望。参见阿尔伯特·赫希曼：《欲望与利益：资本主义胜利之前的政治争论》，冯克利译，杭州：浙江大学出版社，2015年，第27、39页。

④ 参见《总体国家安全观干部读本》，北京：人民出版社，2016年，第46—47页。

根本着眼点就是维护国家核心利益和其他重大利益。① "保证国家安全是头等大事。"② 马斯洛需求层次理论将人的需求从低到高依次分为生理需求、安全需求、社交需求、尊重需求和自我实现需求。③ 对国家等群体来说，不存在生物学意义上的生理需求，安全需求就成为最底层最基础的需求。

假定三，安全不是无成本或零代价的，支付成本来投资并生产安全能力时，一般遵循边际产出不变或下降的规律。一个没有非法暴力和寻租行为的社会未必是一个安全的社会，因为可能有大量的资源消耗在抑制暴力或其他寻租行为的行动或措施之上，而这与任由暴力或寻租行为消耗等量资源没有本质的不同。④ 在判断安全程度时，应当将这部分抑制暴力或寻租行为的资源，作为安全的成本或代价一并计入安全的抵减项中。考虑安全成本后，进一步的假定是，其他条件不变时，在某一项产出安全能力的投资上的投入成本边际不变或递增，根据生产函数和成本函数的对偶性，这意味着投入的边际产出不变或下降。

假定四，世界范围内不存在可以裁断不同国家之间全部分歧或冲突的单一权威，换言之，不存在世界政府。国家间

---

① 中国的核心利益包括"国家政权、主权、统一和领土完整、人民福祉、经济社会可持续发展"等利益。参见《总体国家安全观干部读本》，第213页。

② 《习近平谈治国理政》，北京：外文出版社，2014年，第200页。

③ A. H. Maslow, "A Theory of Human Motivation," *Psychological Review*, vol. 50, no. 4, 1943, pp. 370–396.

④ Francisco M. Gonzalez, "Effective Property Rights, Conflict and Growth," *Journal of Economic Theory*, vol. 137, no. 1, 2007, pp. 127–139. 另可参见冯维江：《侠以武犯禁——中国古代治理形态变迁背后的经济逻辑》，《经济学（季刊）》2009年第8卷第2期。

关系的"无政府状态"几乎是所有学者的共识,并且是世界政治最独特、最重要和最持久的特征之一。[①] 在国家与其他治理主体之上,没有一个权威机构可以像中央政府一样维持国际秩序。即使各行为体做出治理决策,也很难保证该决策得到贯彻执行并让违约行为受到惩罚。各种国际机构至多是在某些问题领域提供不同程度的协调。尽管在特定领域,权威或权力存在由高到低或由大到小的等级制特征,但是,不同领域中权威或权力等级排序并不一致,具备普遍或全领域意义的"最终裁判人"仍告阙如。

假定五,信息不完备或不对称广泛存在。信息不完备意味着行为体对自身(历史和现状)、决策环境或博弈论常用的"自然"的可能行动以及潜在的博弈对手的信息并不完全了解。现实中以上三个方面的信息不完备都存在。博弈分析中讨论最多的是博弈对手隐藏信息(逆向选择)或隐藏行动(道德风险)的信息不对称问题。其中,隐藏信息是行为体掌握的关于自身能力和意愿等私人信息,不被其他博弈对手所知晓。隐藏行动是行为体采取的行动不为其他博弈对手所知晓。[②] 国家在追求安全的过程中面临的信息不完备,特别是与其他国家或行为体之间存在的信息不对称尤其严重,这也是国家安全威胁产生的重要原因。

[①] 参见戴维·莱克:《国际关系中的等级制》,高婉妮译,上海:上海人民出版社,2013年,第2页。

[②] 参见帕特里克·博尔顿、马赛厄斯·德瓦特里庞:《合同理论》,费方域等译,上海:格致出版社,2008年,第10页。

二、核心概念

　　核心概念是支撑理论大厦的关键构件。新时代国家安全学首先需要界定的是安全及相关概念。已有研究对安全的界定各不相同。一些研究倾向于从传统安全的角度来定义安全。例如，认为安全是"免于战争的相对自由……对于在任何战争中都能立于不败之地抱有较高的预期"，[①] 或者"抵御国外侵略的能力"。[②] 另一些研究则强调从以国家为中心、聚焦军事的传统安全范式中漂离（shift away）出来，把安全涵盖的领域扩展到气候变化、资源匮乏、传染病、自然灾害、非法移民、食物短缺、贩卖人口、毒品走私和跨国犯罪乃至价值观冲突等更加广泛的非传统范围之中。[③] 例如，认为安全是"免于恐惧"和"免于匮乏"，或者"从客观上说，安全指的是不存在对已获得的价值观的威胁；从主观上说，指的是不必担心这种价值观受到攻击"等。[④] 这些研究的共同之处，是把安全和威胁相联系。本文从这一共性出发定义安全，进而由此扩展并逐一界定其他核心概念。

[①] Ian Bellamy, "Towards a Theory of International Security," *Political Studies*, vol. 29, no. 1, 1981, pp. 100–105.

[②] Giacomo Luciani, "The Economic Content of Security," *Journal of Public Policy*, vol. 8, no. 2, 1988, pp. 151–173.

[③] 参见梅里·卡巴莱诺-安东尼编著：《非传统安全研究导论》，余潇枫等译，杭州：浙江大学出版社，2019年，第5—6页。

[④] Arnold Wolfers, *Discord and Collaboration: Essays on International Politics*, Baltimore: The Johns Hopkins Press, 1962, p. 150.

（一）安全：状态、能力和投入

根据假定二，安全是一种先于其他具体利益的元利益。这种元利益，主要体现在使各种具体利益得到保障从而能够免于遭受相应损失的威胁。具备这种利益的状态即为安全状态，维持这种状态的能力即为安全能力。换言之，安全就是行为体的利益相对处于没有危险和不受内外威胁的状态，以及保障持续安全状态的能力。[①] 更正式的定义如下：

$$S = \frac{A}{T} \quad (1)$$

式（1）中，A 表示行为体的安全能力（A≥0），用可以有效处理的威胁（利益损失）规模来表示；T 表示行为体面临的威胁的规模（T>0）；S 即安全的状态，S≥0。当 S=0 时，行为体处于极端不安全状态；如果 S≥1，则行为体的利益处于完全有保障的安全状态；0<S<1 时，安全水平随着 S 值的上升而提升。与安全能力相关的是安全投入 I（I≥0）。安全投入 I 未必直接或线性地体现为安全能力 A，其与 A 的关系如下：

$$A = f(I) \quad (2)$$

式（2）具有以下属性。首先，式（2）为有界函数，这意味着安全投入能够产生的安全能力存在上限。其次，根

[①] 本文关于安全的定义与《中华人民共和国国家安全法》定义国家安全之安全的含义保持一致。该法第二条指出"国家安全是指国家政权、主权、统一和领土完整、人民福祉、经济社会可持续发展和国家其他重大利益相对处于没有危险和不受内外威胁的状态，以及保障持续安全状态的能力"。（《中华人民共和国国家安全法》，北京：人民出版社，2015 年，第 3 页）

据假定三，安全投入形成的安全能力边际不变或递减，这意味着 A 对 I 的二阶导数不为正，即 $\frac{d^2 A}{d I^2} \leq 0$。最后，式（2）A 与 I 的关系存在三种情况。一是 $\frac{dA}{dI} > 0$，此时安全投入越大，行为体可以有效处理的威胁规模或安全能力越大；二是 $\frac{dA}{dI} = 0$，此时安全能力与安全投入无关，增加或减少安全投入，安全能力不变；三是 $\frac{dA}{dI} < 0$，此时安全能力与安全投入负相关，投入出现了"拥挤"或规模不经济现象，随着安全投入上升安全能力不升反降。

为进一步厘清安全能力 A 和安全投入 I 的关系，可以引入安全能力投入弹性 ε，有：

$$\varepsilon = \frac{I}{A} \frac{dA}{dI} \tag{3}$$

由（3）可知，ε 反映了安全投入的百分比变动带来的安全能力的百分比变动。当 ε > 1 时，安全投入增加 1% 所带来的安全能力的增加幅度大于 1%，之所以存在这种情况，可能是因为这类安全投入不仅直接针对某一特定领域的安全威胁可提升处理能力，而且还具有"外溢性"，其提升的安全能力可以对更加广泛的威胁予以全系统的有效处理。在此，将符合 ε > 1 条件的安全投入 I 定义为系统安全投入 BI。

（二）积极安全、消极安全和安全困境

由（1）和（2）易知，安全状态 S 和安全投入 I 也存

在三种情况：

$$当 \frac{dA}{dI} > 0 \text{ 时有：} \frac{dS}{dI} = \frac{1}{T}\frac{dA}{dI} > 0 \tag{4}$$

式（4）定义了积极安全，即通过主动作为的安全投入改善安全状态而实现的安全。积极安全是一种较为普通的情形，安全投入对国内外的暴力或寻租行为形成了有效震慑，但又没有严重拖累经济社会发展。随着安全投入的增加，安全水平有所提升，安全状态得以优化。

$$当 \frac{dA}{dI} = 0 \text{ 时有：} \frac{dS}{dI} = \frac{1}{T}\frac{dA}{dI} = 0 \tag{5}$$

式（5）定义了消极安全，即不进行新的安全投入甚至降低安全投入的情况下安全状态能够维持既定水平不变所实现的安全。在此状态下，各国无须进行安全投入，就能够维持稳定。或者说，增加或减少安全投资，都不影响安全水平。消极安全是中国人不断追寻的理想，史书中把这个状态叫作"泰平"。[①] 和平可能是在对峙的情况下实现的，此时社会资源被大量配置于引而未发的"大炮"之上。"泰平"则不同，社会储蓄可以主要以余粮或"黄油"的形式存在，资源被配置到改善民生、促进生产而非加强战备的用途上——因为增加或降低安全投入都基本不会影响已有的安全水平。这需要主要国家之间对彼此都坚持和平道路存在高度的信任，或者有可置信的机制来保障建设性的、生产性的合作，表现为一

[①] 《汉书·食货志第四上》称，"三考黜陟，余三年食，进业曰登；再登曰平，余六年食；三登曰泰平，二十七岁，遗九年食。"（《汉书》，北京：中华书局，1962年，第1123页）

种有韧性的安全。所谓由进攻性现实主义的世界转变为防御性现实主义的世界，在安全意义上就是，世界由主动作为的积极安全状态，向韧性强劲的消极安全状态方向不断前进。①

本文对积极安全和消极安全的界定，与以赛亚·柏林在《两种自由概念》中区分积极自由和消极自由的旨趣相近。在柏林那里，前者指可以主动作为的自由，后者指免于干涉的自由。② 但这一区分与和平研究（peace research）中的积极和平及消极和平的概念旨趣正好相反。消极和平主要指"避免战争"，而积极和平则扩展到以"人类社会一体化"为目标的更加广泛的议题领域。③ 在和平研究中，积极和平是更加"高级"的目标。本文中，消极安全是比积极安全更难实现的"高级"状态。一般说来，主动作为的安全模式投入或代价比较高，而通过良好的治理和信任构建，提升自身损失吸收能力和抗打击能力，增强安全韧性，这样实现的安全成本相对较低。现实世界中，消极安全作为一种状态很难持续存在，其存续需要满足"极高的内外部信任水平"等非常

---

① 唐世平对进攻性现实主义和防御性现实主义有比较清晰的讨论，指出前者认为安全只有在"霸权稳定"下才存在，后者认为国家间的安全合作可以实现安全。在"霸权稳定"状态下，安全成本是非常高的，而国家间的安全合作可能降低安全成本。参见唐世平：《国际政治理论的时代性》，《中国社会科学》2003年第3期。

② 参见以赛亚·伯林：《自由论》，胡传胜译，南京：译林出版社，2003年，第189、200页。

③ 鉴于和平和安全含义有所不同，而本文已经明确定义了积极安全和消极安全，不会造成其与积极和平和消极和平的混淆。本文宁可保持与和平研究旨趣上的差异，来维护自身逻辑的清晰性和一致性。参见巴里·布赞、琳娜·汉森：《国际安全研究的演化》，第128页。

严格的条件，所以，往往是积极安全阶段之后直接进入安全困境，表现为图 1 中表示消极安全的线段收缩为一个点。

安全状态 S 和安全投入 I 关系的第三种情况是：

$$当 \frac{dA}{dI} < 0 \text{ 时有}: \frac{dS}{dI} = \frac{1}{T}\frac{dA}{dI} < 0 \tag{6}$$

式（6）定义了安全困境，即安全投入增加但安全水平不升反降的状况。① 现有研究主要是在国际层面讨论安全困境，即一国追求安全或权力的投入，引发了其他国家竞相增加安全方面的投入，最终各国的安全投入增加了，但总体安

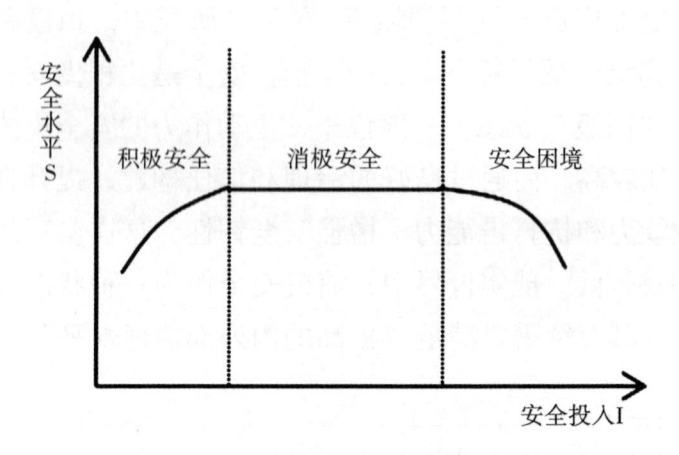

图 1　不同安全状况的示意图

---

① 唐世平对国家间的安全困境有非常详细的分析，但他界定的安全困境特别强调行为体主观上缺乏"恶意"，从而认为只有防御性现实主义国家之间才存在安全困境。本研究把安全困境这个概念由国际安全分析层次向国内安全分析层次拓展，不考虑难以测量且容易变化的行为体的主观意图。无论在国内还是国际上，只要提升安全投入造成安全水平不升反降的现象，都属于本文定义的安全困境。参见唐世平：《防御性现实主义：我们时代的安全战略理论》，林民旺等译，北京：北京大学出版社，2016 年，第 64—65 页。

全形势却恶化了（如军备竞赛）。实际上，安全困境不仅在国家间存在，国内同样可能出现。国内层面安全困境的一种逻辑是，安全投入挤占了生产性用途的投入，造成总产出下降，从而一方面降低了安全投入的可持续性，另一方面使掠夺而非生产成为更具经济理性的活动。

（三）绝对安全和相对安全

根据假定五，式（1）中行为体面临的安全威胁 T 可以分为两个部分。其一是确定的或至少知晓预期损失发生概率及预期损失的威胁 T_c（简称确定的威胁 T_c），其二是不确定的威胁 T_u。不确定威胁可以分为两类。第一类是"不确定的不确定性"带来的威胁，比如触发一场危机的偶然或随机因素，或者超出人类经验范围、感知阈限的威胁性因素，行为者对此完全缺乏信息。第二类是"确定的不确定性"带来的威胁，人们对威胁来源有一定的认识，但信息并不充分，要么不知其发生的概率多高，要么不知其潜在的破坏性多大。两类威胁共同构成 T_u。有 $T = T_c + T_u$。代入式（1）得到：

$$S = \frac{A}{T_c + T_u} \tag{7}$$

前文表明，当 $S \geqslant 1$ 时，行为体的利益处于完全有保障（免于威胁）的安全状态，此时的 S 定义为绝对安全。将应对确定威胁 T_c 而实现的安全状态标记为 S_c，当 A 能够完全覆盖确定的威胁 T_c 并且还有一定的安全冗余 G_a 来应对不确定的威胁 T_u 时，有：

$$S_c = \frac{A}{T_c} > 1 \tag{8}$$

$$G_a = A - T_c > 0 \tag{9}$$

将满足式（8）条件的 S_c 定义为相对安全。

从政策取向上看，相对安全和绝对安全的划分，是从安全的目标或规范意义上何为理想安全状态的角度展开的。其中，相对安全的内在含义是，追求有限度的、具备局部优势的能力和有限的安全冗余 G_a 所保障的安全状态。换言之，相对安全并不追求完全清除内外潜在威胁甚或以压倒性威胁他者的以攻为守、先发制人的方式来实现自身安全。绝对安全则不然。追求绝对安全的目标，是希望通过全面且无限扩大自身对其他利益主体的力量优势，来试图消除所有的不确定的威胁，确保自身处于不受威胁或免于危险的状态。换言之，绝对安全追求者可能以安全理由无限放大不确定威胁 T_u 的规模，从而为肆意提升安全能力 A 提供理由。

（四）无意安全和有意安全

确定的威胁 T_c 可以分为两类。一类是不带有主观意图而是因客观上的疏漏、缺陷等风险源造成的威胁 T_{ca}。另一类是带有主观胁迫或侵害意图的威胁 T_{ce}。[①] 有 $T_c = T_{ca} + T_{ce}$，由式（8）可得：

[①] 已有研究更多将威胁分为传统的和非传统的，由此引申出传统安全和非传统安全的概念。前者主要指军事、政治、外交等方面的安全，涉及的安全行为体主要是国家；后者则包括范围广泛的其他安全领域，涉及的行为体更为多元且更强调"人的安全"。按传统或非传统的标准划分安全威胁，有助于深入理解安全威胁的性质。本文提出的分类标准并不排斥已有标准，并且可以在传统或非传统安全威胁中进一步区分带有或不带有主观损害意图的威胁，从而增强应对处置相关安全威胁的可操作性。

$$S_c = \frac{A}{T_{ca} + T_{ce}} \tag{10}$$

与 T_{ca} 威胁相联系的安全定义为无意安全 S_{ca}，与 T_{ce} 威胁相联系的安全定义为有意安全 S_{ce}。当 $T_{ce}=0$ 时，不存在带有主观意图的威胁而只有客观风险源造成的威胁 T_{ca}，此时无意安全 S_{ca} 有：

$$S_{ca} = \frac{A}{T_{ca}} \tag{11}$$

当 $T_{ca}=0$ 时，不存在客观风险源造成的威胁而只需要处理带有主观意图的威胁 T_{ce}，此时有意安全 S_{ce} 有：

$$S_{ce} = \frac{A}{T_{ce}} \tag{12}$$

主观威胁 T_{ce} 的大小由两个因素决定。第一个因素是威胁意图或意志的强烈程度 β。β 取值在 0 到 1 之间。当 β=0 时，潜在威胁源没有威胁意图，实施威胁的概率为 0；当 β=1 时，潜在威胁源实施威胁的概率为 100%。第二个因素是潜在威胁源的威胁能力，或威胁（造成利益损失）规模 T_{CE}，即 $T_{ce} = \beta T_{CE}$。由此，(12) 式可以写成：

$$S_{ce} = \frac{A}{\beta T_{CE}} \tag{13}$$

英文里与安全对应的单词主要有 security 和 safety。这两个含义的安全是按威胁来源属性的不同划分的，security 意义上的安全对应于有意安全 S_{ce}，safety 意义上的安全对应于无意安全 S_{ca}。如前所述，有意安全举措一般处理人为或有意的破坏或安全事件（这类事件所带来的威胁通常是某一或某类博弈方仅顾自身利益而对其他博弈者带来的威胁），无意安全举措一般处理非人为或无意造成的事故或安全风险（这类事件或风险所带来的威胁往往是所有博弈方都想避免但又难以完全避免的威胁）。中文"安全"一词涵盖了有意安全和无意安全两重含义，可以对应于 safecurity。不过很多情况下，主观威胁和客观威胁同时存在且相互交织，式（10）可改写成：

$$S_c = \frac{A}{T_{ca} + \beta T_{CE}} \tag{14}$$

考虑上面影响安全的全部因素，可以得到关于安全的综合表达式：

$$S = \frac{f(I)}{T_{ca} + \beta T_{CE} + T_u} \tag{15}$$

由式（15）可知，其他条件不变时，在积极安全状态下增加安全投入 I，降低不确定威胁 T_u，减少客观威胁 T_{ca}，降低潜在对手的威胁意愿 β 或威胁能力 T_{CE}，都可以改善安全状态或提升安全水平。

（五）均衡安全

当威胁程度为确定的 T_c 时，行为体开展 I 的安全投入可以产生 $A = f(I)$ 的安全能力，该能力可以确保规模为 A 的利益。假定行为体拥有的资源为 Y，其中 δ 的比例（$0 \leq \delta \leq 1$）作为安全投入，有 $I = \delta Y$，产生的安全能力 $A = f(\delta Y)$。剩余 $1-\delta$ 的比例作为发展投入，产生的发展成果 $D = g[(1-\delta)Y]$，$g(\cdot)$ 为发展成果生产函数。为简化分析过程，令安全或发展的投入与成果产出线性正相关，这意味着行为体处于可以按投入程度等比例提升安全水平的积极安全状态。将发展成果产出曲线置于安全能力产出曲线的坐标系中，则发展成果产出函数可改写为 D = g（Y） - g（δY），其中 g（Y）是当全部资源投入发展时（此时 δ = 0，g（δY） = 0）能够产出的最大成果。

在安全能力产出曲线的坐标系中，当 A > D 时，安全能力能够保护的利益规模大于发展成果，此时理性行为体会增加发展投入；当 A < D 时，安全能力能够保护的利益规模小于发展成果，超出保护能力范围的发展成果会损失掉，此时理性行为体会致力于提升安全能力而宁可减少发展投入；当 A = D 时，行为体安全能力所能保护的利益与其所产出的发展成果相当，此时的安全水平为均衡安全。有：

$$f(\delta Y) = g(Y) - g(\delta Y) \tag{16}$$

式（16）整理后可得：

$$f(\delta Y) + g(\delta Y) = g(Y) \tag{17}$$

由于 Y 是常量，令 F（δ） = f（δY） + g（δY），此时有：

$$F(\delta) = g(Y) \tag{18}$$

令 y = F^{-1}（x）为 y = F（x）的逆函数，可得：

$$\delta = F^{-1}[g(Y)] \tag{19}$$

由此，均衡安全水平下有安全保障的发展成果产出为：

$$D = f(YF^{-1}[g(Y)]) = g(Y) - g(YF^{-1}[g(Y)]) = A \tag{20}$$

此时的均衡安全水平为：

$$S_c = \frac{g(Y) - g(YF^{-1}[g(Y)])}{T_c} = \frac{f(YF^{-1}[g(Y)])}{T_c} \tag{21}$$

三、理论命题

根据前述基本假定，运用前面界定的核心概念，本文提出并初步论证国家安全学领域的以下理论命题。

命题一：绝对安全无法实现。

由式（7）可知，实现绝对安全的条件是 $S \geqslant 1$，即 $A \geqslant T = T_c + T_u$。当确定的威胁 T_c 存在时，这意味着对任意不确定威胁 T_u，有 $A > T_u$ 恒成立。但是，由于 $A = f(I)$ 是有界函数，$I = \delta Y$，而国家可以使用的资源 Y 是有限的，这意味着安全投入 I 在有限的定义域上产生的安全能力 A 存在上限 $\bar{A}$。当 T_u 取大于 $\bar{A}$ 的值时，$A > T_u$ 不能成立，即绝对安全条件不能满足。

尽管从理论上看，绝对安全是不可达至的，[①] 甚至当不确定威胁 T_u 存在时，安全能否有明确刻画其程度的指标都是有争议的，[②] 但并不妨碍一些决策者将寻求绝对安全作为政策目标。例如，有人认为，"9·11"事件之后美国总统乔治·W. 布什采取的以单边主义和预防性战争的战略理路

[①] Baldwin 也表达了类似的观点，而这一观点在本文中得到了形式化的证明。参见 David A. Baldwin, "The Concept of Security," *Review of International Studies*, vol. 23, no. 1, 1997, pp. 5–26.

[②] 比如布赞就指出，如果把安全视作一个目标，这样的绝对安全遥不可及、不可能实现，如果视为一系列相对的状态，那么就会引出一个复杂并且客观上无解的问题，即何种程度的安全才算够？参见巴里·布赞：《人、国家与恐惧——后冷战时代的国际安全研究议程》，闫健等译，北京：中央编译出版社，2009 年，第 316—317 页。

为关键要素的政策逻辑就是在追求绝对安全。[1]

关于作为目标的安全状态的相对性和反对绝对安全,中国方面有非常清楚的认识。习近平总书记在不同场合明确指出,"安全应该是普遍的。不能一个国家安全而其他国家不安全,一部分国家安全而另一部分国家不安全,更不能牺牲别国安全谋求自身所谓绝对安全",[2] "在经济全球化时代,各国安全相互关联、彼此影响。没有一个国家能凭一己之力谋求自身绝对安全,也没有一个国家可以从别国的动荡中收获稳定"。[3]

如果国家以应对包括不确定威胁 T_u 在内的各种威胁为由,试图通过持续的安全投入来不断提升安全水平以"趋近"于绝对安全,这个过程往往最终会导致安全困境。于是有以下命题。

命题二:为趋近绝对安全而不断增加安全投入,最终将陷入安全困境。

由式(2)的性质可知,有 $\frac{d^2 A}{dI^2} \leq 0$,根据式(1),有 $\frac{d^2 S}{dI^2} = \frac{1}{T} \frac{d^2 A}{dI^2} \leq 0$,这意味着随着安全投入的增加,安全水平也是边际不变或递减的。结合式(4)(5)(6)可知,在经过积极安全、消极安全阶段(如前所述,现实

---

[1] David C. Hendrickson, "Toward Universal Empire: The Dangerous Quest for Absolute Security," *World Policy Journal*, vol. 19, no. 3, 2002, pp. 1 - 2.
[2] 《习近平谈治国理政》,第354页。
[3] 《习近平谈治国理政》第2卷,北京:外文出版社,2017年,第523页。

中消极安全阶段往往收缩为一个点而不能持续存在）之后，继续增加安全投入可能进入安全水平不升反降的安全困境（见图1）。就一国自身而言，这种安全水平的不升反降主要是源自安全投入的边际产出递减。当存在潜在对手国或面临有意安全问题时，陷入安全困境的进程可能加快。

从对外政策的行动逻辑来看，一国（假定为"霸权国"）的安全状态要趋近绝对安全至少需要全方位、大幅度扩大本国与其他国家（假定为"潜在对手国"）的安全力量差距，使得其他国家无法对本国的利益形成有效的威胁。要做到这一点，假定其他情况不变，无非从三个方向进行努力。一是霸权国全面并大幅提升本国安全能力 A。二是大幅削弱潜在对手国的威胁能力 T_{CE}。三是可置信地削弱潜在对手国对本国的威胁意志或意愿 β。但第一个方向和后面两个方向可能存在矛盾。潜在对手国看到霸权国加大安全投入 I 以提升安全能力 A 的行为，由于假定四，没有一个世界政府来为各国的安全投入作出有约束力和可置信的安排，潜在对手国出于安全优势被削弱或受到的威胁加大的担忧也会增加本国的安全投入来提升安全能力，而这加剧了霸权国面临的威胁 T，这一威胁增长的幅度可能大于霸权国安全能力 A 提升的幅度，这样就会让提升霸权国安全能力的效果被抵消，由式（1）和式（15）可知，这将表现为安全水平 S 不升反降。上述情形印证了习近平总书记的重要论断，"没有绝对安全，要立足基本国情保安全，避免不计成本追求绝对安全,那样不仅会背上沉重负担,甚至可能顾此失彼",①"只顾一个国家安全而罔顾其他国家安全,牺牲别国安全谋求自身的所谓绝对安全,不仅是不可取的,而且最终会贻害自己"。②

实际上,霸权国要在增加自身安全能力的同时,大幅削弱潜在对手国的威胁能力 T_{CE} 是非常困难的。其一,根据假定五,与其他国家自己相比,霸权国对其他国家的了解总是处于信息劣势。潜在对手国总是有机会隐藏自己某个方面的实力,或者发展出自己的非对称力量或"撒手锏",可能产生颠覆性效果。其二,"全面大幅削减其他国家威胁能力"和"保持本国安全能力不变"可能存在冲突。削减潜在对手国的威胁能力,多需要消耗霸权国软硬实力,在此过程中,可能被第三国"渔翁得利"。霸权国削弱其他国家力量的努力或企图,还可能反而激发起其他国家的斗争意志和威胁意愿,让原本没有威胁意愿的国家转投敌对阵营,使力量对比发生巨变,造成霸权国主导的国际秩序崩溃。这类安全困境在传统国际关系理论中已经有较充分的讨论。正如基辛格所言,"一个大国对绝对安全的渴望,就意味着对所有其他国家的绝对不安全"。③

---

① 习近平:《在网络安全和信息化工作座谈会上的讲话》,北京:人民出版社,2016 年,第 16 页。
② 中共中央党史和文献研究院编:《习近平关于总体国家安全观论述摘编》,北京:中央文献出版社,2018 年,第 249 页。
③ Henry A. Kissinger, *A World Restored: Metternich, Castlereagh and the Problems of Peace, 1812 – 22*, London: Weidenfeld and Nicolson History, 1957, p. 2.

即便不考虑安全困境和消极安全状态，仅在安全投入能够带来安全能力同向变化的积极安全阶段，一国的安全投入也并非越多越好，有以下命题。

命题三：封闭条件下，国家实现相对安全的努力应当止于均衡安全。

由于假定三，形成安全能力或实现并维持安全状态不是无成本或零代价的，这意味着实现安全必定会耗费资源。这部分为实现安全而投入的资源，原本投入于其他生产性用途所能够形成的产出中的最大值，就是安全投入的机会成本。

如式（16）所述，在图 2 中，OJ（以及 OJ*）线表示一国的安全能力投入产出函数，即 $A = f(I) = f(\delta Y)$ 的曲线，其斜率是单位资源投入产生的安全能力，在积极安全阶段，其斜率为正。PI 线表示该国的发展成果投入产出函数 $D = g((1-\delta)Y)$ 的曲线，其斜率是单位资源投入发展成果生产所能够产生的成果。OP 代表该国全部可用资源 Y，OB（或 OA、OB*）表示按一定比例投入安全能力生产的资源，BP（或 AP、B*P）表示扣除安全投入之后其余的投向发展成果生产的资源。

当安全—生产的资源分配点位于 A 点时，OA 的安全投入产生了保障利益规模为 AC 的安全能力，相应地，AP 的发展投入产生了 AD 的利益。OI（全部资源投入生产而获得的利益产出水平）减去 AD 的部分，就是把 OA 段资源投入安全而非生产所带来的安全机会成本。当安全—生产的资源分配点位于 A 点时，其中 CD 段的发展成果收益得不到保障。此时，社会处于安全投入不足的状态，可以增加安全投入。如果将安全投入增加到 OF，发展投入则为 PF，此时 OF 的安全投入可以保障规模高达 FH 的利益，但留给发展的生产性资源 PF 只能产生 FG 的利益，此时，社会处于安全投入过度的状态，应当削减安全投入。合理的安全投入规模是 OB，其产生的安全能力恰好能够保护 PB 的生产性投入所产生的利益 BE，此时的安全即为均衡安全。不妨设安全能力投入产出曲线斜率为 f′，发展成果投入产出曲线斜率为 g′，根据式（17），有：

$$BE = \frac{f'}{f' + g'} g(Y) = \frac{f'g'Y}{f' + g'} \tag{22}$$

此时国内用于安全的资源投入 OB 为 $\frac{g'Y}{f' + g'}$，用于发展的资源投入 PB 为 $\frac{f'Y}{f' + g'}$。

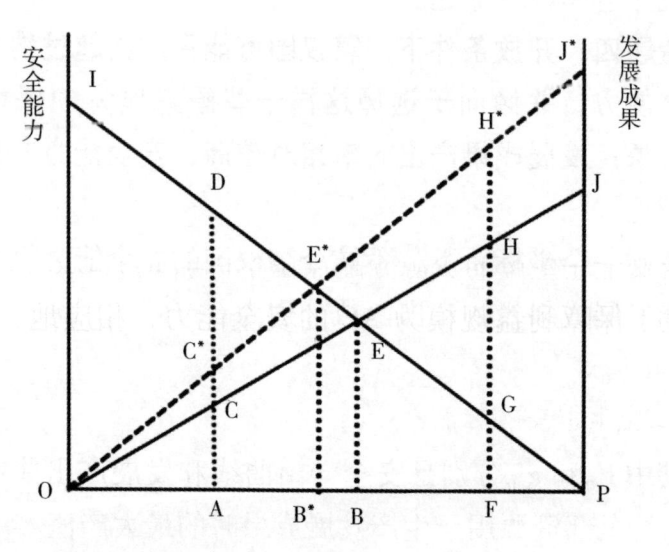

图 2 安全与发展的投入产出关系

由图 2 及式（22）可以得出结论：其他条件不变时，无论提升 OJ 的斜率 f′，还是提升 PI 的斜率 g′，均衡安全状态下的产出都会提升。例如，当 OJ 斜率增加至 OJ* 时，尽管 PI 的斜率没有变化，均衡安全下的产出由 BE 增加至 B*E*。由此得出以下推论：

提升安全能力的投入产出效率或发展成果的投入产出效率，都可以增加均衡安全下的社会产出。

这一推论意味着，提升投入产出效率非常重要。无论是安全方面的还是发展方面的投入产出效率的提升，都可以让一国拥有充分安全保障的产出水平上升，而效率的提升通常需要科学技术或管理制度上的进步来实现。

在开放条件下，命题三可能不再成立。此时，一国安全能力可以向外溢出，选择"保护"或者掠夺其他国家。其行为规律遵循以下命题。

命题四：开放条件下，霸权国可能生产出超过均衡安全的安全能力，并倾向于选择这样一些国家作为"保护"或掠夺对象：发展成果产出效率相对较高、安全能力产出效率相对较低。

在同一个坐标系下，不妨令霸权国的安全能力投入产出函数和发展成果投入产出函数分别为：

$$y = f'_0 x \tag{23}$$

$$y = a_0 - g'_0 x \tag{24}$$

其中 f'_0 和 g'_0 分别是安全产出曲线和发展产出曲线的斜率，a_0 是全部资源用于生产发展成果时的最大产值。

类似地，潜在对手国的安全能力投入产出函数和发展成果投入产出函数分别为：
$$y = f'_1 x \tag{25}$$
$$y = a_1 - g'_1 x \tag{26}$$

两国的安全及发展产出可用图 3 来表示：

由式（23）至（26）及图 3 可知，$O_0 H_0$ 为霸权国

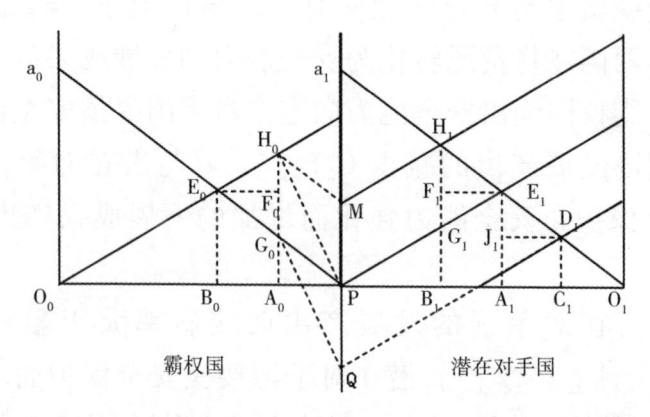

图 3　霸权国和潜在对手国的安全能力及发展成果产出示意图

的安全产出曲线，斜率为 f'_0，$a_0 P$ 为霸权国的发展产出曲线，斜率为 g'_0。相应地，PE_1 为潜在对手国的安全产出曲线，斜率为 f'_1，$a_1 O_1$ 为潜在对手国的发展产出曲线，斜率为 g'_1。

前面已经证明，封闭条件下，霸权国在均衡安全点的产出为 $B_0 E_0$。开放条件下，霸权国可以用 $O_0 A_0$ 的资源来生产安全能力 $A_0 H_0$，此时只有 $A_0 P$ 的资源用于生产 $A_0 G_0$ 的具备安全保障的发展成果，本国生产的发展成果与均衡安全点相比减少了 $G_0 F_0$（即 $A_0 F_0 - A_0 G_0$）。同时，霸权国有 $G_0 H_0$ 的过剩安全能力可以向外溢出。

第一种溢出方式是霸权国把潜在对手国纳入自身安全保护范围之内，表现为将潜在对手国的安全产出曲线 PE_1 左移提升至 MH_1，此时潜在对手国国内均衡安全点的发展成果产出由 B_1F_1（等于 A_1E_1）提升至 B_1H_1，增加了 F_1H_1。

可以证明，当潜在对手国的安全产出曲线斜率和发展产出曲线斜率与霸权国相同时（$f'_0 = f'_1$ 且 $g'_0 = g'_1$），换言之，两国在将资源转化为安全能力和发展成果的效率相当时，霸权国输出安全能力向潜在对手国提供安全保护造成的国内发展产出的减少 G_0F_0，正好与潜在对手国因接受安全保护、安全能力强化而增加的发展成果产出 F_1H_1 相当。

当潜在对手国的发展产出曲线斜率大于霸权国时（$f'_0 = f'_1$ 且 $g'_0 < g'_1$），潜在对手国接受安全保护而增加的国内产出 F_1H_1 将大于霸权国输出安全能力而蒙受的产出损失 G_0F_0，这意味着潜在对手国把霸权国因输出而蒙受的损失足额补偿之后，还有富余的产出可以在两国之间进行分配。在此情况下，两国可通过协议达成相对于霸权国不对外提供安全保护的初始状态的帕累托改进。

当潜在对手国的安全产出曲线斜率大于霸权国时（$f'_0 < f'_1$ 且 $g'_0 = g'_1$），潜在对手国接受安全保护而增加的国内产出 F_1H_1 将小于霸权国输出安全能力而蒙受的产出损失 G_0F_0，这意味着霸权国缩减本国产出而输出安全保护可能得不偿失。

第二种溢出方式是霸权国攻击或掠夺潜在对手国，表现为造成潜在对手国安全产出曲线 PE_1 右移下降至 QD_1，潜在对手国原本在均衡安全点生产的有保障的发展成果为 A_1E_1，由于安全产出曲线右移，其安全能力可以保障的发展成果缩小至 A_1J_1（等于 C_1D_1），不能得到保障的部分 J_1E_1 部分被霸权国掠夺走。有 $J_1E_1 = F_1H_1$，即被掠夺的产出和因受到保护而增加的产出相当。类似地，可以证明当潜在对手国的发展产出曲线斜率大于霸权国时（$f'_0 = f'_1$ 且 $g'_0 < g'_1$），霸权国可以从潜在对手国掠夺的产出将大于霸权国因输出安全能力而蒙受的产出损失；当潜在对手国的安全产出曲线斜率大于霸权国时（$f'_0 < f'_1$ 且 $g'_0 = g'_1$），霸权国能掠夺到的产出将小于输出安全能力而蒙受的本国减产。

综上，无论是对外提供安全保护还是向外掠夺，霸权国以那些发展成果产出效率相对较高、安全能力产出效率相对较低的国家为对象，都可能获得比封闭条件下本国在均衡安全点上生产之所得更多的成果或产出。从这个意义上说，较之俄罗斯、伊朗等国，中国、日本、韩国等更可能成为美国掠夺施压或提供安全保护（并收取保护费）的对象。[1]

---

[1] Joshua Shifrinson 的研究从"被溢出国"的视角，丰富了我们对安全能力溢出规律的理解。其研究发现，如果一个国家能够因为霸权国的安全能力溢出而抵消来自其他大国的威胁，该国会倾向于支持霸权国的安全溢出（接受保护），否则该国可能与霸权国对抗甚至反过来掠夺被认为处于衰落中的霸权国。这意味着，霸权国可能将一些发展产出效率相对较高的国家塑造为共同威胁，以此促使另一些发展产出效率相对较高的国家接受其"保护"。参见 Joshua R. Itzkowitz Shifrinson, "Partnership or Predation? How Rising States Contend with Declining Great Powers," *International Security*, vol. 45, no. 1, 2020, pp. 90–126.

命题五：遵循不同技术路线分类处理有意安全威胁和无意安全威胁，比将两类威胁混合在一起处理，能达到更高的安全水平。

由命题四可知，国家安全面临的威胁或风险可能是由于其他大国的安全能力溢出（表现为提供安全保护并收取保护费或直接的掠夺）而产生的，这类带有主观胁迫意图的威胁来源所产生的安全问题即公式（12）定义的有意安全问题。处理这类问题，需要采取博弈论或基于斗争的技术路线，所采取的安全政策，必须考虑到对方的反应与各方的互动。这与处理不带有主观意图而是因客观上的疏漏、缺陷等风险源而产生的无意安全问题是有区别的，后者由公式（11）所定义，处理时主要采取工程学的技术路线。

根据式（11）和（12），当安全能力为 A 时，分类处理两类威胁能够达到的安全水平为：

$$S_c = \frac{\theta A}{T_{ca}} + \frac{(1-\theta) A}{T_{ce}} \tag{27}$$

其中，$0 \leqslant \theta \leqslant 1$，表示全部安全能力中用于处理无意安全威胁的比例，$1-\theta$ 则是处理有意安全威胁的比例。混合处理无意安全威胁和有意安全威胁的安全水平由公式（10）决定。

不难证明，当无意安全威胁和有意安全威胁同时存在（即 $T_{ca} > 0$ 且 $T_{ce} > 0$）的条件下，$\frac{\theta A}{T_{ca}} + \frac{(1-\theta) A}{T_{ce}} > \frac{A}{T_{ca} + T_{ce}} \equiv \frac{\theta A}{T_{ca} + T_{ce}} + \frac{(1-\theta) A}{T_{ca} + T_{ce}}$ 恒成立。这意味着分类处理两类威胁所能达到的安全水平总是高于将两类威胁混合在一

同一个领域可能同时存在无意安全威胁和有意安全威胁。例如，生物安全在英文中有 biosafety 和 biosecurity 两种表达方式。[1] 前者对应的安全威胁是自然或意外发生的生物安全威胁，这属于无意安全的范畴，如传染病的流行，实验室里病原体的意外泄露等。后者对应的是人为或蓄意的生物攻击的威胁，这属于有意安全的范畴，如国家或非国家行为体有意图地使用或扩散生物武器。[2]

金融安全领域也存在类似的情况。金融安全既包括国际货币基金组织（IMF）倡导建立全球金融安全网所要处理的流动性不足、债务过高等客观困难或麻烦有关的无意安全问题，也包括特定国家通过金融基础设施武器化冲击别国稳定或运用制裁手段限制他国金融主体运营等相关的有意安全问题。[3]

命题五的政策含义是，在处理安全威胁时，应尽量区分有意安全威胁和无意安全威胁，分类施策才更容易对症而

---

[1] 参见王子灿：《Biosafety 与 Biosecurity：同一理论框架下的两个不同概念》，《武汉大学学报》2006 年第 2 期。

[2] 美国《国家生物安全防御战略》指出，民族国家和恐怖主义组织已经发现了追求生物武器的价值，并且我们对于未来这种情况能否有转机并不抱信心。生命科学的进步既可以降低对这种武器的技术门槛，也可以扩大具有相关技能的个人数量，从而形成威胁。参见 The White House, *National Biodefense Strategy*, (*2018*), September 8, 2018, https://www.whitehouse.gov/wp-content/uploads/2018/09/National-Biodefense-Strategy.pdf, May 15, 2021.

[3] Henry Farrell and Abraham L. Newman, "Weaponized Interdependence: How Global Economic Networks Shape State Coercion," *International Security*, vol. 44, no. 1, 2019, pp. 42–79.

治，从而达到更高的安全水平。

命题六：构建人类命运共同体的关键是实现"大禹改进"，让来自其他行为体的有意安全威胁能力转变为防控共同的无意安全威胁的能力，此时命运共同体之中达到的均衡安全产出水平，可能高于各国分别实现均衡安全的产出水平之和。

在公式（14）中，β 取值在 0 到 1 之间，反映的是有意安全威胁来源的威胁意图，当 β 取 0 时不存在威胁意图。国家间关系中，排除威胁意图相当于摆脱了"一切人与一切人为敌"的霍布斯文化，进入了"互为竞争者"的洛克文化，但离"互为朋友"的康德文化还有距离。[①] 如果威胁别国的意图逆转为共同应对无意安全威胁的意图，则原来构成有意安全威胁的相关资源或能力，相应转换为共同促进普遍安全的能力，式（14）变为：

$$S_c = \frac{A + \alpha T_{CE}}{T_{ca}} \quad (28)$$

其中 α 取值在 0 到 1 之间，表示潜在的有意安全威胁转为安全合作伙伴而形成共同安全能力的意图。当 α 取 0 时表示没有形成共同安全能力的意图，当 α 取 1 时表示原来的威胁全部转为安全能力。这一安全威胁意图逆转为安全合作意图的灵感来源是大禹"化干戈为玉帛"的事迹，故命名为

[①] 参见亚历山大·温特：《国际政治的社会理论》，秦亚青译，上海：上海人民出版社，2008 年，第 299 页。

"大禹改进"(Great Yu Improvement)。①

逆转威胁意图或实现"大禹改进",对构建人类命运共同体非常重要。2017年,习近平主席在联合国日内瓦总部发出共同构建持久和平、普遍安全、共同繁荣、开放包容、清洁美丽的人类命运共同体的倡议。② 从总体国家安全观视角下的安全共同体来看,③ 人类命运共同体目标提出了在开放条件下("开放包容")统筹发展与安全("共同繁荣")、全面实现有意安全("持久和平""普遍安全")和无意安全("普遍安全""清洁美丽")的内在要求。某一区域或全体人类的有意安全威胁在逆转威胁意图之后,各国不仅不再构成彼此的安全威胁,而且还能形成共同应对无意安全威胁的能力,所构建的人类命运共同体将显著提升整体安全水

---

① 据《淮南子·原道训》记载,大禹之父鲧筑"三仞之城"来防范风险,结果陷入了安全投入增加而安全水平下降的安全困境("以其役劳,故诸侯背之,四海之外皆有狡猾之心也")。大禹改其道而行之,在降低安全投入的同时增加物质及道德等方面的公益产品(public goods)供给("坏城平池,散财物,焚甲兵,施之以德"),得到诸侯和四夷的认同和支持。原先背叛并武装抵制夏朝者,开始向其纳贡赋税(相当于共同负担包括安全投入在内的公益产品),夏朝在涂山会盟,诸侯和四夷纷纷执玉帛前来承认其盟主地位("海外宾伏,四夷纳职,合诸侯于涂山,执玉帛者万国")。张双棣:《淮南子校释》(上),北京:北京大学出版社,1997年,第34、42—44页。

② 参见《习近平谈治国理政》第2卷,第537—549页。

③ 习近平总书记多次在重要场合谈到了安全共同体、安全命运共同体等概念。例如,2020年11月10日,在上海合作组织成员国元首理事会第二十次会议上的讲话中提出"维护安全和稳定,构建安全共同体";2016年4月1日,在华盛顿核安全峰会上的讲话中提出"努力打造核安全命运共同体"。参见习近平:《弘扬"上海精神" 深化团结协作 构建更加紧密的命运共同体——在上海合作组织成员国元首理事会第二十次会议上的讲话》,《人民日报》2020年11月11日,第2版;中共中央党史和文献研究院编:《习近平关于总体国家安全观论述摘编》,第213页。

平及有安全保障的发展成果产出水平。①

与命题四中的霸权国单方面溢出安全能力不同，达成人类命运共同体之后，霸权国和由潜在对手转变而来的伙伴国达成了可以在两国内统筹配置发展和安全资源的共识。两国的安全能力产出函数和发展成果产出函数的形式仍然由式（23）至（26）描述。如图4所示，不妨令霸权国的安全能力曲线 O_0E_0 的斜率 f'_0 大于伙伴国安全能力曲线 PE_1 的斜率 f'_1，伙伴国发展成果曲线 O_1E_1 比霸权国发展成果曲线 PE_0 更陡峭（即 $g'_1 > g'_0$）。

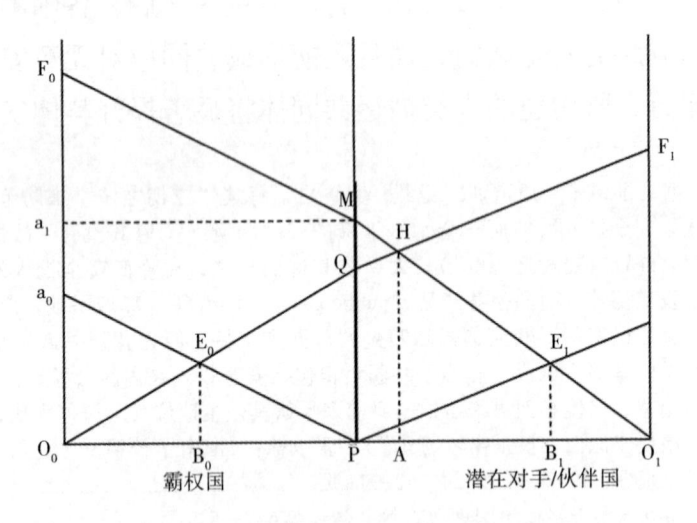

图4　人类命运共同体均衡安全产出示意图

---

① 式（28）等号右侧表达式的分母未包括不确定的安全威胁 T_u，因为在由主权国家组成的人类命运共同体中，各国有望经国际协调共同应对确定的无意安全威胁，而要就应对不确定的安全威胁开展有效协调，可能需要自身具备充分权威和更大资源配置合法性（及能力）的世界政府才能实现，而根据假定四，这超出了本文讨论的范围。

人类命运共同体背景下，两国统筹资源配置时，无论是安全还是发展用途的资源，配置时都会先选择更陡峭的曲线（配置效率更高）的路径，按此曲线适配全部产能后，才会选择沿着较不陡峭的曲线来配置剩余资源。当伙伴国全部投资于发展的产出 PM 大于霸权国全部投资于安全所可以保障的产出 PQ 时，由式（23）至（26），两国达成人类命运共同体后的均衡安全对应的有保障的发展产出 AH 满足以下表达式：

$$AH = \frac{f'_1 a_1 g'_0 + f'_0 a_0 g'_1}{g'_0 (f'_1 + g'_1)} \qquad (29)$$

两国未共建人类命运共同体之前，国内均衡安全的有保障发展产出之和为：

$$B_0 E_0 + B_1 E_1 = \frac{f'_0 a_0}{f'_0 + g'_0} + \frac{f'_1 a_1}{f'_1 + g'_1} \qquad (30)$$

可以证明 $\dfrac{f'_1 a_1 g'_0 + f'_0 a_0 g'_1}{g'_0 (f'_1 + g'_1)} > \dfrac{f'_0 a_0}{f'_0 + g'_0} + \dfrac{f'_1 a_1}{f'_1 + g'_1}$ 恒成立。

其他条件不变，当 PM 小于 PQ 时，AH 满足以下表达式：

$$AH = \frac{f'_0 (a_0 + a_1)}{f'_0 + g'_0} \qquad (31)$$

可以证明 $\dfrac{f'_0 (a_0 + a_1)}{f'_0 + g'_0} > \dfrac{f'_0 a_0}{f'_0 + g'_0} + \dfrac{f'_1 a_1}{f'_1 + g'_1}$ 恒成立。这意味着 $AH > B_0 E_0 + B_1 E_1$ 恒成立。也即，上述条件下，达成人类命运共同体后的均衡安全下的有保障发展成果产出，总是可以大于两国没达成命运共同体条件下，分别达成均衡安全时有安全保障的发展成果产出之和。

命题七：合理配置安全能力冗余和加强国家系统安全投入，是应对不确定安全威胁的重要方式。

由命题一可知，由于不确定威胁的存在，绝对安全无法实现。由式（8）和式（9）可知，相对安全被定义为在覆盖全部确定威胁之外，还留有一定的安全能力冗余（G_a）来作为应对不确定威胁的准备，即 $G_a = A - T_c$。

安全能力冗余的作用主要表现在两个方面，一是当不确定威胁发生时可以至少在一定程度上平抑或控制其安全冲击，二是当不确定威胁发生后能够帮助受冲击的行为体尽快恢复或弥补损失。"力争不出现重大风险或在出现重大风险时扛得住、过得去"，[①] 其中力争不出现重大风险，主要是尽可能多考虑和排查确定的威胁，将"不确定的不确定性"压缩到最小范围，而"在出现重大风险时扛得住、过得去"，则是对不确定威胁发生后的平抑控制及事后恢复提出的要求。后者需要发挥安全能力冗余的作用。

合理配置安全能力冗余可以降低国家或社会的安全脆弱性。给一个国家或社会造成安全危机的诱发因素（"不确定的不确定性"）是难以悉数捕捉或充分估量的，但国家或社会固有的安全脆弱性却可以通过某些合理配置安全能力冗余的方式来改善。例如，预留了充足财政政策空间的国家，在应对或控制经济金融危机带来的波动或震荡时

---

① 《习近平谈治国理政》第2卷，第81页。

更得心应手。① 再如，充裕的粮食储备和稳定的供给，对遭遇灾害等外生冲击的国家维持稳定至关重要。正是在这个意义上，习近平总书记指出"手中有粮、心中不慌在任何时候都是真理"。②

合理配置安全能力冗余不仅对冗余或储备的充足性有要求，对利用的有效性也有要求。美国早在 1998 年就建立了应对医疗和公共卫生危机及生物恐怖主义的应急医药物资国家战略储备（Strategic National Stockpile）。但该储备在此次应对新冠肺炎疫情中成效不彰，除储备资金不足之外，不能及时作出加强供应链的决策、与各级政府以及私人部门之间缺乏协调、压力测试和应急训练准备不够、物资分发的"最后一公里"不通畅以及和特定私人部门之间可能存在的利益输送等，也是重要原因。③

合理配置安全能力冗余并非无限扩大这一冗余的规模，否则就成了追求绝对安全。把握冗余合理规模时需要考虑其成本。在出台相关规定的时候，如果缺乏对安全成本的全面评估，不惜代价追求"不出事"的真实后果，不过是将一种形式的不安全转换为另一种形式的不安全而已，甚至在转换中还可能出现超额安全损耗。用数字来表示，类似于"为了

---

① Christina D. Romer and David H. Romer, "Fiscal Space and the Aftermath of Financial Crises: How It Matters and Why," *Brookings Papers on Economic Activity*, Spring 2019, pp. 239–331.

② 《坚持用全面辩证长远眼光分析经济形势 努力在危机中育新机于变局中开新局》，《人民日报》2020 年 5 月 24 日，第 1 版。

③ Daniel M. Gerstein, *The Strategic National Stockpile and COVID-19: Rethinking the Stockpile*, Santa Monica, CA: RAND Corporation, 2020.

遏止总量100万元的破坏,消耗了价值200万元的资源"。出现这种情况,背后可能有利益集团的影响存在。对于全社会而言,过度的安全投入得不偿失,但对于具备影响特定领域决策能力的利益集团而言,只要其自身收益高于成本,就会锲而不舍地推动安全投入的增加。此时,有必要由相对中立的第三方对安全能力冗余的成本及潜在威胁作出客观评估。

国家或社会应对不确定安全威胁还特别需要强化国家系统安全投入(BI)。根据式(3)的定义,BI是安全能力投入弹性 ε 大于1的投入要素。这类要素的特征是,较少比例的投入增幅,可以带来较大比例的"全系统"安全能力增幅。由于不确定威胁的来源、性质、领域等难以事先获知,那种能够同时在各个或多个领域聚合[①]形成安全能力的系统性安全要素,通常能够带来的能力增幅相对更大,也能够处理更加复杂的风险或威胁。

着眼于避免及治理风险综合体,则更需要加强国家系统安全投入。应对和处置安全威胁的领导力越高、领导机制越顺畅,面对各领域各方面确定或不确定安全威胁时,一国就越能够更快发起回应或适应性行动,并且更能有效动员和组

[①] 聚合与集合不同。安全聚合(security assemblages)过程是那些异质、偶然、不稳定和局部性的要素(并不一定在一致意图作用下,或按照单一逻辑)汇聚成相辅相成的安全合力的过程,而集合(assemblies)是安全要素的偶然、无序或临时性的汇合。参见 Marc G. Doucet, "Global Assemblages of Security Governance and Contemporary International Intervention," *Journal of Intervention and Statebuilding*, vol. 10, no. 1, 2016, pp. 116 - 132;余潇枫:《非传统战争抑或"非传统占争"?——非传统安全理念3.0解析》,《国际政治研究》2020年第3期。

织国际与国内、政府与市场各种资源综合应对。① 具体对中国来说，党的领导，集中统一、高效权威的国家安全领导体制，党委（党组）国家安全责任制等指向国家安全体系和能力现代化的治理安排的制定及顺利运转等相关投入，是最重要的一类系统安全投入。坚持把政治安全放在首要位置，是确保这类国家系统安全投入得以有效实施的先决条件。

结　　语

本文从厘定安全水平、安全能力和安全威胁之间关系的基本框架出发，形式化定义了积极安全、消极安全、安全困境、系统安全投入、绝对安全、相对安全、有意安全、无意安全、均衡安全等研究新时代国家安全的核心概念，并借助这些概念提出并初步论证了七个理论命题。这些理论命题对思考新时代中国特色大国安全具有较为鲜明的政策启示。

第一，各国特别是主要大国不应以理论已经证明无法企及的"绝对安全"作为国家安全的政策目标。

第二，在开展安全投入时，应该基于对安全威胁及安全成本的合理评估来确定投入水平，不能"不计成本"求安全。在确定特定领域的合理安全投入水平时，应注重利益无涉的第三方评估。

---

① 阎学通特别强调政治领导力，认为政治领导力导致国家间相对实力变化并决定国际格局和大国兴衰。参见阎学通：《大国领导力》，李佩芝译，北京：中信出版社，2020年，第229页；阎学通：《世界权力的转移：政治领导与战略竞争》，北京：北京大学出版社，2015年，第82页。

第三，在进行资源分配时，要统筹兼顾发展目标和安全目标。在进行安全能力投入规划和发展成果投入规划时，应真正做到一起谋划、一起部署，实现"有相对安全保障的发展成果"最大化。通过改进技术或改善管理等方式来提升产出效率非常重要。无论是提升安全能力的投入产出效率，还是提升发展成果的投入产出效率，都可以增加"有相对安全保障的发展成果"。

第四，对那些发展成果产出效率相对较低特别是出现长期下行趋势的霸权国应高度警惕。这样的国家倾向于对外"溢出"安全能力，表现为逼迫一些发展成果产出效率比它高的国家成为向其支付更多"保护费"的安全盟友，并纠集盟友共同"掠夺"另一些发展成果产出效率比它高的国家。

第五，应区分国家安全威胁的性质，确定其是否包含主观意图，按无意安全威胁和有意安全威胁分类施策。在实施安全治理时，一方面应避免将无意安全威胁当成有意安全威胁处理，人为制造出"对立面"；另一方面也应避免将有意安全威胁当成无意安全威胁处理，麻痹大意而发生颠覆性风险，还应注意辨别无意安全事件被人利用，制造威胁生出有意安全威胁的复杂现象。

第六，构建人类命运共同体的关键，是通过树立命运共同体意识，将国家之间潜在的敌意逆转为善意，从而在人类命运共同体的更大范围内更加一体化地高效配置资源，在新的均衡安全点上，实现更高水平的有安全保障的发展成果产出。

第七，应重视政策空间预留和应急物资储备，为应对冲击及危机后的恢复重建留足安全冗余。一方面要保证相关政策和物资准备的充足性，及时研判形势和更新资源。另一方面要注重相关准备实施的有效性，通过压力测试、实战演练、应急培训等方式锻炼储备应急运用能力。

第八，坚持党的领导和集中统一、高效权威的国家安全领导体制，是维护和塑造新时代中国特色大国安全、推进国家安全体系和能力现代化的最重要的国家系统安全能力。为持续推进此类能力建设，必须坚持总体国家安全观，以政治安全为根本，赋予政权安全和制度安全在国家安全工作中的优先地位。

（原载《中国社会科学》2021年第7期）

《中国社会科学》2021年度好文章获奖文章颁奖辞

《中国社会科学》2021年度好文章之《"汉语哲学"论纲：本源思想、论域与方法》（作者：孙向晨，责任编辑：莫斌、蒋净柳）

　　文章对汉语表达的思想是否哲学、能否进入世界哲学之林等问题进行了宏观思考，把中国思想中具有普遍性的哲学要素呈现出来。让哲学讲汉语是几代中国哲人为之奋斗的理想，"汉语哲学"的构建，体现为达此理想的重要探索。文章提出了一种未必被普遍接受、但却富有启发性和原创意义的哲学图景和方法。

"汉语哲学"论纲：
本源思想、论域与方法

孙向晨

摘要： 对于人类共同的普遍关切，不同的语言世界会有不同的本源性思想资源加以回应。建基于汉语之上的哲学理应深入思考在此语言世界中所形成的普遍关切。不少学者开始使用"汉语哲学"这个概念，并在发展中逐步形成与"中国哲学"不同的范式与概念。"汉语哲学"问题的提出与表达直接涉及汉语世界的精神结构、汉语概念的构成以及汉语本身的特质与规律。"汉语哲学"建立在"迂回"他者的自我省思之上，而这需要将"西方哲学"的"普遍性"重置为"他者"才能完成。这是一种哲学上的"范式转换"。在这个意义上，从普遍性问题、本源性思想、规范性建构三个层面来梳理"汉语哲学"的理论框架，意在突出"汉语哲学"的原创性、规范性、开放性、未来性、世界性等特征。

关键词： 汉语哲学　普遍性　本源性差异　合法性问题

作者孙向晨，复旦大学哲学学院教授（上海　200433）。

随着一百多年来对"中国哲学"与"西方哲学"的深入研究，在"汉语世界"中，如何基于自身的生活世界"建构哲学话语"已经成为一项紧迫的任务。哲学之为哲学，首先关注的是人类的普遍性问题，任何一种地域上的限制都与哲学本性相违背。但对于普遍性问题的回答，会诉诸不同语言世界的本源性思想。基于"汉语世界"独特的思想传统与精神结构，就会形成不同于"西方哲学"的、源自汉语思想脉络中的问题意识。在现代世界中，推进"汉语哲学"会进一步涉及汉语概念的构成以及汉语本身的基本特质，从而形成"汉语哲学"自身的规范性。哲学是一门扎根于普遍性问题的学科，同时对于"语言—世界"的关系保持高度自觉。维特根斯坦深刻地认识到："我的语言的界限意谓我的世界的界限。"[①] 在此，语言绝不仅是语言学意义上的问题，它承载着"生活世界"，界定着思想发展的路径。汉语属于与印欧语系完全不同的另一种语系，建基于其上的哲学理应深入思考在此语言世界中所形成的普遍关切。在这个意义上，"汉语哲学"不是一种关于"汉语言"的哲学，而是基于"汉语世界"的本源性思想资源以及特有的概念规范，以开放的姿态来思考人类普遍性问题的一种哲学活动。因此，本文将从普遍性问题、本源性思想、规范性论述以及开放性吸纳与世界性境遇等方面来考察"汉语哲学"。

[①] 维特根斯坦：《逻辑哲学论》，陈启伟译，《维特根斯坦全集》第1卷，石家庄：河北教育出版社，2003年，第245页。

一、"中国哲学"的合法性问题与"汉语哲学"

"中国哲学"作为哲学学科的一大门类,近年来表现得生机勃勃。仔细检视"中国哲学"的学科发展,又会发现其中范式多样,从古典学到学术史、思想史,所属系科也从中文系、历史系到哲学系;在国外大学则常常属宗教学系、东亚系,极少属哲学系。[①] 这一方面反映出传统思想的"整全性"非一个系科所能涵盖,另一方面也显示出学界对"中国哲学"的规范性缺乏共识。

传统"中国哲学"范式肇始于"中国哲学史"研究,可说是由胡适、冯友兰所创,从一开始就形成了以西方哲学概念与体系来整理中国思想传统的做法。蔡元培曾解释说,要编写中国哲学史,没有古人先例可依傍,不得不依靠西洋人的哲学史。[②] 冯友兰认为,讲中国哲学史须以西洋所谓哲学者为标准,在中国古代学问中"选出而叙之"。[③] 不止是冯先生,近代以来研究"中国哲学",大抵是以各色西方哲学为"哲学"范式,"选出"中国古代学问而"叙述之"。

[①] 参见黄勇等:《西方世界中国哲学研究者之"三重约束"》,《文史哲》2017年第2期。

[②] 参见蔡元培:《中国哲学史大纲·序》,胡适:《中国哲学史大纲》,北京:中华书局,2018年,"序",第1页。

[③] 冯友兰:《中国哲学史》上册,上海:华东师范大学出版社,2000年,第3页。

刘笑敢称之为"反向格义"。①

这种"以西释中"的模式之所以流行，其背后原因正在于以"西方哲学"为一种"普遍性"。对于这种现象，金岳霖曾尖锐地指出："现在的趋势是把欧洲的论理当作普通的论理。如果先秦诸子有论理，这论理是普通的呢？还是特别的呢？这也是写中国哲学史的一先决问题。"② 金先生点出了研究"中国哲学"的根本性问题：哲学追求的普遍性命题，与其限制词"中国"之间构成巨大张力。于是，这中国的"论理"到底是普遍的还是特殊的，成为始终伴随"中国哲学"发展的重大挑战。

"以西释中"的做法确使中国传统思想在一种新架构下形成某种"系统性"，并以自身的"特殊性"体现了某种"普遍"原理；但用西方哲学话语来理解中国思想传统本质上乃是一种"宰制"，是对于中国思想传统的一种"遮蔽"，最终带来的是"中国哲学合法性"的疑惑。这方面的讨论极为丰富，对于胡适、冯友兰等的工作多有质疑，对于现代新儒家的工作也有很多批评。③ "中国哲学合法性"问题的讨论并不是一个伪问题，本质上并不在于用了哪种西方哲学来解释中国的思想传统，而在于暗地里把"西方哲学"预设为一种"普遍性"，在"普遍性"名义下，所谓的"中国

---

① 刘笑敢：《反向格义与中国哲学研究的困境》，刘笑敢主编：《中国哲学与文化》第1辑，桂林：广西师范大学出版社，2007年，第14页。
② 金岳霖：《审查报告二》，冯友兰：《中国哲学史》下册，第436页。
③ 参见陈来等：《中国哲学的"合法性"反思与"主体性"重构笔谈》，《江汉论坛》2003年第7期。

哲学"便理直气壮地借用"西方哲学"的范畴，以对哲学的"狭隘"理解，特别是以柏拉图和亚里士多德到康德和黑格尔的西方传统哲学为标准，来对"中国思想"进行分梳与整理。但是，无论以显性还是以隐性的方式，这种"西方哲学"的框架都很难揭示"中国哲学"的特点。

对"中国哲学"的质疑涉及"什么是哲学"这一根本问题。我们总被要求以"某种"普遍性观念来理解"哲学"，实际上却是以这种或那种"西方哲学"作为审视中国传统思想的"普遍"标准。追求的是哲学的"普遍性"，实际却以自我矮化的方式来"看待"中国哲学。从"普遍性"来说，"中国哲学"体现的是一种"特色"，一种"具体实践"；从阶段论来看，"中国哲学"体现的是"朴素的"什么思想"自发的"什么主义等。若中国思想传统都只是一种普遍性思想的"特殊"或"初级"形态，实在不必大费周章去研究。陈来非常敏锐地指出，所谓的普遍性问题，可能只是西方的特殊问题，如果把西方特殊问题当作哲学最基本问题，这至少对中国哲学来说，是迷失了方向。①

当我们不以这种"普遍性"名义下的"西方哲学"来理解中国哲学时，也有人提出了"以中释中"的原则，主张在彻底消除西方文化影响的基础上，以"完全回归中国文化传统本身的方式来论说中国文化。"② 强调"完全回归"，以中国文化"本身方式"来认识中国思想，看似一个合理

---

① 参见陈来：《仁学本体论》，北京：三联书店，2014年，第4页。
② 南金花：《超越合法性危机重写中国哲学史》，《探索与争鸣》2004年第5期。

的命题，其实问题多多。首先，"以中释中"在逻辑上是一个理论内循环，如何能保障其哲学问题具有的"普遍关切"；其次，在现实中，当貌似脱离"西方哲学"的理论和概念以中国"本身方式"来解释时，只要你运用"现代汉语"，那么依然会存在某种"以西释中"的"陷阱"。现代汉语的语法与用词深受西方语言影响，许多常用概念多直接从西方术语中"翻译"而来，日常汉语早已浸透着"西方哲学"的影响。

"中国哲学合法性"问题倒逼"汉语哲学"的出现。"汉语哲学"的立意并不在于强调这只是中国人的哲学，而是重视以"汉语世界"的思想资源和语言特质来直面人类的普遍性问题。此处的"普遍"特指汉语中"广泛而有共同性的"意思，[①] 并不是指基于柏拉图—亚里士多德哲学传统的、与"特殊"（particular）对举的"普遍"（universal）范畴。所谓的"共相"与"殊相"就已经是源自西方哲学传统的概念了，这样的用法会无意识地将自己置于"特殊"地位。这里所说的"普遍"更指人类"共通"的理性与情感结构，以及所面临的"共同"的生存性挑战，这也是人类得以相互理解与交流的基础。但是，人类并不生活在抽象的一般世界中，而是生活在各自的"语言世界"中，不存在超越于任何语言系统的"生活世界"。因此，人类对"普遍性"问题的回应，一定是会在各自语言世界中做出的。

[①] 参见《汉语大辞典》中卷，上海：汉语大辞典出版社，1997年，第3062页。

在这个意义上,很多学者都曾提出过"让哲学说汉语"的问题。这里的"汉语"并不仅仅是指一种语言而已,而是对于身处的这个"语言世界"有高度自觉。用"汉语"进行哲学对话同样是人类生存方式的一种体现,同样具有普遍意义,而不仅仅是某种"普遍性"的特殊体现;"汉语哲学"是对人类如此这般生存的哲学反思。在这个意义上,"汉语"与哲学的普遍性品质并不构成任何抵牾与矛盾之处。

"汉语世界"是在汉语环境中生成的"生活世界",与传统认为先有世界后有语言的世界观不同,现代哲学家们普遍认识到语言与世界有着密切的同构关系,"世界本身体现在语言之中"。伽达默尔说:"以语言作为基础,并在语言中得以表现的是,人拥有世界。"[1] 正是"语言"使"事物"在世界之中显现出来,正如海德格尔所言,语言是存在之家,人栖居在语言所筑之家中,[2] 从某种意义上说,说着不同语言的人就居住在不同的家中。海德格尔曾非常明确地说过:"我们欧洲人也许就栖居在与东亚人完全不同的一个家中。"[3] 因为每一种语言都为其所在的世界构筑了独特的"概念框架"。但基于现代欧洲的强势,这种不同的存在之家似乎成了一个"普遍"世界,事实上我们依然生存在

---

[1] 伽达默尔:《真理与方法》下卷,洪汉鼎译,上海:上海译文出版社,1999年,第566页。

[2] 参见海德格尔:《论人道主义的书信》,孙周兴主编:《海德格尔选集》上卷,上海:上海三联书店,1996年,第377页。

[3] 海德格尔:《在通向语言的途中》,孙周兴译,北京:商务印书馆,1997年,第76页。

一个"和而不同"的世界中。"汉语"基于最基本的语汇、不同的句法，以及漫长的文明历程积累于语言之中的概念框架与思想传统，在不同层面上共同构成了一个丰富的"汉语世界"。在这个意义上，"汉语世界"有其独特的意义，其聚拢世界的方式不同于印欧语系的世界。笔者并不认为任何一种语言都具有独特的哲学体系，这种语言必须是独立的语系，有着漫长文明的积淀与支撑，形成丰富的本源性思想资源，并具有高度的反思性传统；"汉语哲学"正是对这一聚拢世界的方式进行反思的哲学活动，这一点在张东荪的哲学中已经有了充分认知。[①]

基于对"汉语世界"的认识，从"中国哲学"到"汉语哲学"一定有着一种理论范式上的转变：

其一，"汉语哲学"首先是一项哲学创造的工作。"中国哲学"长久地沉浸于一种哲学史研究，甚至是一种古典学、学术史、思想史的研究；"汉语哲学"试图避免目前"中国哲学"在研究论题上的历史化、民族化倾向，不以中国历史上各种哲学学派的研究为限，坚持对人类普遍性、根本性问题的探究，面对现实世界，给予的是理性化而非权威化的解答；"汉语哲学"是建构性的而非注释性的，通过"汉语哲学"的概念将这些原创性哲学思想凸显出来。

其二，"汉语哲学"对人类普遍性问题的探究是以"汉语世界"为基础的。"汉语"并不是一种中立的语言工具，

[①] 参见张东荪：《从中国言语构造上看中国哲学》，《知识与文化》，长沙：岳麓书社，2011年。

"汉语世界"是全体人类诸种生存形态之一。"汉语哲学"高度重视语言—世界的内在关联,[①] 但绝不仅是一种"汉语言哲学",[②] 并不采取一种语言决定论立场,而是意在揭示作为一种生活世界的"汉语世界"之思想特质,重视基于汉语思维特征的言说方式,强调基于汉语世界的本源性思想来回应现代世界的挑战。

其三,"汉语哲学"敏感于在哲学中以"普遍性"面目出现的"西方框架",重新理解这种"普遍性"之"他者"意味,这是"汉语哲学"的一种哲学自觉,也与近代以来的"中国哲学"在方法论上拉开距离。"汉语哲学"强调以"迂回西方"的方式"反观"自身,强调中西思想之间的"本源性差异";深切反思"汉语世界"中涌现的"框架性理念";澄清这些原初概念与思想是"汉语哲学"的工作起点。[③]

其四,"汉语哲学"反对一种本质主义的概括,保持开放性特征。历史上有很多异文化要素进入"汉语世界",一如宋明理学所容纳的佛学影响,现代"汉语世界"的形成也是一个不断吸纳世界性思想资源的过程,但"汉语哲学"拒绝在一种所谓的"多元化"中消解自身,"出入西学,返诸六经",这里的"六经"泛指"汉语世界"的"框架性理念",以形成一种"家族相似"的哲学类别,"汉语哲学"将会是自觉于此的一场哲学运动。

[①] 参见韩水法:《汉语哲学:方法论的意义》,《学术月刊》2018 年第 7 期。
[②] 参见刘梁剑:《汉语言哲学发凡》,北京:高等教育出版社,2015 年。
[③] 参见贺麟:《文化与人生》,上海:上海人民出版社,2011 年,第 57 页。

"汉语哲学"的提出并不是要取代"中国哲学",在某种意义上说,"汉语哲学"与"中国哲学"并行不悖,各自旨趣不同又有着很强的交叉重叠。"中国哲学"一词在涉及传统上指涉面更加开阔,涉及内容更加宽广,在历史上形成了非常多样的研究路径;"汉语哲学"更重视基于"本源性思想"的新创造。事实上,"汉语哲学"在历史与现实中早有展示。张东荪在那个普遍把"西方哲学"奉为圭臬的时代,明确指出:"西洋哲学上的问题大半不是中国人脑中所有的问题。……西方人的知识论是把西方人的知识即视为人类普遍的知识而加以论究。然殊不知西方人的知识仅是人类知识中之一种而已,在此以外,确尚有其他。"[①] 这"尚有其他"中就包含了"汉语世界"的知识类型,这同样是人类知识的一种。张东荪从言语、逻辑、思想传统、哲学范畴等方面探讨了中国思想传统特征,对于"汉语思想与概念"的独到性有深入洞察,他的哲学很难归入现有的"中国哲学"范畴,却称得上是"汉语哲学"的先驱者;赵汀阳的哲学创造同样不会被学者同仁归于"中国哲学",其以哲学方式面对当代世界的普遍关切,提出"天下"概念,形成国际性影响。这些哲学努力远远超出了传统中国思想的研究范畴,敢于在现代社会中重估"本源性思想"的世界意义。"汉语哲学"须首先在"汉语世界"中重获理解与认同,才可能在更大范围内贡献于人类。

---

① 张东荪:《思想语言与文化》,《知识与文化》,第199页。

二、比较的视野抑或"迂回"的观照

"中国哲学"中隐含的"普遍性问题"倒逼"汉语哲学"的出现,在现代世界对于"普遍性问题"的回应,势必会与"西方世界"产生"碰撞",现代世界的诞生与西方文化息息相关。进而言之,"汉语哲学"就是在中西世界"碰撞"中产生,这个"碰撞"过程本身会加深对"汉语世界"的界限及其思想特质的认识,"汉语哲学"必然会受到"西方哲学"的深刻影响,这从根本上牵涉到与"西方哲学"的关系问题;与"西方哲学"的关系也决定了"汉语哲学"的基本特性。不能奉"西方哲学"为"普遍性"来从事"汉语哲学"研究,否则会引发一系列"合法性"质疑;于是,另一种流行做法则是从事"比较"研究,"中国哲学"从一开始就可以说与比较哲学有关。"比较哲学"在方法论上似有意避开"西方哲学"的"宰制",避开因追求"普遍性"而伪装出的"一致性"。但"比较哲学"范式本身还存在诸多问题,值得警惕。与之相区别,"汉语哲学"在方法论上更倡导一种"迂回"的策略。①

在"跨文明"的早期相遇中,学者们总是通过"比较"来寻求不同文明间的"相似性"。早年佛教传入中国,发现老庄之学与佛教的"相似性",于是会用"汉语世界"熟悉

---

① 关于"迂回"的说法,参见弗朗索瓦·于连:《迂回与进入》,杜小真译,北京:三联书店,1998年。

的概念去比附一种陌生思想，形成"格义"。在"跨文明"的接触中，内在地蕴含着某种"比较"，并倾向于强调其中的"相似性"。这种情形在历史上一再发生，明清之际传教士来到中国，以其基督教背景在中国文化传统中发现了诸多"相似性"，没有这种最初的"相似性"，不同文明间很难建立最初的沟通。然而，人们很快发现其中问题，即它们有着根本不同的思想脉络。许多"比较研究"至今还存在着这种"肤浅的相似性"问题。[1]

在"比较研究"中，同样要提醒的是一种"虚假的差异性"。"差异"更能帮助我们形成自我认知，但"比较"背后常会陷入一种更大的"认知陷阱"。"虚假的差异性"在看似强调差异的"比较"中常常"预设"了某种"普遍性"，但这种隐匿的"普遍性"是可疑的。这种"比较"下的"具体差异"忽视了中西文化思想背后的"本源性差异"，简单地将一种外部思维看作"普遍标准"。基于人类文明多样性，"汉语哲学"倡导深入探究"生活世界"中的"本体论承诺"（ontological commitment）。这里借用了蒯因（Willard Van Orman Quine）"本体论承诺"这一说法。[2] 在蒯因理论中，人们承认在任何一种陈述中都包含某种"本体论承诺"，"我们之接受一个本体论在原则上同接受一个

---

[1] 参见梅谦立：《从邂逅到相识：孔子与亚里士多德相遇在明清》，北京：北京大学出版社，2019年，第152页。

[2] Ontology 在汉语中被译为"本体论"或"存在论"，严格来讲，在汉语世界并不存在西方哲学意义上的"存在论"，而"本体"一词在汉语语境中有其自身的意义。此处的"本体论承诺"，乃是借用"本体论"一词，在中西各自的语境中"合而用之"。

科学理论，比如一个物理学系统，是相似的。我们有相当道理来说，我们所采取的是能够把毫无秩序的零星片段的原始经验加以组合和安排的最简单的概念结构。"① 蒯因的"本体论承诺"当然是在西方本体论传统内部给出的区分，把哲学家们关于他们所说的"何物存在"的差异以逻辑方式明确标识出来。借用"本体论承诺"这一说法，这里强调的是，任何一种理论及思想传统背后都有更为深层的"本体论承诺"。在不同文明体系中，从事哲学、艺术或者其他文化活动，人们借助"概念结构"所"承诺"的不仅是"何物存在"，还可以是"如何存在"的问题。在不同文明体系中，不同的"本体论承诺"就会有不同的"概念结构"。"本体论承诺"具有本源性、方向性、框架性的特点，现有的"中国哲学"对基于自身语言世界的"本体论承诺"尚没有充分反思，"汉语哲学"将勾勒出这种本体论预设视为自己的哲学使命。

在"汉语哲学"中，如何勾勒出自身的"本体论承诺"呢？这不是进行简单化"比较"可以得出的。列维纳斯从犹太视角出发警惕西方哲学"普遍性"的宰制给我们以启示，他否定"比较"之上的"同一性"，强调要直接面对"他者"。在中西交流与接触中，近代中国有一个把"他者"转变为"普遍"的过程，随着对"西方哲学"的深入研究，"汉语哲学"的推进首先是要把这种所谓的

---

① 蒯因：《从逻辑的观点看》，江天骥等译，上海：上海译文出版社，1987年，第16页。

"普遍性"重新置于"他者"的位置。如何重置?"自我"首先要与"对话者"拉开"间距",使一种"外在性"得以可能。列维纳斯说:"无论如何,对话者都不能在一种内心中找到位置。他总是在外面。"① "外在性"的意识抵御了"普遍性"概念对"自我"的吞噬,"自我"并不是"普遍性"的某种"特殊"体现,而是面对一种"他者",由此而努力保持"他者"之于"自我"的"他异性"。只有这样,西方哲学的"同一性"才不至于泯灭其他哲学传统的"特性",而将其降为一种"朴素""自发"的思想阶段。

"西方哲学"在其诞生之初就以追求"普遍性"为己任,明确提出"普遍性"与"特殊性"的范畴,并以这种方式对于已知世界进行全面整理,以致西方世界在不同时代都会按不同理据以"普遍性"自居,甚至胡塞尔也认为,欧洲历史正是这种理性"普遍性"的展开。② 但敏锐的哲学家恰能对这种"普遍性"保持一种"陌生感",张东荪对此早就所悟,他说:"康氏(康德)知识论在他本人以为是讨论人类思想中所普遍含有的范畴,而在我则以为依然只是西方文化中所普遍含有的思想格式而已。"③ 这种见识即便在今天依然难能可贵,必须打破这种"普遍性"的迷思,将

---

① 列维纳斯:《总体与无限:论外在性》,朱刚译,北京:北京大学出版社,2016年,第287页。
② 参见胡塞尔:《欧洲科学危机与超验现象学》,张庆熊译,上海:上海译文出版社,1988年,第17页。
③ 张东荪:《思想语言与文化》,《知识与文化》,第200页。

其重置为"他者"。

"迂回"作为一种方法论立场,最大特点就是避免以"普遍性"标准来"认识"自身;拒绝在"比较"对象之上秘密预设某种"普遍性"。"迂回"有三个重要环节:离开自己、深入他者、反观自身。借助"外在性"离开自己;借助"学习"深入他者,形成新视角;借助"他者",重新"反观"自身。"汉语哲学"正是在这种"反观"中诞生的。

"迂回"他者的"反观"并不走向一种封闭。"迂回"看上去是经由"他者"返回"自我",但这种"迂回"并不是要建构一种本质主义哲学观,似乎每种文化都有其不变的本质。"迂回"他者是要阻止"同一化"的普遍主义,警惕"普遍性"下的"同一与差异",防止以"普遍性"名义遮蔽各文明对于"自身"的理解。哲学追求"普遍性"的内在诉求让我们常常"遗忘"了自身。

"普遍性""比较哲学"与"迂回他者"的眼光都在借助"西方哲学",似乎都是某种意义上的"比较",但这只是一种表象之见;只有把"西方哲学"置于真正的"他者"地位,才不至于泯灭自身,而能重新"回到"自身,实现对自身的整体性"反观"。强调"西方"之"他异性"正是推进"汉语哲学"的必要条件。"差异性"的呈现并不像"比较哲学"所要求的那样"求同"或者"求异",而是走向一种"后比较哲学",目的不在于"比较",不在于固守"差异",而在于厘清"本源性差异"之后的"创造"。

"迂回"的策略同样凸显出我们时刻处于"双重视野"① 之中。"双重视野"意味着对来自"他者"的思想有清晰意识，对源自"自身"的传统有充分体认，从而面对"双重视野"重新出发。这为"汉语哲学"未来的创造性发展开辟了更大可能性。未来的融合性创造端有赖于"自我"的重新确立以及对于"他者"的学习。首先得发现本源，再融合创新，于是西方哲学在"汉语世界"中会获得它应有的真正地位。这也是笔者与列维纳斯"他者观"的不同之处。由于列维纳斯的犹太教背景，他强调"他者"之绝对不可理解性与神圣性；"汉语哲学"认为，"他者"同样包容在人类"整体"之中，在这个意义上并不存在绝对不可理解的"他者"，中西各是人类"整体"的"部分"；同时只有理解"他者"，才能"迂回"他者，"澄清"自我；"迂回"不是一种隔绝，"他者"并不限制相互影响。这一格局内在地决定了"汉语世界"中任何一种真正具有思想活力的哲学形态都必然处于一种"对话"的视域。要厘清现代"汉语世界"中任何一个有价值的哲学问题，必定是在这种"对话"进程中推进的。

三、Being 问题作为考察"汉语哲学"的起点

　　"迂回"他者的关键在于唤醒一种"外在性"，那么这

---

① 参见孙向晨：《双重本体：形塑现代中国价值形态的基础》，《学术月刊》2015 年第 6 期。

种"外在性"的意识如何被激活？如何从"外在性"来理解建构"汉语哲学"的必要性？不妨从"西方哲学"之进入"汉语世界"这一"哲学事件"入手，以此作为考察"汉语哲学"与西方哲学分殊的起点。

最先暴露西方哲学之"西方性"的是 being 问题。being 问题是"西方哲学"的本源性思想，构成了"西方哲学"的框架性理念。在这个意义上，我们可以从整体上来理解"西方哲学"，而不是囿于"英美哲学"或"欧陆哲学"的说法，这也是列维纳斯敢于说"从巴门尼德到海德格尔"的原因所在。being 问题一直牵引着西方哲学的内在逻辑，形成了它的内在规范性，并衍生出一整套哲学范畴，它从三个层面源初性地规范了"西方哲学"的发展。

首先是"存在论"问题（ontological problems，或者翻译为"本体论问题"）。在前苏格拉底哲学关于世界"始基"的讨论中，巴门尼德独辟蹊径地提出"存在"（being）问题，由此确立了西方的"存在论"传统。在他的论述中，"存在"具有"不变"与"永恒"、"一元"与"非时间性"的鲜明特征；同时他区分了"存在"与"非存在"，以及"真理之路"与"意见之路"。柏拉图哲学延续了"理念世界"与"可感世界"的二元结构，成为西方传统哲学的主导性架构；亚里士多德哲学似乎与柏拉图哲学有巨大差别，但其基本出发点仍是要去解决老师的问题：解释不变的理念与可变的感性世界之间的关系。亚里士多德提出基于不变的"本质"或形式去理解"变化"的实体学说。在"西方哲学"中占据主导地位的实体、主体、共相、殊相、真理、意见等一系列"普遍性"概念都是从汉语所没有的 being 中衍生出来的。这种思维方式对于"汉语世界"来说，正是哲学上的"他者"。以之"反观"汉语世界，作为群经之首的《周易》立足的是一个"大化流行"的世界，对于"不变"的理念和实体观念都相当陌生。安乐哲（Roger T. Ames）发现"在中国早期文献中，没有任何关于永恒本质与变化现象的讨论。也就是说，古代中国人认为，本质与现象是完全一致；本质就是所有的一切——自然、社会和个人都处于变动不居之中。"[①] 在"汉语世界"中没有强烈的"本质"与"现象"的区别，更多关注"现象"与"现象"之间的关联。很多"西方哲学"的"普遍命题"在"汉语世界"中完全付之阙如。

其次是从"存在"问题延伸到"神"的问题。亚里士多德《形而上学》第 12 卷从研究实体的"变化"一直到一种"永恒"存在，在逻辑上推出一种能引起其他被动者运动而不被推动的"永恒存在"，"所有事物的第一个，它推动所有事物"，也就是"神"的问题。[②] 西方哲学中"神"的问题始终与"存在"问题结合在一起。在中世纪，存在问题与上帝问题甚至成为一个问题，以致发展出安瑟伦关于上帝的本体论证明（ontological argument）；在笛卡尔时代，

---

① 安乐哲、罗思文：《〈论语〉的哲学诠释》，余瑾译，北京：中国社会科学出版社，2003 年，第 24 页。这不仅是安乐哲一个人的看法，葛兰言（Marcel Granet）、葛瑞汉（Angus C. Graham）、陈汉生、郝大维（David L. Hall）等都有类似看法。

② 参见亚里士多德：《形而上学》，李真译，上海：上海人民出版社，2005 年，第 364 页。

依然会运用"上帝存在的本体论证明"这一思路来阐释他第一哲学沉思。① 在"汉语世界"中，用于翻译"god"的是"神"，"神"同样是"引出万物者也"，② 但这个"神"字并不表示自身的"永恒不动"，而恰恰是表示极端的"变动"。"神"字源自"申"，本义为闪电，③ 从天象阴阳激耀之形得出，表达变幻莫测，"阴阳不测谓之神"；"知变化之道者，其知神之所为乎"（《周易·系辞上》），知道"变化"的人才能理解"神"之所为；这里"神"的概念与西方哲学从"存在"引申出的"神"大相径庭。

最后，在印欧语系中"being"作为 being，并不单纯指称"存在"，being 同时还是系词"是"。这决定了为什么巴门尼德提出了非常令人迷惑不解、似乎是同义反复的命题："存在者是存在的，是不可能不存在的"，④ 经过仔细辨析，汪子嵩把它改成"（它）是，（它）不可能不是。"⑤ 一个"是"字就把思想引向了某种语言上的分析。一切知识无非是在概念之间的联结，这种联结在西方语言中是靠系词"是"来完成的。亚里士多德的整个判断系统就是依据"是"这个系词的不同联结而分化展开的，由此，在西方哲

---

① 参见笛卡尔：《第一哲学沉思录》，庞景仁译，北京：商务印书馆，1986年，第70页。

② 汤可敬：《说文解字今释》，长沙：岳麓书社，1997年，第9页。

③ 参见李学勤主编：《字源》下卷，天津：天津古籍出版社，2012年，第1286页。

④ 《古希腊罗马哲学》，转引自汪子嵩等：《希腊哲学史》第1卷，北京：人民出版社，1988年，第593页。

⑤ 汪子嵩、王太庆：《关于"存在"和"是"》，宋继杰主编：《Being 与西方哲学传统》上册，保定：河北大学出版社，2002年，第22页。

学发展出完备的逻辑体系。在西方哲学传统中存在论与逻辑学之间存在密切关联；因为这种关联，在西方哲学中，"being"之"存在"与"系词"也常混淆。在"汉语世界"中，对于"存在""有"与"是"有着清晰而明确的区分，完全不可能出现类似西方"本体论证明"这样的问题。但在古汉语中系词"是"（is）的弱化，甚至在判断句中完全省略，由此也造成了基于"是"的逻辑体系的完备性在"汉语世界"中相当薄弱。

在西方哲学传统中，"being"是一个"本源性概念"，基于"being"发展出"存在—神—逻辑"的内在关联，以致黑格尔将其"存在论"研究称之为"逻辑学"，又说这也是对"上帝"的解说。① 海德格尔看到这正是制约西方哲学传统的本源性机制，称之为"onto-theo-logy"（存在—神—逻辑）机制。② 事实上，早在海德格尔做出这番概括20年前，张东荪即以其哲学的敏锐，指出西方"哲学上的本体论，宗教上的上帝观以及名学上的同一律在根本上是一起的。"③ 这是一个非常了不起的哲学洞见，那个时代的中国哲学家普遍没有意识到西方哲学的这个"本源性机制"。以之为基础的"西方哲学"固然在理性层面上能够赢得"汉语世界"的理解，但这也正是西方哲学的"他异性"所在，

---

① 参见黑格尔：《小逻辑》，贺麟译，北京：商务印书馆，1980年，第187页。
② 参见海德格尔：《形而上学的存在—神—逻辑学机制》，孙周兴主编：《海德格尔选集》下卷，第829页。
③ 张东荪：《思想语言与文化》，《知识与文化》，第217页。

导致"being"问题之进入"汉语世界"重重困难。

西方哲学最为核心的问题却让"汉语世界"表现出极大"尴尬",学界单就怎么翻译 being 已经发表了很多论述。究竟应该翻译成"存在"还是"是",这种歧义与争论看似"翻译"问题,究其实质是"西方世界"与"汉语世界"在语言层面上的"碰撞",是"汉语世界"对于这种"外在性"的"排异"。这种"尴尬"恰恰凸显了"汉语"自身的特点,突出了与西方哲学在"语言—思想"上的"本源性差异"。

作为翻译家的王太庆对这个问题曾困惑很久,有系统性反思。他认为以往把 being 都翻译成"存在"是有问题的,在很多地方应该翻译成"是",同时他认为我们应该改变"是"在现代汉语中的用法,让其同时具有系词和"起作用"的意涵,以便与西方的 being 对应。究竟是应该为对应西方哲学传统而改变自身的汉语习惯,创造出同时蕴含"起作用"与"系词"双重意涵的汉字,还是应该保守汉语本位,给"在""是"和"有"更加清晰的辨别,明确"汉语哲学"与印欧语系哲学在语言基础上的"本源性差异"?这绝不是一个"翻译"问题,而是两个世界的"碰撞"。汉语在翻译 being 时遭遇的尴尬,也不仅仅是汉语的"是"是否可以同时具有"存在"与"系词"的含义问题。从根本上讲,内置于西方哲学深处的"存在—神—逻辑"的 being 机制在"汉语世界"中是完全没有对应结构的。很多西方哲学的"问题意识"必须回到这个脉络中才能理解。现当代西方哲学对这个"西方哲学"传统给予了深刻的反思与批判,其所探索的很多新的、超越于此的哲学路向可以与"汉语哲学"多有呼应，相互借鉴。

四、"汉语"作为哲学本源性思想的资源

哲学扎根于人类的普遍性问题，对于问题的解答则需要借助于丰富的本源性思想资源。如何回溯到基本的生存论经验？语言是一条基本的提示路径。语言从来不只是表达思想的中立工具，现代哲学从不同层面告诉我们，语言就是我们生活的世界，是世界的界限。"汉语世界"正是通过"汉语"保存下来的"生活世界"，"汉语哲学"则要把保存在这种语言之中的"生活世界"的框架性结构释放出来，把"本源性事情"重新发现出来。语言为世间的各种"事情"争取到它们的"存在"，在"汉语世界"中有着大量"汉语"所给予的"事情"与"经验"，当人们强调"回到事情本身"时，不要遗忘"语言"所给予的"事情本身"。

重新审视"汉语"不是一项语言学工作，而是要回到"汉语"源初地生成的生存境域。西方哲学在"巴门尼德—柏拉图框架"下发展出西方理解世界的主流方式，以致列维纳斯回首这个传统时，强调和呼吁要走出"巴门尼德—海德格尔"的传统。这种"迂回"方式对于确立"汉语哲学"至关重要，同样需要"他者"的眼光来帮助确立一种"框架性理念"。这并不是一种简单的"比较"，而是有着本源性、方向性、框架性的特点，这构成了"汉语哲学"问题意识的脉络所在。

在巴门尼德—柏拉图体系中，首要探寻的是在"感觉世界"之外永恒不变的"理念世界"。为"汉语世界"奠定本体论框架的是《周易》，强调的是"大道流变"。在对世界的基本判断中，"存在"还是"变易"，构成了中西"本源性差异"。在"汉语世界"中，对世界的基本理解是"生生之为易"，"生生"才是根本，"变易"才是第一范畴。

亚里士多德在柏拉图框架下来解释"变化"，为此提出"四因说"。与"四因说"相应，在"汉语世界"中推动"变化"的是"阴阳"，这是西方世界完全陌生的学说。面对柏拉图不变的"理念"世界与变化的"感性"世界的分离，亚里士多德哲学通过"实体"学说以"四因"来解读"变化"的可能，"形式因"对应的正是柏拉图不变的"理念"，以不变的"形式"驱动"质料"，在现实中实现"变化"。"汉语世界"则完全在另外的语境下来思考"变化"，"一阴一阳之谓道"，由"阴阳"来解释"生生"，乾之为"大生"，坤之为"广生"（《周易·系辞上》），乾坤是周易之门户，是天道的运作；"阴阳"学说构建了汉语世界理解"变易"的基调，这里的"变化"并不需要以不变的"实体"作为基体。

在西方哲学中，基于"存在"的另一进路是原子论（atomism），将"存在"原子化理解来解释具体事物的不同结构，每一个"原子"都是巴门尼德意义上的"存在"，原子的不同组合构成了不同的万物。在"阴阳"学说下，"汉语世界"则发展出"气论"，这是汉语思想传统的又一种框架性理论，从周易到老庄，从王充到张载，从王廷相到王夫之，都以"气"作为理解具体事物的方式，无论是"物"的形成与消散，还是"人"的秉性，乃至书画、中医理论，都按照"气"的原型加以阐释，由此在"汉语世界"中发展出蔚为大观的"气论"哲学。①

基于理念—感性的二元结构，西方哲学传统发展出强烈的认知主义。亚里士多德区分了"理论智慧"与"实践智慧"。"理论智慧"包括形而上学、数学与自然科学，研究的是最高级对象，是必然与永恒的东西，以"真理"为指向；"实践智慧"更多考虑"同人的事务相关"的问题，产生出一种使我们满足的状态。② 汉语思想传统强调在变迁的整体中找到自己合适状态，因此也更重视实践与行动。汉语思想传统没有"本质"与"现象"两分的"二元世界"，因而也没有很强的认识论传统，甚至没有明确的"真理"概念，重视的是在"天地人"三才的整体世界中找到"中和"状态，"致中和，天地位焉，万物育焉"，这与西方的知识论传统迥异。

"中庸"思想尽管在批判"过"与"不及"的层面上与西方哲学的"实践智慧"有相像之处，但西方哲学的传统更强调"理论智慧"对于"现象"背后不变"真理"的把握，而且"真理"远离现象世界。这是一种"本质"与"现象"，中间有着强烈的"断裂"感。"中庸"更重视

---

① 参见小野泽精一等编：《气的思想》，李庆译，上海：上海人民出版社，2014年。
② 参见亚里士多德：《尼各马可伦理学》，廖申白译，北京：商务印书馆，2004年，第176页。

"世界"的"一体"以及其中的"道理",① 确立的是"道不远人"的原则(《中庸》)。这是"汉语世界"对于"道"在世界之中的理解,"道"就在身边,砍柴担水,无非妙道;由近及远,"君子之道,造端乎夫妇。及其至也,察乎天地"(《中庸》)。汉语思想传统中基于此发展出来的境界论哲学、② 工夫论哲学,③ 在柏拉图式的哲学传统中完全没有存在的余地。

在这样预设的一个"生生"世界中,人类如何安放自己?这是哲学的普遍关切。在"汉语世界"的"生生不息"中,人不是宇宙间的孤立"个体",最为朴实的立场是"身体发肤,受之父母"(《孝经·开宗明义章》)。这是"汉语世界"最为重视的生存论事实。在汉语中"身"字本身即是表达受孕的"身体",④ 人的生存论起点从来就不只是一个孤立的"个体",而是在生命连续性中获得意义。

与之相关,由生命连续性而生出"亲亲"之情。"亲亲"不同于强调男女之爱的 Eros,强调友谊的 Philia,也不同于强调神圣之爱的 Agape。追求"同一"的"情爱"(Eros) 在西方哲学传统中扮演着重要角色,Eros 是一种结合力量;Philia 在西方哲学传统中也有深刻论述,亚里士多

---

① 参见王庆节:《真理、道理与思想解放》,《哲学分析》2010 年第 1 期;郝大维、安乐哲:《汉哲学思维的文化探源》,施忠连译,南京:江苏人民出版社,1999 年,第 107 页。"道理"的问题不仅可以从老子、韩非子的角度来解读,也可以从《中庸》的角度来解读。
② 参见蒙培元:《心灵超越与境界》,北京:人民出版社,1998 年。
③ 参见倪培民:《从功夫论到功夫哲学》,《哲学动态》2018 年第 7 期。
④ 汤可敬:《说文解字今释》,第 1125 页。

德论述了功利的友谊、快乐的友谊与善的友谊；Agape 在基督教传统中得到长足发展，神爱众人的"圣爱"，是西方文化中悠久的思想传统。唯独希腊语中另一个表达爱的概念 Storge，家庭之爱，在"西方哲学"中并没有形成深厚传统。人类有其"整体性"，在不同的文明中却有侧重不同的发展。在汉语的"本源性思想"中，扮演着支柱性角色的正是"父母"与"子女"世代之间的"亲亲"之爱，发展出完全不同于希腊与基督教的另一种"爱"的原型，正是这种"爱"体现了"身体发肤，受之父母"的关系，与"生生"的本源性结构遥相呼应，同时在"汉语世界"中构建起了最为重要的德性科目"孝悌"。

人之为人最为重要的是在"生生不息"中勾连起"世代之间"的关系，由此而获得生命的"意义"。在"汉语世界"中，最重要的德性既不是古希腊哲学中的"四枢德"："智慧""勇敢""节制""正义"；也不是基督教中的"三圣德"："信""望""爱"；而是"孝"，"孝，德之始也"。"孝"并不简单地表示敬爱父母，敬爱父母在任何文化传统中都存在。基于"生生"的框架性结构，"孝"在"汉语世界"中有着本源性地位，在没有位格神的文明中，"孝"承担了建构宇宙秩序，赋予生命意义的重要使命。"孝"奠基于自然之情的"亲亲"，更多的是一种文明教化。"孝"字正反映了"老"与"子"两个世代的联接。如果说，古希腊传统通过"四枢德"建构"城邦"，人成为"城邦的动物"；基督教传统通过"因信称义"建立人与上帝的救赎关系；那么在"汉语世界"中则通过"孝"建立起"世代"

关系，人是"因孝称义"。"夫孝，天之经也，地之义也，民之行也。"(《孝经·三才章》)"孝"解决了人在世间安身立命的问题，在茫茫宇宙中建立起根本性人生秩序。

作为人类，"人生在世"有着普遍的疑惑，有着相似的诉求，都会对世界做出基本预设。中西方的"生活世界"在历史长河中形成了各自的"本体论承诺"，"汉语世界"对诸多生存论的基本问题都有自己独到的根本性理解，形成了中西方的"本源性差异"。"汉语世界"的本源性思想远远不止这些，诸子百家都作出过深刻的贡献；之所以列出这一系列看法，旨在显示出看似不同层面的哲学问题就其实质而言都有内在关联。当然，中西方哲学在现当代也都各自超越了自己的"框架性理念"，但这一框架依然是"汉语哲学"思考的重要参照，并为未来发展奠定基础。

五、"汉语"的语言观及其哲学规范性

一种文明的思维方式与其语言特质息息相关，正是语言提供了思想展示的基本轮廓。"汉语世界"是一种在印欧语系之外也保留了精确哲学反思之重要证据的文明，[①] 在狭义的语言观层面上，不同的"本体论承诺"深深地影响了各自的哲学传统。现代汉语一方面有深厚的古汉语根基；另一方面也深受西方语言影响，现代"汉语哲学"的规范性展

---

① 参见谢和耐:《中国与基督教》，耿昇译，上海：上海古籍出版社，2003年，第219页。

开将有一个漫长的过程。在此，首先需要一种"迂回"的立场，把被现代汉语所遮掩的汉语本源性特质重新辨明。"汉语世界"对于语言—世界之间关系的理解也深刻地影响着汉语思想传统。洪堡特研究了印欧语系与汉语的重大区别之后，指出汉语中缺乏很多印欧语系中的语法现象，而"语言的差异不只是声音和符号的差异，而是世界观本身的差异。"① 那么语言究竟如何构成"界限"呢？这正是"汉语哲学"需要深思的，并形成自身的规范性。

在西方语言中，"存在"与作为系词的"是"同是 being，借助于这个"是"，"存在"（being）从一开始就与"思想"联系在一起，存在着的东西或者说"是"所表达的东西也就是思想内容。这一秘密的语言结构主宰着西方哲学。巴门尼德之所以得出"被思想的与所是的是同一的"，恰在于"思想"与判断的系词"是"密切相关，"是"之后"谓词"的逻辑分类与柏拉图的"概念体系"有内在关系。根据柏拉图的理念论，真实存在的东西是共相，对它的认识便是概念。共相与被感知的殊相是相分离的，亚里士多德哲学要消弭这种分离，使理性认识能解释被感知的事物，于是便产生了逻辑学任务，认识共相与殊相之间的关系。这形成了他的逻辑学思想，同时也产生了一种语言论。这种语言论有强烈的实体论取向，语言被预设为与世界一一对应，这也就是语言图像论的存在论基础。

---

① 洪堡特：《洪堡特语言哲学文集》，姚小平编译，北京：商务印书馆，2011年，第32页。

在"汉语世界"中，基于对宇宙"大化流行"的体认，产生一种与之呼应的语言论。在哲学意义上，语言与实在的关系主要体现在"言意之辨"上。在这种构架中，"语言"对应的不是"永恒不变"的"理念"，而是要在"变易"世界中捕捉事物的意义。因此，"汉语世界"对于"言"的刻画，总包含着某种不确定性。这与西方哲学传统，由理念而概念，执着于事物之"名相"非常不同。《周易》给出了关于"言意"问题的总线索："子曰：'书不尽言，言不尽意。'"（《周易·系辞上》）虞翻解释说："谓书易之动，九六之变，不足以尽易之所言，言之则不足以尽包牺之意也。"① 在"易"的总框架下，"言"是无法"尽意"的。

基于事物的各种变迁，"言"无法与"世界"直接对应，而是起到一种提示作用；它所对应的是概略性的、变动不居的"象"，圣人"设卦观象"，这里的"象"与西方哲学传统中的理念与形式完全不同。按韩非子解释："人希见生象也，而得死象之骨，案其图以想其生也。故诸人之所以意想者，皆谓之象也。"（《韩非子·解老》）"象"并不是一种直接"对象"，而是一种由间接感知与联想带出的"现象"。这个"象"既不是一种具体形象，也不是一种概念抽象，而是独有的一种"概略表象"，象征着事物的变化，② 在"言—意"之间形成了一种"中介"。

基于"言—象—意"的关系，王弼给出了一种生动的

---

① 孙堂辑校：《虞翻周易注导读》，北京：华龄出版社，2020 年，第 199 页。
② 参见王树人：《回归原创之思："象思维"视野下的中国智慧》，南京：江苏人民出版社，2012 年，第 17 页。

理解:"意以象尽,象以言着。故言者所以明象,得意而忘言;象者所以存意,得意而忘象。"① "言"并不直接表达"世界",而是对应着"象",立"象"以尽其"意"。"言"在这里没有终极意义,只是帮助我们理解变迁的世界,就像抓兔子的"蹄",得兔而忘蹄;或捕鱼的"筌",得鱼而忘筌。在"言—象—意"三个层面中,"言"借助"象"才捕捉到"意",于是得"意"忘"象",得"意"忘"言"。在"汉语世界"看来,"语言"对于世界进行命名时,会破坏掉世界的完整性,语言难以描述充满变化的真实状况。因此,汉语始终对"语言"保持某种警觉,以至于汉学家陈汉生(Chad Hansen)有过这样的评论:古代中国的思想家们从未将语言视为描述客观世界的媒介。② 虽然可能言过其实,但汉语与世界对象之间确实不存在完全的对应性。

不仅在"言意"问题上与西方哲学不同,在文法上"汉语"也有自己特征。在亚里士多德那里,哲学上的"实体"与逻辑学中命题的"主词"是同构的,逻辑学的展开也塑造了"西方哲学"的内在规定性;但"汉语世界"不甚重视"实体"概念,而非常重视变化的"状态"。相应地,在古汉语中对于"主词"也不那么重视,由此而造成主谓不甚分明。③ 从汉语语法来看,汉语"最重要的特征是

---

① 王弼:《周易略例·明象》,《周易注》,楼宇烈校释,北京:中华书局,2011年,第414—415页。
② 参见陈汉生:《中国思想的道家之论》,周景松等译,南京:江苏人民出版社,2020年,第71—102页。
③ 参见张东荪:《思想语言与文化》,《知识与文化》,第184页。

其孤立语性质，即没有道地的词形屈折，没有从一个共同词根构成几个新词的词语派生，没有用不同形态来表示不同词类的语法差别"。① 这些特征影响了汉语传统的思想方式，有很强的灵动性，很大的解释空间，却比较缺乏西方语言中的逻辑性。

基于这样的语言传统，"汉语哲学"需要进行一种现代"转化"工作，把"汉语世界"中丰富的思想资源，在对汉语传统表达方式有充分自觉的基础上，以现代汉语的方式表达出来，有能力把"汉语世界"背后的"道理"以现代方式说清楚。现代汉语，除了有古汉语的语言基础外，在语法及用词上都已深受西方世界影响，"汉语世界"的第一部语法著作《马氏文通》就受到拉丁语法的影响，② 现代汉语从严密的句法、新式的语法现象到许多新增的日常词汇都有西方语言的印记。"汉语哲学"的规范性对此要有深切的自觉。

哲学的发展始终存在着三个根本面向：一是以理性方式展开普遍问题。哲学之于人类有其共同性，哲学面对人类处境必然会提出一些普遍的问题。二是抵达问题的路径与各种语言世界有着本质性关联。"汉语"不仅是一种语言，更构建了一个"精神"世界，其丰富的本源性思想资源将回应各种哲学问题的挑战。三是哲学的规范性也是一个基于语言的建构过程，这不是一个抽象的问题而是与

---

① 高本汉：《汉语的本质与历史》，聂鸿飞译，北京：商务印书馆，2011年，第85页。

② 参见马建忠：《马氏文通》，北京：商务印书馆，2009年，第13页。

语言传统密切相关的理论实践。早期德语曾被认为粗俗不堪，莱布尼茨等人都用拉丁语来进行哲学书写；也就一代人功夫，到了 19 世纪德语俨然成为最严谨的哲学语言，这与沃尔夫、康德等人建构德语哲学严格的规范性密切相关。哲学思想的成熟催生了哲学的规范性。"汉语哲学"日趋成熟也在逼迫"汉语世界"寻找更加适合自身表达的规范性。[①]

"汉语哲学"的规范性问题涉及两个层面。第一个层面是"哲学语法"的问题。一方面现代汉语越来越受西方语言影响，在语言结构上发生微妙变化，很多动词性概念都名词化，语言结构也变得更为复杂。哲学作为一种理性化的言说活动，严谨性是其基本要求。在这个意义上，"双重视野"下如何建构现代"汉语哲学"的规范性，使传统思想资源得以在哲学层面上表达得更为严谨。另一方面，应该看到，汉语的深厚传统也让我们有某种高于逻辑化的语言立场。在"汉语"根基处，对语言—世界的关系有自己的立场。在这个意义上，"汉语哲学"将更自觉地让哲学语法从单纯的论证、推理等逻辑要求中解放出来。

第二个层面是"哲学概念"的问题。现代汉语的哲学概念，鲜明地折射出"双重视野"，既有来自汉语自身传统的意味，又带有来自西方世界的涵义。比如，这里常提起的"本体论"，"本体"完全是一个来自汉语自身传统的

---

① 参见程乐松：《理性预设、规范性与多元表达——"哲学普遍性"问题的跨文化视角》，《中国社会科学》2021 年第 2 期。

概念，从《周易》开始就有"本体"一词，到宋明理学更成为常见的汉语"概念"。现代汉语的"本体论"加入了来自古希腊传统 ontology 的意涵。在现代汉语中，"本体论"的意义更为丰沛但也更易混淆；因此任何一种使用都需要清楚的辨析。不仅如此，如"理论""现象""功利""实用""形而上学"等诸多哲学概念都可以发现其"双重意涵"，这种"双重性"已经深深地"镌刻"在现代汉语身上。这些面向的思考都将成为"汉语哲学"规范性的挑战。

六、西方哲学在"汉语世界"中的合法性问题

考察"汉语哲学"的路径始于"西方哲学"之进入汉语世界，经过分析，我们揭示出"西方哲学"普遍性背后的"他异性"。在这一视域下，"西方哲学"在"汉语世界"同样面临着"合法性"的挑战。"西方哲学"之进入"汉语世界"可以从三个层面进行考察："进入""研究"与"出路"。

第一个层面是"进入"问题。西方哲学进入"汉语世界"首先表现为一种"介绍"。主要工作形态是将西方哲学的人物、学派、思想进行译介，名之曰"述评"。由此，西方的古今哲学得以大量引入中国。"介绍"还算不得真正意义上的"研究"，它始终处于"外在"状态，是"关于"某种哲学的论述，而非哲学"本身"的进展与研究。

这种"介绍"可以帮助我们"理解"西方哲学。无论如何，这类工作对于丰富"汉语世界"的思想与眼界都有莫大帮助。任何"介绍"都是对"西方哲学"的一种"诠释"，"诠释"本身是一种"视界融合"的过程，通过这样的"诠释"才能把一批新概念、新思想引入"汉语世界"。

较之"介绍"，经典的"翻译"是一种更为深入的"进入"。哲学是一种最为彻底地进行反思的学问，就其深层次来说，很多时候都在与生活世界的常识、语言、思维进行较量。从西方哲学内部来看，这样的哲学任务已经是一项异常艰巨的工作，比如海德格尔、列维纳斯、德里达、德勒兹等人的哲学。翻译成英语的德语、法语的哲学著作总被抱怨遭到很多误解，这种"误解"凸显了某些主题在各自语言系统中的独特性，因此"翻译"也始终是一项哲学主题。当这些在自身传统中进行艰难搏斗的"语言"再次被翻译成汉语时，其佶屈聱牙、不知所云也就理所当然。"翻译"上的种种问题，正反映了两种语言板块之间的"碰撞"，反映了西方哲学作为"他者"之进入汉语世界的"他异性""外在性"以及"汉语"所做出的"排异"状态。因此，"翻译"不只是一种语言上的传递，而是一个"接受"他者、"消融"他者的过程。

第二个层面，从"介绍""翻译"到深入哲学问题的"研究"是一个必然过程，但这里存在着两种情况：

第一种情况是西方哲学研究在"汉语世界"中"内循环"。其研究内容与问题意识基本上都来自西方的学术语境，甚至"模仿国外的写作风格、文风语言"，① 不这样做似乎不足以显示"西方哲学"研究的专业性，但文章却是用汉语书写，发表在中文刊物上。用"汉语"来进行这样的"研究"，与国外学者缺乏真正交流，并不同在一个学术共同体，"语言"隔开了中西方学者。一种"西方哲学"的研究完全外在于"西方"学术界，这就形成了西方哲学研究在"汉语世界"中的某种悖谬：能够理解你研究的国外学者并不知道你的工作，而你"研究"的内容在"汉语世界"却又难以被理解。

第二种情况则是一种"学术外循环"。有越来越多的中国学者开始进入西方的学术与语言环境，直接用外语发表研究成果，这也算是某种国际通例。这让"西方哲学"的研究重新加入西方学术的循环系统。这固然解决了中西学者之间的学术交流问题，却也衍生出其他新的问题。以西方语言加入西方学者的学术游戏，这种研究工作从写作语言到问题意识似乎都与"汉语世界"相隔膜，与国内同行没有交集，基本上与"汉语学术"少有关系，这样的研究于"汉语世界"意义何在？

由此，我们看到在汉语世界中对"西方哲学"进行"研究"的某种"悖论"，"西方哲学"研究看似红火，其实在中西两种语言环境中都存在严重不足。其现实形态容易形成两个封闭循环：或是在"汉语世界"中进行，对于

---

① 朱菁：《探索分析哲学中国化可能路径》，《中国社会科学报》2019年10月18日，第6版。

"西方哲学"本身没有实质触动,在汉语中完成"内循环",陈康的"使欧美的专门学者以不通中文为恨"[①]的理想始终没有实现;或是在西方语言世界中进行,对"汉语世界"的哲学没有任何实质提升,加入的是学术的"外循环"。这就涉及"西方哲学"在汉语世界的"合法性问题",也从根本上触及为什么要研究"西方哲学"的问题。

第三个层面,涉及"出路"何在?要解答"西方哲学"在汉语世界的合法性问题,出路恰恰在于"汉语哲学"。

"翻译"与"介绍",从"西方哲学"角度看,还不算是一项"研究"工作,这也是西方哲学研究者在工作中经常感到困惑的地方,在很多研究机构,"翻译"甚至都不算研究成果;从"汉语哲学"角度看,一种深层意义上的"翻译"与"介绍"就已经是不同语言板块之间的"哲学工作"了。这项工作始终是在"双重语境"中展开的:由于要在"异质"语境中工作,"汉语世界"的学者应该比西方学者在某些方面有更大的敏锐性。应该说西方哲学的"译介"始终是一项"一体两面"的工作:一方面是聚焦于如何超越自身去理解"他者";同一个过程的另一方面却在于如何面对"汉语世界"。陈嘉映、王庆节、张祥龙等关于Dasein翻译的讨论,就远远超越了一般人所理解的单纯"翻译"范畴,不同"译名"的选择正反映出"视域融合"的不同理路:这种"翻译"上的斟酌与搏斗,一方面增加

---

① 柏拉图:《柏拉图巴门尼德斯篇》,陈康译,北京:商务印书馆,1982年,第10页。

了"汉语世界"学者对于"西方哲学"概念的深入理解；另一方面则大大拓展了"汉语"自身表达的复杂性与丰富性。"翻译"作为"他者"的进入，正是"西方哲学"的概念、思想在"汉语世界"中得以"安放"的过程，在"汉语世界"寻找自己位置的过程；也是"汉语世界"不断接纳外来概念，扩展自身视界的过程；由此开辟了"汉语世界"新的思维空间。借助这些外来概念与思想，"西方哲学"之进入"汉语世界"已不止是简单的"翻译"，重要的是新的问题意识与理解方式。

基于汉语的"西方哲学"研究，在努力理解与解析"西方哲学"的同时，始终应该有一种强烈的"汉语意识"。目前"西方哲学"研究多重视第一个环节，即如何超越"汉语世界"的限制去深入理解西方哲学；在理解之后，工作重心也许更应该转向第二个环节："西方哲学"如何能"转入"汉语语境进行工作。这除了要对西方哲学有精深研究，还需要对"汉语世界"本身的问题意识以及汉语表达有更高的自觉：要"研究"这样一种西方哲学究竟在什么意义上与"汉语世界"的生存经验相"接续"；在什么意义上并不能涵盖"汉语经验"。遗憾的是，少有人意识到基于汉语的"西方哲学"研究更应该承担对于汉语及"汉语世界"自我认知的理论责任。笔者相信当我们能够"正视"而不是"扭曲"自身传统时，用汉语进行的"西方哲学"研究将呈现出新形态，一种真正严肃的研究会将两种文化的根本价值与传统置于"面对面"的境地。这样的"汉语哲学"研究将会有更大的创造力。

尽管有种种挑战甚至是"合法性"质疑，西方哲学的"翻译""介绍"与"研究"在"汉语世界"始终具有高度的哲学意义。这样的工作与单纯在西方进行西方哲学研究有很大不同，本质上是在文明"间"进行接触的哲学活动，"西方哲学"之进入"汉语世界"有四重意义：一则以"他者"身份出现在"汉语世界"，迫使你离开自己去认识它、理解它；二则帮助我们形成一种"反观"自身的视角，作为一种迂回的"外在性"，对于"汉语哲学"的自觉有积极意义；三则可以以"汉语世界"的本源性思想为视角来审视与评判西方哲学的变化及发展；四则在汉语语境下的西方哲学研究的推进本身是一项"视界融合"，由此正慢慢渗透、整合进"汉语哲学"之中，不断拓展"汉语哲学"的主题与视界，成为"汉语哲学"发展的一种助推力。高度自觉于汉语的"西方哲学"研究，本质上正是一项"汉语哲学"的工作，这也是"汉语哲学"开放性的表达。

七、"汉语哲学"的世界境遇

尽管本文着眼于"汉语哲学"的界定，事实上，这种论述一定预设了一种基本的哲学观，也预设了对"西方哲学"以及对"全球哲学"的理解。"汉语哲学"作为一种哲学活动，首先是指运用"汉语"，基于本源性思想进行的哲学事业，但这并不意味着"汉语哲学"仅局限于"汉语世界"之中，它内在地有一个与"西方哲学"，与"全球哲学"的关系。"汉语哲学"同样会作为"他者"进入"西方世界",作为人类反思思想的一部分而出现在"全球哲学"之中,但这并不妨碍它提出普遍的问题。

事实上并不存在一个统一的"全球哲学",当我们摒弃了"普遍—特殊"这样隐藏在背后的理解框架后,基于19世纪形成的统一的"世界历史"与"世界哲学"也将被摒弃,哲学将迎来一种活泼泼的多元化形态。对此,笔者更愿意称之为"全球哲学","全球哲学"将以"整体—部分"框架取代了"普遍—特殊"框架,在这个意义上,作为"整体"的全球哲学可以是某种虚拟概念,而"汉语哲学"与"西方哲学"都是"全球哲学"的一个部分。"汉语哲学"与"西方哲学"既互为"他者",也互为"主体",在全球范围内共同构建一个"和而不同"的哲学形态。

哲学终究是一项人类的事业,每一种哲学有其"普遍"的面向。在这个意义上,既有"西方哲学"进入"汉语世界"遇到的种种问题,也有"汉语哲学"进入其他语言世界所遇到的各色挑战。"汉语哲学"的世界境遇正是发生在不同语言板块之间"碰撞"的反映。在这种"碰撞"中,"汉语世界"的特质再次通过西方语言的表达而得以凸显,这是另一种形式的"迂回":"迂回"到其他语言中来表达"汉语哲学"的核心概念与思想。

在轴心时代,构成一个文明的"经典"蕴藏了许多"原初概念",构建了人们理解世界的"框架性理念",如"生生""阴阳""中庸""言—象—意""亲亲""孝悌""几""微""势"等,所有这些"原初概念"都不太容易翻译成外语。正是这种"不可翻译性"彰显了"汉语哲学"世界境遇的艰难性。一个直接例证甚至就是"汉语哲学"本身的翻译,"汉语哲学"这个概念如何用英语表达? Chinese philosophy 可以用来翻译"中国哲学",也可以翻译为"汉语哲学"。在汉语中明确的不同意思,在英语中却变成了同一个概念,英语理解中的这种"歧义"正反映了"汉语"本身的独特性,同时也表明"汉语哲学"之外语表达的重要性。这里的 Chinese 是聚焦在"国家"或"民族"的意义上,还是放在"语言—世界"的焦点上,对于理解 Chinese philosophy 有很大的不同。也许可以用 "doing philosophy in Chinese" 来说明,突出其哲学活动所运用的是"汉语"以及汉语本源性思想资源。在这种活动中,一方面是面对人类根本处境的"做哲学"(doing philosophy);另一方面则强调所运用的是"汉语"(in Chinese)。

在这种语言世界的"碰撞"中,也引出有关"汉语哲学"世界境遇的三个层面问题,主要是与"西方哲学"的关系:首先是中国传统思想概念的外语翻译与表达,这是一个悠久的"汉学"传统。本质上讲,这也是一项"汉语哲学"工作。通过把"汉语"经典翻译成西方语言,形成了对于汉语、汉语思维以及汉语思想传统的再认识,在语言边界处发现"汉语哲学"的特质。关于汉语世界的"本体论承诺",不仅中国学者应该重视,研究中国思想的外国学者也需要给予十分重视,要避免发生"汉学主义"的问题。①

---

① 在这个问题上,我们必须非常小心,要避免另一种陷阱,顾明栋称之为"汉学主义"(Sinologism)。参见顾明栋:《汉学主义》,北京:商务印书馆,2015年,第5页。

这需要打破汉学家的小圈子，从更深层次来理解"汉语哲学"。不仅重视"汉语世界"与"西方世界"在认识论与方法论上的差异，更要重视"本体论承诺"层面的差异。西方的"汉学—哲学家"们，天然地有一种"他者"视野，处于"外在性"位置，像葛兰言、谢和耐（Jacques Gernet）、葛瑞汉、郝大维、安乐哲等学者在这方面已经做了大量有益而深入的尝试。他们在理解西方哲学基础上，对所从事的汉语思想及其语言传统的研究有高度的"哲学反思"，强调以汉语自身的传统与特点来理解这些哲学概念，而不是用西方概念将这些思想"吞没"。在这方面，安乐哲有完整的理论与实践，重视在历史中汉语所积淀的"先验预设"。在他看来，从根本而言，西方语言或者英语是"本质性"语言，是基于西方存在论的语言，与对象有对应性的语言构造，这与汉语的特点迥异；安乐哲把传统汉语称为"事件性"语言，汉语思想传统更倾向于"过程"而不是"实体"，这也表现在语言构造上。① 尽管这主要关乎汉语经典的"翻译"，当这些讨论进入"汉语脉络"时，这种"跨语言"的探讨就已经是"汉语哲学"的重要任务了。

进而言之，这样的"汉语哲学"同样可以作为"他者"，成为"西方哲学"的一种"比照"。在这方面，弗朗索瓦·于连（Francois Jullien）做了大量工作。他以哲学上的敏感，深切地感受到"西方哲学"与汉语思想传统完全

---

① 参见安乐哲、郝大维：《切中伦常〈中庸〉的新诠与新译》，彭国翔译，北京：中国社会科学出版社，2011年，第27—28页。

身处两个世界。他甚至用"无关"（indifference）来形容两者之间的关系。① 他在研究中逐渐形成一种"对比分析法"，不是把汉语思想纳入"西方哲学"的某种范畴，也不是进入某种"汉学"范式，而是强调两种思想体系的"本源性差异"。抓住其中核心点，通过"迂回中国"来超越西方哲学传统的成见。② 他所进行的不是传统意义上的"中国哲学"研究，也不是传统意义上的汉学研究，③ 而是有意识地基于"汉语世界"的思想脉络来进行哲学"比照"。于连的哲学工作也昭示"汉语哲学"的一个主要意义，不再是以"西方哲学"来看待"汉语哲学"，而是以"汉语哲学"重新理解"西方哲学"。尽管他的著作都是由法语写成，但在笔者看来，依然可算是"汉语哲学"的工作。

第二层面是运用"汉语世界"的思想资源助益"西方哲学"研究。就一种广义的"汉语哲学"来说，运用"汉语世界"的思想资源可以对来自西方的哲学问题进行深入研究。"汉语"理解世界的方式可以为"西方哲学"的研究提供独到视角。迈克尔·斯洛特（Michael Slote）作为西方哲学家，在他的德性伦理学研究中纳入了大量"汉语世界"

---

① 参见杜小真：《远去与归来》，北京：中国人民大学出版社，2004年，第36页。
② 参见弗朗索瓦·于连、狄艾里·马尔塞斯：《（经由中国）从外部反思欧洲——远西对话》，张放译，郑州：大象出版社，2005年。
③ 参见张西平：《中文版序：汉学作为思想和方法论》，弗朗索瓦·于连、狄艾里·马尔塞斯：《（经由中国）从外部反思欧洲——远西对话》，第2页。

的思想资源。① 耿宁作为现象学家，他对于王阳明的研究也推进了其现象学研究。② 这样的工作一方面成为"汉语世界"哲学家们研究"西方哲学"的方式，另一方面也是"汉语哲学"向世界延展的方式。黄勇发起了一系列"相遇中国哲学"（Encountering Chinese Philosophy）的工作，以汉语思想资源回应当代西方哲学的问题：每次挑选一位当代著名的西方哲学家，"他以前可能知道也可能不知道中国哲学。邀请十几位中国哲学学者从中国哲学角度批判性地和建设性地参与西方哲学家的工作，同时得到西方哲学家回应。尽管这项工作具有比较性，但主要目的并不仅仅在于确认在当代西方哲学家与中国哲学观点之间的相似点或不同点，而是试图看到来自中国哲学传统的见识如何为西方所处理的哲学问题提供一些新的启示。简而言之，该项目主要不是历史性的，而是哲学性的；不是解释性的，而是建设性的。"③ 这种当代性而不是历史性，哲学性而不是解释性的做法，正是"汉语哲学"的旨趣与生命，尽管不是以汉语展开，但其精神实质始终源自"汉语世界"。

第三层面是以"汉语世界"的思想资源在世界境遇中

---

① 参见迈克尔·斯洛特：《阴阳与道德情感主义》，李家莲译，《湖北大学学报》2017 年第 1 期。此外参见他写作的《阴阳的哲学》，斯洛特以他自己的方式阐发了对于"阴阳"的理解。尽管这样的理解有争议，但是"阴阳"的视角却是汉语世界所提供的。

② 参见耿宁：《心的现象》，倪梁康等译，北京：商务印书馆，2012 年。

③ 复旦大学哲学学院与英国 Bloomsbury 出版社合作，出版《复旦遇见中国哲学》丛书，针对西方主流哲学中的哲学问题以汉语背景的哲学家进行回应，该段文字为每册内页的介绍。参见 Yong Huang, ed., *Michael Slote Encountering Chinese Philosophy*, New York: Bloomsbury Publishing PLC, 2020.

提出自己的问题，也就是说，要有源自"汉语世界"来设置哲学议题的能力，并使"汉语哲学"在世界范围得到理解和讨论。在这方面，"天下"（All under Heaven）这个有着汉语本源性思想渊源的概念通过赵汀阳的哲学努力而成为国际学界的术语。"天下"的提出并不囿于汉学界，也不是直接针对"西方哲学"的回应，而是"自作主张"地提出了自己的哲学概念，并重新看待世界，看待西方哲学。这种概念作为一种"他者"，对于西方固有的"世界""国际"等概念都是一种挑战，丰富了"全球哲学"对于相关问题的论述。"天下"能够"翻译"成西方语言，不仅是语言问题，更需要卓越的哲学工作，有能力在现代语境下对传统概念做出清晰的哲学阐释，从而使这个"汉语概念"能够在"世界境遇"中重新鲜活起来。这正是"汉语哲学"的理论目标，也是"汉语哲学"未来性的一个重要标志。

"汉语哲学"建立在"迂回"的视野之上，通过"他者"进行自我省思。这需要将"西方哲学"的"普遍性"重置为"他者"才能完成，这是一个"范式转换"。这里所论述的"汉语哲学"的内涵与规范，西学入中或汉学入西，无论哪方面都是在不同语言板块的"碰撞"中产生，都凸显了"双重语境"。只有在这样的"双重语境"下，"汉语哲学"才能以一种开放姿态应对当代世界的挑战。当然，在此基础之上，"汉语哲学"更期待一种未来哲学。

（原载《中国社会科学》2021 年第 12 期）

《中国社会科学》2021 年度好文章获奖文章颁奖辞

《中国社会科学》2021 年度好文章之《构建中国特色政治学：学科、学术与话语——以政治学恢复重建历程为例》（作者：徐勇、任路，责任编辑：刘倩）

文章系统阐释了构建中国特色政治学的学术理据与现实诉求，展示了恢复重建 40 年来中国政治学学科构建、学术构建与话语构建的丰富内涵，揭示了构建中国特色政治学、发展政治学中国学派的学术价值，贡献了融通学术性与政治性价值的研究范例，对于发展自觉、自主与自信的中国政治学具有重要的引领意义。

构建中国特色政治学：
学科、学术与话语
——以政治学恢复重建历程为例

徐 勇 任 路

摘要：哲学社会科学的特色、风格、气派，是发展到一定阶段的产物，是成熟的标志，是实力的象征，也是自信的表现。在中国，政治学自1980年恢复重建以来，致力于构建中国特色政治学，并为政治学发展提供了标识。特有的中国政治基础、特有的中国政治问题、特有的中国在世界变化格局中的地位，使得中国政治学在科学研究中产生出自主性和自为性，开始显示出鲜明的中国特色。与欧美政治学相比，中国特色政治学突出表现为学科体系的马克思主义指导、学术体系的整合性取向和话语体系的包容性特点。随着中国在世界舞台上扮演的角色愈来愈重要，要善于融通古今中外各种资源，加快构建中国特色政治学。

关键词：政治学 中国特色 学科 学术 话语

作者徐勇，华中师范大学人文社会科学高等研究院高级

研究员、教授；任路，华中师范大学政治科学高等研究院讲师。(武汉　430079)

习近平总书记指出："哲学社会科学的特色、风格、气派，是发展到一定阶段的产物，是成熟的标志，是实力的象征，也是自信的体现。"[①] 政治学是 20 世纪从国外引进的学科，在相当长时间，这一学科被忽视了，直到 1980 年得到恢复重建。伴随中国特色社会主义的建设，中国的政治学在复杂的环境下努力探索，开始在学科体系、学术体系和话语体系等方面表现出自己的特色、风格、气派。特别是自 2016 年以来，构建中国特色政治学成为政治学的群体自觉，并为今后的政治学发展提供了标识。构建中国特色政治学是一个通过自主自为的探索不断获得自觉的过程，也将通过这一自觉加快构建中国特色政治学的步伐。[②]

一、构建中国特色政治学的背景

政治学的核心对象是国家，核心命题是"构建什么国家，如何构建和治理国家"。早在人类文明的轴心时代，世界不同的文明体不约而同地围绕政治学的基本问题进行了探

[①] 习近平：《习近平谈治国理政》第 2 卷，北京：外文出版社，2017 年，第 338 页。
[②] 本文写作的主要文献来源于《中国社会科学》上刊发的政治学类相关论文，并参考了王浦劬主编：《新时代中国政治学学术发展》，北京：中国社会科学出版社，2020 年；房宁：《新中国政治学研究 70 年》，北京：中国社会科学出版社，2019 年；等等。

讨，并产生了不同的主张。只是在地理大发现之前，人类还生活在各自的地域范围内，没有在相互交流和碰撞中形成以国家为特色的学科。

与其他社会科学一样，政治学作为一门独立的学科是伴随现代化产生和发展的。率先步入现代化的西欧产生了现代政治学，并成为现代政治学发展的策源地。现代政治学的主要思想来自欧洲，其他国家主要是学习、吸收和运用。但是，现代世界毕竟是以民族国家为基本单位的。每个国家的历史、国情和面临的问题有所不同，由此便产生了政治学的"本国化"。美国主要是由西欧移民建立起来的新兴国家。"欧洲大陆的政治学主要关心国家、主权和法律。早期美国政治学反映了这些关注。政治学曾是'国家的科学'。"① 但是，随着政治学在美国的运用和对美国政治问题的研究，产生了政治学的"美国化"倾向，"自民族独立时期开始，就有一种经常性的有时是强烈的情绪：美国政治学（这里无论是广义的还是狭义的解释）是独特的，也许对于全世界都具有独特的意义"。② 与欧洲相比，美国的政治学更注重应用。如果说欧洲的政治学主要是政治哲学，那么，美国的政治学主要表现为政治科学，特别是借用自然科学的方法解决实际问题。"政治学在一定程度上确实像自然科学"。③ 尽管在美国政治学发展中，也有过"重新欧洲化"的提法，

---

① 曾繁正等编译：《西方政治学》，北京：红旗出版社，1998年，第13页。
② 曾繁正等编译：《西方政治学》，第15页。
③ 迈克尔·G. 罗斯金等：《政治科学》，林震等译，北京：中国人民大学出版社，2009年，第16页。

但"美国化"始终居主流地位，并形成区别于欧洲的美国政治学。

美国和欧洲毕竟是同根同种同源，同一性大于差异性。美国政治学更多的是对欧洲政治学的补充和延伸。随着美国政治学的发展，美国人认为美国的政治学"对于全世界都有独特的意义，其知识类型和范围值得输出或仿效"。[①] 与此同时，自政治学产生以来，还没有哪个国家的政治学能够与欧美政治学形成互动竞争关系。因此，美国政治学没有提出构建以国家为特色的学科的强烈诉求。

对于中国的政治学来讲，提出"中国特色"具有特殊意义。中国尽管很早就有丰富的政治思想，但作为一门由知识体系形成的学科，政治学是 20 世纪才由西方引进的。由于政治原因，政治学一度中断，直至 1980 年才恢复重建。政治学的恢复重建是在现代化和对外开放的背景下发生的。现代化将"如何建构和治理国家"的任务提了出来，因此需要研究这一问题的政治学。邓小平提出了政治学等学科"需要赶快补课"。正如现代化要通过对外开放吸收人类一切文明成果一样，政治学的"补课"也要吸收过往的政治学成果。

在政治学的"补课"中，中国的政治学大量学习吸收和借鉴了西方的政治学。[②] 这是因为西方的政治学经过长期

[①] 曾繁正等编译：《西方政治学》，第 15 页。
[②] 改革开放之初，我国对西方政治思想史前所未有地进行了大量的研究，并作为受政府主管部门肯定的一门学科得以确立。参见徐大同主编：《西方政治思想史》，天津：天津教育出版社，2000 年，"前言"。

发展，已经形成了由一个个学术概念和专门术语构成的知识体系。如果不加以学习，政治学作为一门独立的学科体系就难以建立起来。但是，对于中国的政治学来讲，自主地运用政治学理论研究政治问题，并在这一过程中形成中国特色，具有特殊意义。

首先，政治学是对特有的政治基础的反映，并受到一个国家政治基础的制约。中国是一个有着独特文明和制度的国家。如果说欧美同根同种同源，那么中国与欧美的差异性大，中国的政治基础更具有特殊性。1978年，随着党和国家的重心转移，现代化建设成为中国发展的主要目标。1978年，邓小平发表了著名的《解放思想，实事求是，团结一致向前看》的讲话，人们的思想空前活跃。在这之后，出现了一些不同的政治思潮，影响着国家现代化的走向。正是在这一背景下，邓小平1979年发表了《坚持四项基本原则》，指出"我们要在中国实现四个现代化，必须在思想政治上坚持四项基本原则。这是实现四个现代化的根本前提"。[①] 思想理论工作面临研究新情况、新问题的重要任务，需要发挥各个学科的力量进行研究。"政治学、法学、社会学以及世界政治的研究，我们过去多年忽视了，现在也需要赶快补课。"[②] 1980年中国政治学会成立，开启了政治学恢复重建的历程。由此可以看出，政治学的恢复重建一开始就具有鲜明的"中国性"，这就是实现现代化和坚持四项基本

---

① 《邓小平文选》第2卷，北京：人民出版社，1994年，第164页。
② 《邓小平文选》第2卷，第180—181页。

原则的政治基础。政治学的恢复重建必然要反映这一政治基础，并具有中国属性。在这一政治基础上发展起来的政治学，势必与欧美国家的政治学有着鲜明的区别。这种区别也使得中国的政治学从恢复重建伊始便获得了一种特有的政治自觉，即对政治方向的把握。中国政治学恢复重建之后曾经出现过一些波折。正是在波折中，政治学者提高了对中国的政治基础和自己学术使命的认识，努力将学术研究与中国特色社会主义建设事业相联系。

其次，政治学是对政治问题的研究。一个国家的政治学首先要研究本国的政治问题，并在研究过程中形成自己的特有认识，从而获得学术的自主性。自人类进入"世界历史"之后，现代化成为人类必由之路。人们一度普遍认为，现代化的先行者是后继者的示范和模板。先行者建构起一套价值规范，后来者只需遵守既定的规范。"历史终结论"便是基于西方自由主义价值和理论终结了人类理论进程而提出来的。但是，近些年来人类历史发展的经验大大超越了西方学者的预设。由于历史和国情的不同，现代化的后起者并没有按照先行者的单一模板发展，而且非西方模式的后起者正在迅速追赶，甚至在某些方面超越先行者，由此增强了不同文明体的学术自信和自主。中国是世界最古老的文明国家之一，改革开放以来，中国迅速崛起为世界第二大经济体，走出了一条中国特色的社会主义现代化道路。中国政治学是在中国道路的形成过程中恢复重建的。政治学参与了中国道路形成过程中面临的大量新情况和新问题的研究，并在道路自信中获得了学术自信。这种学术自信为构建中国特色政治学提供了源泉。中国政治学者完全有可能超越既有理论，形成中国特色的政治学。

最后，政治学是时代的产物，并适应时代的需求。现代政治学发源于西方，在于西方率先走向现代化。但是，经过数百年的现代化进程，当今世界正面临百年未有之大变局，即近代以来西方主导的单向的全球化正在向多向的全球化转变。多向的全球化意味着多种力量的共同参与，政治学研究要适应这一变化，回答百年未有之大变局带来的理论问题。随着中国在多向全球化进程中扮演着愈来愈重要的角色，给中国的社会科学提出了更高的要求，这就是从单一的被动"补课"到更具有自主性和自为性，从而建设中国特色、中国风格、中国气派的哲学社会科学。以2016年5月习近平总书记在哲学社会科学工作座谈会上重要讲话的发表为标志，建设中国特色、中国风格、中国气派的哲学社会科学成为主流话语，大大激活和激发了中国学者的自主创新意识，建设中国特色哲学社会科学的群体自觉日渐明晰，其中包括学科体系、学术体系和话语体系的建设自觉。在这种群体自觉中，加快构建中国特色政治学正在成为政治学人的共识，并以自己独特的理论建树，在新的世界学术格局中作出特有的贡献。

构建中国特色政治学是时代的产物，也是时代的呼唤。自政治学在欧美产生以来，随着中国崛起和中国政治学研究，中国特色政治学的地位日益增强，并成为构建与欧美不同的中国政治学的路径标识！

二、中国特色政治学的学科构建

中国特色政治学是指在中国政治学发展中体现出继承性、民族性、原创性、时代性、系统性、专业性的特点，以具有主体性和创新性的学术研究，解释和分析政治问题，产出中国特有的学术成果，使得世界政治学体系中具有更多的"中国性"。

中国特色政治学不是自然而然产生的，而是一个人为的构建过程。这种构建体现了政治学研究主体由自在到自为，由自发到自觉，由个体自觉到群体自觉的形成过程。尽管在相当长时间，没有明确提出构建中国特色政治学，但并不意味着没有这方面的行动。学科自觉不是凭空而来的，而是在学术研究中长期努力和积累而成的。学者从不同的路径进行探索，汇合成为中国特色政治学的构建自觉，并分别体现在学科体系、学术体系和话语体系之中。

在学科体系、学术体系和话语体系中，学科体系具有基础性地位。学科是按照学问和学术的性质划分的科学门类。由若干系统完整的学科门类构成一个学科体系。通过学科划分进行有目的的知识生产，从而持续不断地生产出相关的知识。学科的设置和分类，反映了客观事物的特性，并体现一定的目的性。

作为一门独立的社会科学门类，中国的政治学是近代以来才出现的。中华人民共和国成立后，这一学科曾被中断，由此才有了"补课"一说。但是，中华人民共和国成立后，政治学不能简单说"中断"。因为，马克思主义作为国家的意识形态得以确立，马克思主义理论得到了很大发展，其他社会科学的相关内容被包括在马克思主义理论中。如作为政治学核心议题的国家，就是马克思主义理论的重点内容。改革开放是中华人民共和国的新征程，马克思主义仍然居于主导地位，且成为社会主义现代化建设要坚持的四项基本原则之一。这是中国政治学恢复重建的原生基础和背景，也是政治学恢复重建的基点和起点。在政治学恢复重建过程中发挥了开创性和引领性作用的学者具有很深厚的马克思主义理论修养，能够自觉地以马克思主义为指导推进政治学的恢复重建。

在政治学的学科体系建设中，充分体现了中国的国家属性。作为社会主义国家，科学社会主义与国际共产主义运动率先作为一门学科建立起来，并设立了相应的学位点。之后，政治学作为一门独立的学科门类得以恢复重建。随着学科门类的增多，1998年，政治学一级学科设立，下设政治学理论、中外政治制度、科学社会主义与国际共产主义运动、中共党史与党建、国际政治、国际关系、外交学和思想政治教育8个二级学科，形成了一个较为完整的学科体系。无论是从政治学一级学科体系，即通常所说的"大政治学"，还是二级学科分类，即通常所说的"小政治学"看，都反映了鲜明的中国属性，即马克思主义的指导地位。

对学科的划分，有助于持续不断地进行专门性的知识生产和传递。专门性的知识生产和传递，需要相应的教材。

"学科体系同教材体系密不可分。"① 教材是对专门知识的规范性表达，是学科发展的基础。从教材看，中国的政治学学科体系一开始就显示其中国特色。这就是以马克思主义为指导思想，以当代中国政治为主要对象。

政治学恢复重建后的教材编写是不同学者自主完成的，因此版本各异。但这些教材有一个共同特点，就是都体现了马克思主义的指导地位。20世纪90年代，随着对外开放，大量西方政治学知识进入中国，其中有的概念为中国的政治学教材所吸纳。但从整个教材体系看，马克思主义的指导地位没有动摇。以王浦劬主编的《政治学基础》为例，该教材对马克思主义与非马克思主义的政治思想作了明确界定，强调以马克思主义理论和方法为指导。教材尽管使用了政治关系、政治行为、政治体系、政治文化、政治发展等西方政治学产生的概念，但对不同性质的政治进行了比较，突出了当代中国政治的主体地位，而不是对西方概念的简单照搬。② 即使是"西方政治思想史"教材，也强调"坚持马克思主义为指导"。③

2004年，中央启动了马克思主义理论研究和建设工程，其中的重要内容便是编写教材。作为马克思主义理论研究和建设工程重点教材的《政治学概论》非常明确地体现了马

---

① 习近平：《习近平谈治国理政》第2卷，第345页。
② 该教材后经过修订，获选国家精品课程教材。参见王浦劬主编：《政治学基础》，北京：北京大学出版社，1995年；王浦劬等：《政治学基础》，北京：北京大学出版社，2006年。
③ 参见徐大同主编：《西方政治思想史》。

克思主义指导和当代中国政治主体的特点。① 随着马克思主义理论研究和建设工程的推进，政治学教材的马克思主义指导地位和中国本体属性更为鲜明，并转换为中国政治学人的自觉行为。地方政府学是政治学的重要分支学科，编写有多种教材。马克思主义理论研究和建设工程启动之后，"地方政府与政治"被列为政治学的重要教材。在编写过程中，专家组多次指导，希望新编写的教材更充分反映马克思主义的指导性，以中国地方政府与政治为主体。②

政治学具有鲜明的政治性，特别是作为政治学骨架的学科体系，更体现了国家属性和国家意志。中国政治学学科体系建设体现了当代中国的国家属性和国家意志，这就是马克思主义为指导，由此与自由主义主导下的西方政治学有着鲜明区别，并构成了中国政治学的基调和主色，是中国特色政治学的政治基础。正是以此为基础，获得了构建中国特色政治学的自觉。这就是，在中国大地上从事政治学研究，需要自觉地以马克思主义及其中国化最新成果为指导。正如工人阶级不能自发地产生马克思主义一样，政治学人也不可能一开始就具有以马克思主义为指导的自觉。这种自觉有先有后，有从自在到自觉的转变过程。2016年习近平总书记在哲学社会科学工作座谈会上的讲话强调，"坚持以马克思主义为指导，是当代中国哲学社会科学区别于其他哲学社会科

---

① 参见《政治学概论》编写组：《政治学概论》，北京：高等教育出版社、人民出版社，2011年。

② 参见《地方政府与政治》编写组：《地方政府与政治》，北京：高等教育出版社，2017年。

学的根本标志，必须旗帜鲜明加以坚持。"① 在马克思主义指导下构建中国特色政治学成为政治学人的基本共识，获得共识的人愈来愈多，程度愈来愈高，从而为构建中国特色政治学提供了坚实的主体性基础。

因此，政治学在中国的恢复重建，实际包括两层意思：一是作为一门学科得以恢复；二是这种恢复不是对过往政治学的简单接续，而是重建以马克思主义为指导的政治学。

三、中国特色政治学的学术构建

在学科体系、学术体系和话语体系中，学术是核心。只有通过持续不断地专门的学术研究，一门学科才能得以确立和发展。而任何一门学科都是因问题而生。通过运用科学知识对某一问题进行持续不断地研究，从而形成学术体系。"坚持问题导向是马克思主义的鲜明特点。问题是创新的起点，也是创新的动力源。"②

中国政治学恢复重建伊始，便具有鲜明的问题导向。邓小平在谈到政治学等学科要赶快"补课"时，其背景就是"实现四个现代化是一项多方面的复杂繁重的任务"，有大量的问题需要研究，包括政治方面的问题。③ 正是在对中国政治问题的研究过程中，产生了中国政治学的自主性、自为

---

① 习近平：《在哲学社会科学工作座谈会上的讲话》，北京：人民出版社，2016 年，第 8 页。
② 习近平：《在哲学社会科学工作座谈会上的讲话》，第 14 页。
③ 参见《邓小平文选》第 2 卷，第 180 页。

性和主体性，从学术体系方面获得了构建中国特色政治学的自觉。由中国政治问题导向的政治学学术自觉是一个随着问题的发生变化并加以研究的形成过程。主要表现为以下层次：

其一，政治理论问题。政治理论问题涉及政治价值、政治理想、政治意识、政治规范等基本问题，具有导向性，是政治学的基本问题。

"哲学社会科学的现实形态，是古往今来各种知识、观念、理论、方法等融通生成的结果。"马克思主义的资源"是中国特色哲学社会科学的主体内容，也是中国特色哲学社会科学发展的最大增量"。[①] 邓小平1979年发表《坚持四项基本原则》指出，理论工作的一项重要任务就是要重视马克思主义的研究，按照实践的发展来推动马克思主义的前进。[②] 政治学恢复重建的重要或首要任务，就是对马克思主义政治学理论进行系统的研究，并产出了一批有分量的成果。最具有代表性的是由王沪宁主编的《政治的逻辑——马克思主义政治学原理》。该书根据马克思主义经典作家的论述，对马克思主义的政治学原理进行了系统阐述，搭建了马克思主义政治学理论的框架，并多次修订和再版。[③] 它反映了中国政治学者对马克思主义政治学的系统研究，在世界政治学的学术体系中独树一帜。中

[①] 习近平：《习近平谈治国理政》第2卷，第339页。
[②] 参见《邓小平文选》第2卷，第181页。
[③] 参见王沪宁主编：《政治的逻辑——马克思主义政治学原理》，上海：上海人民出版社，1994年。

国政治学的学术自觉在基本理论方面表现出鲜明的特点，就是以马克思主义为指导。从政治导向看，中国的政治学就是马克思主义政治学。

中国是社会主义国家。但在一段时间里，社会主义发展遭遇了挫折，并产生对社会主义的怀疑甚至否定的政治价值问题。邓小平在《坚持四项基本原则》中首先强调的便是坚持社会主义道路，之后又提出建设中国特色社会主义的重大命题。政治学恢复重建之后，对中国特色社会主义建设中的重大政治问题进行了一系列研究，包括如何实现党的领导、人民当家作主、依法治国有机统一等。这些重大政治问题产生于中国特色社会主义实践中，中国政治学者通过对这些问题的研究，形成了独特的学术贡献。中国政治学的学术自觉在基本理论的时代性方面表现出自己的特点，这就是中国特色社会主义政治学。

随着对外开放，大量西方政治思想进入中国。如何对待和分析西方政治思想便成为重要的政治理论问题。政治学恢复重建之后，一方面重视西方政治思想的研究。1982 年，教育部专门举办政治思想史教师培训班，推动编写西方政治思想史教材。另一方面强调以马克思主义为指导，运用马克思主义理论进行分析和评价，而不是简单地介绍。[①] 这有助于在对待西方政治思想过程中增强中国政治学者的主体性。从一门独立的学科看，西方政治思想源远流长，特别是近代政治思想有许多有价值的成分。但中国政治学者在西方政治

---

① 参见徐大同主编：《西方政治思想史》，"前言"。

思想面前并不是简单地折服,而是从一开始就表现出相当的自主性,形成了以我为主的学术思想。与此同时,政治学恢复重建后,对中国的政治思想史进行了大量研究,显示出政治学丰富的中国传统资源。这是"中国特色哲学社会科学发展十分宝贵、不可多得的资源"。[①] 中国政治学者在对这一资源的努力挖掘中获得构建中国特色政治学的学术自觉。如果说政治学恢复重建之初,对中国传统政治思想主要是批判,那么,之后的研究更多的是客观对待,充分挖掘对当代中国政治有积极意义的元素,体现出中国特色政治学的民族性。

其二,政治制度问题。政治制度问题涉及一个国家的基本政治架构,是政治学的核心问题。

中国是一个有着古老文明的国家,又是一个十分年轻的社会主义国家。1980年,邓小平发表《党和国家领导制度的改革》,从社会主义国家建设的高度,提出了"领导制度、组织制度问题更带有根本性、全局性、稳定性和长期性","制度问题,关系到党和国家是否改变颜色,必须引起全党的高度重视"。[②] 这一年,正值中国政治学恢复重建的元年。之后,当代中国政治制度问题成为政治学恢复重建后的主要问题。从学科设置到教材编写,从研究课题到研究成果,当代中国政治制度都居于核心地位,并建立起独特的学术体系。

[①] 习近平:《习近平谈治国理政》第2卷,第339页。
[②] 《邓小平文选》第2卷,第333页。

中国政治学者研究当代中国政治制度问题，面临着双重难题和任务。一是中国实行社会主义制度，面临与世界资本主义的制度竞争问题。由于中国特色社会主义尚处于初级阶段，不仅制度竞争十分激烈，且理论证明面临的挑战也十分艰巨。为此，中国的政治学在论述当代中国政治制度的合理性和正当性方面做了大量努力。特别是随着中国特色社会主义制度的完善，政治学者对于在制度竞争中建立制度自信方面取得大量研究成果。二是当代中国政治制度需要完善，政治体制需要改革。围绕制度和体制问题，中国的政治学者进行了大量研究，取得了丰硕成果。包括党的领导制度、人民代表大会制度、多党合作和政治协商制度、国家监察制度、民族区域自治制度、基层群众自治制度等。可以说，中国政治学是当代中国政治制度学。这也是中国特色政治学区别于其他国家政治学的重要标志。

其三，国家治理问题。国家治理问题涉及一个国家的治乱兴衰，是政治学研究的重要问题。

中国是在一个有着十几亿人口的大国建设社会主义现代化的。在现代化进程中，必然面临大量新情况和新问题，需要进行研究。邓小平提出政治学等学科需要赶快"补课"，正是从这个意义讲的。随着中国特色社会主义道路的确立和中国特色社会主义制度的完善，特别是随着中国经济社会的高速发展，中国面临着大量治理问题。如何通过国家治理，有效应对新情况和解决新问题，成为国家发展的重要问题，也成为中国政治学恢复重建后的重要学术任务，并从中获得学术自觉。从制度到治理，中国特色政治学表现为中国的国家治理学。中国政治学者研究国家治理与改革开放之后的国家政治进程密切相关。

首先是基层治理。改革开放之后，农村改革废除了人民公社体制，城市对国有企业体制进行了改革，由此产生诸多新的问题。国家在改革中通过村民自治和社区建设进行农村和城市基层治理。中国的政治学者为此走向基层，围绕基层治理展开了大量调查和研究，为国家决策作出了重要贡献。①

其次是地方治理。中国的改革是从下放权力，调动地方和社会积极性着手的。放权式改革势必产生新的问题，如中央和地方的权限划分，地方政府的权力、责任和功能的界定等。②

再次是国家治理。随着基层和地方治理的推进，以国家整体为单位的治理问题日益突出，并提升到国家战略层面。中国政治学者参与这一层面的研究更多。特别是党的十八届三中全会提出国家治理体系与国家治理能力现代化的重大命题之后，国家治理研究成为中国政治学的重点研究领域，并取得了大量成果。

最后是全球治理。随着全球化日益深入，全球问题日益增多，中国在全球化进程中扮演的角色愈来愈重要，全球治理问题被提了出来，并且引起中国政治学者的高度关注和积

---

① 第十六届中共中央政治局进行第三十六次集体学习的主题为"中国社会主义基层民主政治建设研究"，讲解人之一为政治学者。
② 参见王浦劬主编：《新时代中国政治学学术发展》。

极研究。①

对国家治理问题的研究，充分表现出中国政治学者的主体性和主导性，并体现出中国政治学的学术自觉。一则国家治理问题产生于中国，政治学者研究这些问题着眼于有效解决，具有鲜明的中国立场。如特别注意治理的有效性而不是外国学者的价值优先性。二则在中国产生的国家治理问题，中国政治学者的研究无疑居于主体地位。尽管这些问题引起了外国学者的关注，也产生了一些有价值的成果，但其主体是中国政治学者，并作出了独特的贡献。

其四，政治发展问题。政治发展问题是由传统社会向现代化社会转变中产生的问题，是政治学研究中的特殊问题。

政治学是伴随现代化而独立成为一门科学的。对于中国来讲，政治发展问题是突出问题。这是因为中国是在一个古老文明的国度进行现代化建设，必然面对许多西方国家没有的特殊问题。中国政治学一恢复重建便面对这些特殊问题，并在研究中获得学术自觉。

一是将田野带入政治学。农村农民大国是中国进行现代化建设的基本国情，农村农民问题是中国现代化建设的基本问题，也是中国政治学必然要面对的问题。政治学恢复重建之初，主要研究制度，主要方法为文献。随着现代化的推进，农村农民问题进入政治学者的视野，主要方法是田野调查。持续不断和深度的田野调查，促使政治学者注重从实地

---

① 蔡拓等人以"人类命运共同体视角下的全球治理与国家治理"为专题发表一组论文，参见《中国社会科学》2016年第6期。

经验出发并力图从经验中提炼理论，进行原创性研究，形成田野政治学。①

二是将民族带入政治学。民族是政治学的重要元素。民族国家是政治学的重要研究对象。在西方，民族国家建构已完成，民族问题只是出现在涉及其他国家的比较政治学研究中。中国是一个与西方民族国家不同的多民族统一的超大规模国家。随着 20 世纪 90 年代世界性的民族问题日益突出，民族问题进入中国政治学的视野，并通过政治学角度的民族问题研究，形成知识体系完整的民族政治学。②

三是将历史带入政治学。历史与政治学密切相关。"E. A. 弗里曼的名言'历史是过去的政治，政治是现在的历史'，在约翰斯·霍布金斯大学和哥伦比亚大学是官方的某种座右铭。"但历史—比较的方法很快在美国衰落了，政治科学成为美国的主流。③ 与美国相比，中国是一个历史特别悠久的国家，中国的政治与历史有着特别紧密的联系。历史赋予特有的"中国性"。但在相当长时间，对历史传统主要是否定，未能进入政治学研究的视野。随着中国的国力不断提升，重新评估被否定的传统开始进入政治学者的视野，强调"历史的延续性"而不是断裂性。历史政治学迅速崛起，并成为学术热点。这一趋向将历史视野带入中国的国家

---

① 参见徐勇：《政治学"田野学派"的崛起》，徐勇、邓大才主编：《政治科学研究》2018 年卷（上），北京：中国社会科学出版社，2018 年。
② 参见周平：《民族政治学》，北京：高等教育出版社，2003 年。
③ 参见曾繁正等编译：《西方政治学》，第 12 页。

治理。①

四是将比较带入政治学。自地理大发现后,人类进入一个相互联系的"世界历史"进程中,其基本组织单位是主权国家。不同的国家有不同的政治。特别是由于现代化进程不一,不同国家的政治发展呈现出很大的差异性。在现代化的世界进程中,中国是最大的发展中国家,改革开放之后大步走向世界。如何比较不同国家的政治发展成为重要问题。随着中国政治学的恢复重建,比较政治得以在中国展开,并显示出中国比较政治研究的特性。这就是力图避免西方比较政治学中暗含的价值取向,将不同的国家作为平等的政治体对待,进行更具有包容性的比较。②

五是将概念史带入政治学。中国有着古老和丰富的政治,但没有政治学,重要原因是缺乏由一个个明确定义构成的概念及其知识体系。③ 近代以来,大量的政治概念进入中国,不仅影响着政治生活,而且成为中国政治学的基础。但是,这些概念进入中国后,其原义会发生变化。中国学者将概念史带入政治学研究,有助于在中国场域中理解政治概念的原义与变化,更好地理解政治和政治学的"中国性"。

---

① 参见杨光斌:《什么是历史政治学?》,《中国政治学》2019 年第 2 辑,北京:中国社会科学出版社,2019 年。《中国社会科学》2019 年第 1 期发表题为"历史视野中的中国国家治理"的一组专题论文。
② 参见房宁:《亚洲政治发展比较研究的理论性发现》,《中国社会科学》2014 年第 2 期。
③ 张凤阳等人提出从西方语境中理解概念的思路,这为将概念史带入政治学提供了导航。参见张凤阳、罗宇维、于京东:《民族主义之前的"民族":一项基于西方情境的概念史考察》,《中国社会科学》2017 年第 7 期。

政治学恢复重建之时的中国,一是世界上最大的发展中国家,二是进行大规模的现代化建设,因此产生了颇具特色的政治发展问题。西方学者也非常关注中国的政治发展问题,但受其价值观的限制,难以客观对待中国的政治发展问题,从而得出客观的结论。如根据其先在预设,中国的政治发展必然要向西方制度转型。但中国的政治发展并不是西方制度的复制品,中国特有的农民问题、民族问题并没有因为现代化进程而造成"政治崩溃",中国渡过了政治发展的艰难时期,步入更高形态的现代化。中国政治学者积极参与了政治发展问题的研究并取得了学术自觉。这是因为中国政治学者不是从先在的理论预设出发,而是从实际出发,从有效解决问题出发,因此能够避免西方学者的先在预设陷阱,发挥出中国政治学的主体作用。

问题是科学研究的起点。"理论创新只能从问题开始。从某种意义上说,理论创新的过程就是发现问题、筛选问题、研究问题、解决问题的过程。"① 马克思深刻指出:"主要的困难不是答案,而是问题。""问题就是时代的口号,是它表现自己精神状态的最实际的呼声。"② 不同的问题,不同的学术研究,会产生不同特色的政治学。

政治学作为一门学科发源于近代欧洲,其时代性问题是如何搭建现代政治大厦。因此,欧洲的政治学突出表现为制度主义倾向。美国接受欧洲先贤的政治理念,在空地上建立起现

---

① 习近平:《习近平谈治国理政》第2卷,第342页。
② 《马克思恩格斯全集》第40卷,北京:人民出版社,1982年,第289—290页。

代国家，其面临的突出问题是解决现代国家进程中的实际问题，由此产生出美国化的政治学，其突出特点是以行为主义为中心的学术体系。与欧美相比，中国政治学面临的问题复杂得多。既有基本理念问题，又有具体现实问题；既有制度问题，又有治理问题；既有坚持制度自信问题，又有完善制度问题；既有超越历史传统问题，又有在历史传统上发展的问题。这种问题的综合性和叠加性使得中国政治学在研究问题的过程中表现出特有的学术特点，这就是整合性。所谓整合性，就是既分门别类地对一个个问题进行研究，同时又将不同的问题整合为一体，统一到中国特色社会主义现代化建设这一宏大目标之下。正是在对中国特色社会主义进程中问题的研究中，逐步形成中国特色政治学。

四、中国特色政治学的话语构建

在学科体系、学术体系和话语体系中，话语是关键。话语是人们说出来和写出来的语言。人们说或写什么，怎么说或写，受人的意识所支配。任何一个学科，都必然要用自己的学术语言加以表达。只有通过话语表达，才能让人们学习、接受、理解表达者的意思，并产生具有引导性、规范性的影响。一个有特色的学科得以成立，必须有自己的理论和知识体系，这种理论和知识体系要通过话语表达出来。话语是客观事物的反映，也是对思想主张的概括，并成为一种学说和一个学派的特有标识和身份符号。政治学话语是政治学思想、理论、观点的表达，反映了人们对政治事物的认识。

不同的认识会以不同的话语加以表达，从而形成不同的学术主张和特色。只是这种认识有一个认识主体从不自觉到自觉的转换过程。

1979年，邓小平提出政治学等学科要赶快"补课"。这就意味着，政治学是一门独立的学科，具有不可替代性。由此将政治与政治学作了区别。政治学是研究政治问题的，但是，是通过政治学特有的学科知识进行研究的。政治学一度中断，一是在相当程度上将政治与政治学等同起来，用政治术语替代了政治学术语；二是将政治学归之为西方资产阶级属性的学科。政治学作为一门学科恢复重建，势必面对过往的政治学成果问题。由于西方率先开启现代化，伴随现代化兴起的政治学首先发源于西方，并形成了一个成熟的政治学体系。这一体系通过特有的话语加以表达。中国的政治学在"赶快补课"时，要有"课本""老师"，势必受西方政治学话语的影响，并"跟着学"，在话语表达方面表现为被动的客体状态。但随着中国政治发展和对中国政治问题的研究，中国的政治学者越来越感受到简单学习接受和运用西方政治学理论已远远不够，从而有了对西方理论的反思、质疑和对话，开始有了学术的自主性。政治学研究主体试图通过自身的行为和动作，实现自己的学术目标和发展。由此有了话语自觉，即能够以政治学为主体从事政治问题的研究，并在研究中用自己的话语加以表达。这种政治学话语建构自觉的获得经历了一个过程。

一是话语反思。

在政治学恢复重建的20世纪80年代，中国政治学主要是广泛学习和接受，包括西方政治学。20世纪90年代，随着市场经济的发展，西方政治学大量被引进，并形成话语强势地位。最典型的是"市民社会"及其背后的国家与社会二元分析框架。随着这一话语被广泛运用、简单套用，甚至滥用，中国的政治学者开始反思，中国是否存在西方意义上的"市民社会"，根据"市民社会"建立的国家与社会的二元对立框架是否完全适用对中国国家与社会的研究。

二是话语调整。

现代化发源于西方。西方理论长期以来处于现代化进程的高点，对于非西方国家持批判态度。非西方国家因为落后也进行自我批判。如近代以来中国的自我否定，包括20世纪80年代对"中国性"的自我批判。但是，随着中国在改革开放中的崛起，人们开始重新认识中国，重新认识中国政治，从批判的立场转向理解的立场，从中国的内在变化理解中国政治。2012年出版的《理解中国政治——关键词的方法》是典型代表之一。① 这本书的主要作者比较早地接受西方市民社会理论，但也比较早地从这一理论中跳了出来，在反思中力图从中国政治本身去理解中国政治。中国特色、中国经验、中国场景、中国逻辑等具有"中国性"的话语愈来愈多地成为学人的研究自觉。②

---

① 参见景跃进等：《理解中国政治——关键词的方法》，北京：中国社会科学出版社，2012年。
② 参见张明军、陈朋：《中国特色社会主义政治发展的实践前提与创新逻辑》，《中国社会科学》2014年第5期；王岩、魏崇辉：《协商治理的中国逻辑》，《中国社会科学》2016年第7期。

三是话语清理。

源自西方的政治学理论，具有双重属性，既有学理属性，又有意识形态属性，后者寓于前者之中，即意识形态通过学理加以表达。学理表达的前提是定义。西方学者根据价值取向定义其他国家政治。在相当长时间，被定义国家的人们只是接受。但是，随着中国政治学的发展，人们愈来愈发现源自西方的他定义具有许多政治偏见，需要从中国事实出发对其加以解构，包括对东方专制主义、全能主义、威权主义等政治定义的清理。① 在话语清理中，中国学者开始注意从中国事实出发发现被西方原有话语所遮蔽的事实。这是因为，学术与其他事物一样具有先占原则。先行者凭借先行优势，对相关事物进行定义，建立起价值规范体系，形成话语霸权，后来者只能接受，并在接受过程中受到既有理论的规范。如从亚里士多德开始，西方理论便形成了"西方自由，东方专制"的定论，占据着话语高地。这一话语既遮蔽了人们的学术视野，更遮蔽了客观事实。要改变既有的规范，就需要通过自为的政治学研究，将真实的中国从既有的政治学理论的遮蔽中找回来，凸显中国政治的主体性。

四是话语转换。

政治学是伴随现代化产生的。现代政治学话语具有现代化的属性。中国的政治学是在大规模现代化建设中恢复重建的。改革开放以来，中国大步走向世界，并从世界吸收了大

---

① 参见徐勇：《从中国事实看"东方专制论"的限度——兼对马克思恩格斯有关东方政治论断的辨析与补充》，《政治学研究》2017年第4期；郭忠华：《现代公民观念建构中的"东方社会"》，《中国社会科学》2018年第3期。

量的政治学概念。但在这一吸收过程中，注意消化和转换，赋予更多的中国意义。如国家治理、国家认同和国家建构的原始概念都来自国外，但实现了创造性的转换，成为研究中国的国家治理和国家建构的重要概念。①

五是话语原创。

西方政治学的优势便在于建构起一个个概念，形成了完整的话语体系。中国的政治学恢复重建之初，人们更多的是学习和接受西方政治学。但随着对中国问题的研究，特别是中国经验日益丰富，人们愈来愈发现既有的理论无法充分和合理解释中国的实际和经验，需要建构新的概念加以概括。这种概括不是既有理论的照搬，而是具有原始创新的价值，属于原创性话语。这种具有原创性的概念提炼，经历了一个自生自发到自觉的过程。

首先是通过中国基层社会的调查，对基层政治过程进行理论概括。相对于理论来讲，生活是丰富多彩和不断变化的。既有的理论不可能概括所有的实际生活，特别是最为生动的基层生活。中国的改革是从基层开始的，基层的变化最大，也为新的理论概括提供了最为原始和宝贵的资源。荣敬本等人通过对农村基层政治体制的调查，提出了"压力型

---

① 参见林尚立：《现代国家认同建构的政治逻辑》，《中国社会科学》2013年第8期；金太军、姚虎：《国家认同：全球化视野下的结构性分析》，《中国社会科学》2014年第6期；周光辉、李虎：《领土认同：国家认同的基础——构建一种更完备的国家认同理论》，《中国社会科学》2016年第7期；朱光磊：《全面深化改革进程中的中国新治理观》，《中国社会科学》2017年第4期；何艳玲：《理顺关系与国家治理结构的塑造》，《中国社会科学》2018年第2期；王浦劬、汤彬：《当代中国治理的党政结构与功能机制分析》，《中国社会科学》2019年第9期。

体制"的概念。① 尽管这一概念只是对实际政治状况的概括，具有经验性，但标志着中国学人开始从中国实际出发提炼有解释力的概念。

其次是从中国实际出发，以田野调查材料为基础进行理论概括。随着中国的崛起，人们愈来愈重视中国为何崛起，并给予了多种理论解释。其中的一种解释是从中国实际出发，发现中国崛起的内在要素。而中国的最大实际是一个农村农民大国，农民成为中国崛起的主体性因素，并以"农民理性扩张"的概念加以表达。随着对农村的深度调查，学者们开始从中国农村社会土壤里提炼原创性概念，如"祖赋人权"等。②

最后是对中国政治过程的总结，提出概括性的概念。改革开放以来，不仅基层社会发生了重大变动，高层政治也发生着变化，并形成了特有的政治运行机制。西方既有理论对于中国政治这种变与不变叠加特性的解释愈来愈缺乏解释力。而中国的政治学者开始对中国政治过程经验进行理论概括，提出了"高位推动""政治势能"等概念。③

六是话语竞争。

由于率先现代化，西方政治学形成其话语霸权。但随着

---

① 参见荣敬本等：《从压力型体制向民主合作体制的转变：县乡两级政治体制改革》，北京：中央编译出版社，1998年。
② 参见徐勇：《祖赋人权：源于血缘理性的本体建构原则》，《中国社会科学》2018年第1期。
③ 参见贺东航、孔繁斌：《公共政策执行的中国经验》，《中国社会科学》2011年第5期；贺东航、孔繁斌：《中国公共政策执行中的政治势能——基于近20年农村林改政策的分析》，《中国社会科学》2019年第4期。

世界进入"百年未有之大变局",西方的霸权地位发生变化,其政治学的话语霸权地位也受到影响。这就是西方政治学对"大变局"的认识和解释愈来愈缺乏说服力,更缺乏对世界走向的引导力。"文明的冲突"仍然在于维持西方中心主义的地位,"历史的终结"并没有得到应验。与此同时,随着中国日益走向世界舞台的中心,中国领导人提出了"人类命运共同体"的概念,具有很强的引导力。围绕这一概念,中国的政治学进行了大量的阐释,从而建立起能够与西方话语竞争的政治学话语。有学者鲜明地提出以中国为方法的政治学。[1]

以上六个环节,反映了中国政治学的话语自觉,构成了中国特色政治学的重要元素。面对中国实际和经验,从中国实际和经验中建构概念,使得政治学知识体系中具有愈来愈多的"中国性"。应该说,这一话语建构还是初步的、零散的,未能系统化和理论化,并存在争议。但它体现了中国的政治学者力图超越既有理论限制进行主动的探索,在构建中国特色政治学方面迈出了重要一步。

从政治学话语自觉看,西方政治学表现为鲜明的话语霸权。一则在于西方现代化率先一步,享有事物的定义权;二则在于率先现代化的西方走向世界,必然要将自己的价值观带向世界,按照它们的面貌建立一个世界。西方的话语霸权的典型特征便是以各种"主义"定义事物和引导世界。与西方政治学的话语霸权相比,中国政治学话语突出表现为话

---

[1] 参见杨光斌:《以中国为方法的政治学》,《中国社会科学》2019 年第 10 期。

语包容。这在于中国在现代化建设中注意汲取人类一切文明成果，同时不将自己的价值观强加于他人。由中国政治学者原创的政治学话语主要是对中国自身的概括。即使是"人类命运共同体"这一先导性的话语，也只是一种倡导，是依靠其内在的话语魅力影响他人，获得其竞争优势。

五、构建中国特色政治学的努力方向

总体上看，经过 40 余年的政治学恢复重建，中国特色政治学已显雏形，并愈来愈获得群体自觉。这是最为宝贵的基础。但是，构建中国特色政治学是一个长期努力的过程。政治学恢复重建毕竟才 40 余年时间，其间经历了一些曲折，人们对构建中国特色政治学还有一个不断提高认识的过程，政治学发展与时代的呼唤相比还存在着较大差距。习近平总书记 2016 年 5 月 17 日讲话，提出了加快构建中国特色哲学社会科学的重大命题，为中国的政治学发展指明了前进的方向。加快构建中国特色政治学需要从以下方面作出努力。

其一，坚持马克思主义为指导，将马克思主义转化为清醒的理论自觉、坚定的政治信念、科学的思维方法。

习近平总书记指出："马克思主义尽管诞生在一个半多世纪之前，但历史和现实都证明它是科学的理论，迄今依然有着强大生命力。"[①]中国政治学恢复重建，并在构建中国特色政治学方面取得了初步的成绩，重要原因是坚持马克思主

---

① 习近平：《在哲学社会科学工作座谈会上的讲话》，第8页。

义的指导地位。但要将马克思主义转换为理论自觉，特别是运用马克思主义理论和方法进行研究，还需要作出巨大的努力。在如何对待和运用马克思主义方面尚存在两种突出偏差：一是缺乏对马克思主义的深入研究，不能切实掌握马克思主义的理论与方法，将马克思主义简单化，甚至标签化，生吞活剥，以为引述几条经典作家的语录就是坚持马克思主义。二是对马克思主义理论和方法缺乏足够的认识，并缺乏相关的理论训练。政治学恢复重建 40 余年，致力于坚持马克思主义理论，与政治学研究主体有较好的马克思主义理论素养相关。而在改革开放过程中成长起来的年轻政治学人，马克思主义理论基础普遍不足，对西方政治学的接受较多，并存在着只有西方才有政治学的片面倾向。以上两种偏差都不利于构建中国特色政治学。因为，马克思主义的资源，"是中国特色哲学社会科学的主体内容，也是中国特色哲学社会科学发展的最大增量"。[①] 要自觉运用马克思主义理论分析研究问题，并非易事，除了真信以外还要真懂、会用。马克思主义是开放的体系。构建中国特色政治学要吸收借鉴一切有益的知识体系和研究方法。但是，"如果不加分析把国外学术思想和学术方法奉为圭臬，一切以此为准绳，那就没有独创性可言了。如果用国外的方法得出与国外同样的结论，那也就没有独创性可言了"。[②] 没有独创性，也就没有中国特色政治学。

[①] 习近平：《习近平谈治国理政》第 2 卷，第 339 页。
[②] 习近平：《习近平谈治国理政》第 2 卷，第 341 页。

其二，以中国实际为研究起点，推动原创性和学理性研究，通过理论创新构建中国特色政治学。

习近平总书记指出："我们的哲学社会科学有没有中国特色，归根到底要看有没有主体性、原创性。……只有以我国实际为研究起点，提出具有主体性、原创性的理论观点，构建具有自身特质的学科体系、学术体系、话语体系，我国哲学社会科学才能形成自己的特色和优势。"① 中国政治学恢复重建以来得以取得一些成就，在相当程度上归之于以我国实际为研究起点，与中国特色社会主义建设伟大事业相伴随。但在实际研究中也存在两方面不足。一是原创性不够。如在政治学话语方面，尚未提供具有重大影响力的原创性概念。二是学理化不够。如政治学研究更多的是阐释，使用的多是政治话语而不是政治学话语，缺乏学科主体性和学术专业性。这都不利于中国特色政治学的构建。中国有着十分丰富复杂且独一无二的政治历史，改革开放以来更是有着伟大的中国政治实践，创造了丰富的政治经验。这都需要以我国实际为研究起点，"提炼出有学理性的新理论，概括出有规律性的新实践。这是构建中国特色哲学社会科学的着力点、着重点"。② 只有充分认识这一着力点、着重点，才能加快中国特色政治学的构建。

其三，要通过扎实的研究，设置具有超前性的议题，推动话语构建，在国际学术界发挥引领作用。

---

① 习近平：《习近平谈治国理政》第 2 卷，第 341—342 页。
② 习近平：《习近平谈治国理政》第 2 卷，第 344 页。

中国政治学恢复重建伴随着我国改革开放的历程。正是在改革开放中，开阔了视野，有了政治学的恢复重建，并取得了相应的成就。但是，从总体上看，中国的政治学在学术议题的设置和话语构建方面还存在严重的不足，更多的是"跟着说"。"在解读中国实践、构建中国理论上，我们应该最有发言权，但实际上我国哲学社会科学在国际上的声音还比较小，还处于有理说不出、说了传不开的境地。"[①] 在这方面，政治学表现得尤其突出。改革开放以来，我国经济取得巨大成就，这是无可争议的事实。由于这一经济成就是在中国特色的政治制度下实现的而这一制度与西方制度有着鲜明的差别，因此国际上对这一制度存在很大争议、误解乃至偏见。随着全球治理问题日益突出，我国提出了构建人类命运共同体的设想，但在学理阐述方面还有所欠缺。因此，加快构建中国特色政治学，"要善于提炼标识性概念，打造易于为国际社会所理解和接受的新概念、新范畴、新表述，引导国际学术界展开研究和讨论。"[②]

其四，发挥学者的主动性、积极性和创造性，鼓励学术争鸣，在平等的学术讨论中促进理论创新。

中国特色政治学的构建主体是学者。只有充分发挥广大政治学主体的主动性、积极性、创造性，才能产生具有主体性和原创性的成果，使中国特色政治学在不断创新中得以构建。应该看到，随着科学的发展和知识的积累，理论创新愈

---

① 习近平：《习近平谈治国理政》第 2 卷，第 346 页。
② 习近平：《习近平谈治国理政》第 2 卷，第 346 页。

来愈难，能够取得原创性成果十分不易。但创新是相对的。"哲学社会科学创新可大可小，揭示一条规律是创新，提出一种学说是创新，阐明一个道理是创新，创造一种解决问题的办法也是创新。"① 中国政治学恢复重建以来，政治学者从简单的模仿中走出来，注意学术创新，提出了一些具有原创性的观点。这些观点尽管不一定成熟，甚至存在一些争议，但反映了学者的主动性、积极性和创造性。② 只有通过学术争鸣和讨论才能促进学术创新，从不同路径，以不同方式共同构建中国特色政治学大厦。正如习近平总书记指出的："要坚持和发扬学术民主，尊重差异，包容多样，提倡不同学术观点、不同风格学派相互切磋、平等讨论。"③

中国是一个有着独特文明和制度的国家，作为后发现代化国家正在为人类提供前所未有的丰富经验，随着世界百年未有大变局的加速演变，中国扮演的角色愈来愈重要。这为构建中国特色政治学开拓了广阔的空间。只要我们善于融通古今中外各种资源，特别是马克思主义、中华优秀传统文化和国外哲学社会科学资源，经过长期艰苦努力，中国特色政治学完全有可能自立自强于世界学术之林！

(原载《中国社会科学》2021 年第 2 期)

---

① 习近平:《习近平谈治国理政》第 2 卷，第 342 页。
② 参见胡键:《"祖赋人权"辨析——兼与徐勇教授商榷》，《探索与争鸣》2020 年第 6 期；胡键:《"以中国为方法"辨析——兼与杨光斌教授商榷》，《江西师范大学学报》2020 年第 5 期。
③ 习近平:《在哲学社会科学工作座谈会上的讲话》，第 28 页。

《中国社会科学》2021年度好文章获奖文章颁奖辞

《中国社会科学》2021年度好文章之《论北朝隋唐的土地法规与土地制度》（作者：杨际平，责任编辑：张云华）

文章依据唯物史观基本原理，在辨析大量新史料、新成果的基础上，对北朝隋唐土地法规与土地制度进行动态辨析，提出北魏、北齐根据民族差异，实施《田令》时采用"双轨制"，认为汉唐间无论土地法规与管理制度如何变化，但土地制度始终以私有制为主。文章以扎实的史料分析和深刻创见，令人信服地确证了马克思主义社会形态理论的科学性及对中国历史的契合性，是研究中国古代土地所有制的最新成果。

论北朝隋唐的土地法规与土地制度

杨际平

摘要：北朝隋唐《地令》或《田令》只是土地法规，属于上层建筑的范畴，并不决定土地所有制的性质。北朝《地令》既有授田与土地还受条款，又有不触动各户原有土地，进行户内调整，实际上无还无受条款。这是执政者土地国有理想与土地私有现实矛盾冲突的结果，是情势所必然。实施《地令》时，北魏、北齐都是双轨制：对代北鲜卑拓跋族聚居区来说确实是普遍授田制。对汉族为主聚居区，则只是限田制，同时也是一种户籍登记制度。隋唐时期，因为鲜卑族已经不再是统治民族，因而对鲜卑族也就不再实行特殊的土地政策。隋唐未见按《田令》规定给吏民实际授田与土地还受的实例。相反，可直接反映未曾实际授田与土地还受的实例却很多。唐《田令》废止于唐宋之际，而不是建中元年（780）。

关键词：北朝隋唐　土地法规　土地制度　帐面调整　无还无受

作者杨际平，厦门大学人文学院历史系教授（厦门 361005）。

北朝隋唐土地制度是社会经济史研究的重要内容。20世纪初，随着一些敦煌户籍资料的面世，中日学者对该问题产生极大兴趣，逐渐掀起研究北朝隋唐所谓"均田制"的热潮。参加讨论者甚众，研究成果也颇丰。①

其中研究的重点是北朝隋唐《地令》或《田令》实施状况，对此，学者们讨论得很热烈，意见分歧也很大。争论的焦点是北朝隋唐《地令》或《田令》规定的土地还受是否切实实行。相关学术争论大体经历三个阶段：第一阶段是20世纪20年代至50年代初。争论主要在日本学者间进行，形成以铃木俊为代表的土地还受否定说与以仁井田陞为代表的土地还受肯定说两种对立观点。② 由于铃木俊等的研究，论据很坚实，所以得到多数学者的认同。

---

① 参见韩国磐：《隋唐的均田制度》，上海：上海人民出版社，1957年，后修改扩充为《北朝隋唐的均田制度》，上海：上海人民出版社，1984年；贺昌群：《汉唐间封建的国有土地制与均田制》，上海：上海人民出版社，1958年；宋家钰：《唐朝户籍法与均田制研究》，郑州：中州古籍出版社，1988年；杨际平：《均田制新探》，厦门：厦门大学出版社，1991年；后修改扩充为《北朝隋唐均田制新探》，长沙：岳麓书社，2003年；武建国：《均田制研究》，昆明：云南人民出版社，1992年；曾我部静雄：《均田法及其税役制度》，东京：讲谈社，1953年；铃木俊：《均田、租庸调制的研究》，东京：刀水书房，1978年；西村元佑：《中国经济史研究——均田制度篇》，东京：东洋史研究会，1968年。

② 参见铃木俊：《敦煌发现的唐代户籍和均田制》，《史学杂志》第47篇7号，后收入《均田、租庸调制度的研究》，东京：刀水书房，1978年，第108—119页；仁井田陞：《唐宋法律文书的研究》，东京：东方文化学院东京研究所，1937年。

第二阶段是 20 世纪 50 年代末至 70 年代。日本学者西村元佑、西嶋定生系统整理并研究了大谷退田文书、欠田文书、给田文书，认为这些文书就是唐代西州实行土地还受的确证，从而大大加强了土地还受肯定说。[①] 由于唐令《田令》全文与《户部式》皆不存，《吐鲁番出土文书》（1—10 册）亦尚未出版，人们尚难对西村元佑、西嶋定生的诸多假设提出强有力的驳论，所以一时几成定论。

第三阶段是《吐鲁番出土文书》（1—10 册）出版与戴建国等据宋《天圣令》所附《唐令》完整复原《唐令·田令》以来。《吐鲁番出土文书》（1—10 册）的出版为弄清大谷欠田、给田诸文书的来历与令制提供了依据，唐《田令》的完整复原，证明铃木俊描述的敦煌户籍的登籍规律原来都有令制依据，而西村元佑、西嶋定生等关于受田基准额的猜测全无根据。

完整复原的《唐令·田令》显示，它既有国家授田与土地还受的规定，又有无田可授时户内帐面调整的规定。今后研究唐《田令》的实施，就要具体研究其时绝大多数地区、绝大多数人户是按《田令》的实际授田条款实施，还是按户内帐面调整实施？实施的结果，秦汉以来地主土地私有制和自耕农、半自耕农土地私有制占绝大多数，国有土地只占很小比例的格局是否发生根本性变化？

[①] 参见西村元佑：《唐代吐鲁番推行均田制的意义——大谷探险队将来欠田文书为中心》，原载《敦煌吐鲁番社会经济资料（上）》，《西域文化研究》（二），1959 年，又收入《中国经济史研究》，东京：东洋史研究会，1968 年。

一、北朝的土地法规与土地制度

太和九年（485）十月，北魏孝文帝颁《地令》诏称："朕承乾在位，十有五年。每览先王之典，经纶百氏，储畜既积，黎元永安。爰暨季叶，斯道陵替，富强者并兼山泽，贫弱者望绝一廛，致令地有遗利，民无余财，或争亩畔以亡身，或因饥馑以弃业，而欲天下太平，百姓丰足，安可得哉？今遣使者，循行州郡，与牧守均给天下之田，还受以生死为断，劝课农桑，兴富民之本。"① 此诏体现了孝文帝土地国有的理想。其土地国有理想自有深受我国井田说传统思想影响的一面，但更主要的还是源于鲜卑拓跋族农村公社传统。因为我国历代的井田说，包括孟子的井田说与周礼的井田说都没有土地还受内容，唯独孝文帝诏不仅说到"均给天下民田"，而且还规定"土地还受以生死为断"。

颁行《地令》的建议是赵郡士族李安世提出的。其建议称"臣闻量地画野，经国大式；邑地相参，致治之本。井税之兴，其来日久"，似乎很有复井田，由国家普遍授田的意思。但他话锋一转，就把落脚点放在"田莱之数，制之以限"上。② 与董仲舒、师丹、孔光、王莽、荀悦、仲长统等所主张的"古井田法虽难卒行，宜少近古，限民名

---

① 《魏书》卷7上《高祖纪》，北京：中华书局，1974年，第156页。
② 《魏书》卷53《李孝伯附李安世传》，第1176页。

田"① 如出一辙。接着，李安世又将重点放在长期未决的土地产权纠纷上，建议"所争之田，宜限年断，事久难明，悉属今主"。② 颁行《地令》前，先解决久拖未决的土地产权纠纷，预示着即将颁行的土地法规不会触动原有的土地私有制。面对土地国有理想与土地私有社会现实的冲突，李安世偏重于后者。李安世的这一思想对随后颁布的《地令》有很大影响。对比孝文帝的诏令与李安世的建议，不难发现，两者还是有很大的差别。如果不是魏收说"后均田之制起于此矣"，我们很难将李安世上疏与随后颁布的《地令》联系起来。

随之颁行的北魏太和九年《地令》载于《魏书·食货志》。③ 文长，不具引。北魏太和九年《地令》共15条。《地令》第1条前部，第2、4、5、7、8、9、10、13、14诸条款，都有关国家授田与土地还受，体现了立法者的土地国有理想。《地令》第3条后款（各户原有桑田"不在还受之限"）、第6条"诸桑田皆为世业，身终不还，恒从见口。……盈者得卖其盈，不足者得买所不足"、第11条"诸地狭之处，有进丁受田而不乐迁者……家内人别减分"，则体现了对土地私有传统的充分尊重。前者在《地令》中占有很大的分量并处于显要地位，后者在《地令》中似乎只是处于从属地位。同一部法令中，本不该有如此矛盾对立

---

① 《汉书》卷24上《食货志上》引董仲舒语，北京：中华书局，1962年，第1137页。
② 《魏书》卷53《李孝伯附李安世传》，第1176页。
③ 参见《魏书》卷110《食货志》，第2853—2855页。

的条款，但北朝隋唐土地法规就是如此。这当然不是立法者的疏忽，而是土地国有理想与土地私有制已经根深蒂固的社会现实之间矛盾冲突的必然结果。

北魏太和《地令》既有体现土地国有理想的国家授田与土地还受条款，又有适应土地私有社会现实要求的不触动民户原有土地，土地还受之际只做户内帐面调整，实际无还无受的条款，那么，具体实施时，绝大多数地区或人群，究竟是按哪些条款执行的呢？

进入讨论之前，必须先澄清几个概念。其一，北朝隋唐《地令》或《田令》可否概称为"均田制"？李安世提出颁行《地令》建议后，《魏书》作者魏收说"后均田制起于此矣"。汉魏至唐宋华人士大夫说的"均田"有二义，一是限田，一是均税。鲜卑拓跋族的孝文帝则有"均给天下民田"之说。魏收所说的"均田"似乎也是取"均给天下民田"之意。但此又不合北魏太和《地令》的实施状况。今人也习称北魏《地令》为均田制，其首倡者就是日本学者内藤湖南。20世纪20年代内藤湖南在《中国近世史》中提出："从六朝中期到唐太宗时期实施的班田制，都不承认土地的私有权，只允许永业田为私有。"[①] 此后的日本学者与20世纪50年代以后的多数中国学者也习惯上将北朝隋唐《地令》或《田令》称为"均田令"或"均田制"。然北朝时

---

① 内藤湖南：《中国近世史》，夏应元选编：《中国史通论——内藤湖南博士中国史学著作选译》，北京：社会科学文献出版社，2004年，第342页。

人从不称北魏《地令》为均田令或均田制，而称之为《地令》、①《地制》②或"垦田授受之制"。③唐五代时人更习称《地令》或《田令》所设计的田制为"井田事"。如《唐六典》即称："户部尚书、侍郎之职，掌天下户口井田之政令。"④《旧唐书·职官志》亦称"（尚书户部）郎中、员外郎之职，掌分理户口、井田之事"。⑤笔者以为，未对北朝隋唐《地令》或《田令》的实施状况进行论证之前，径称《地令》或《田令》设计的田制为"均田制"容易给人"均分田土"的先入之见；径称《地令》或《田令》设计的田制为"井田事"，也容易给人必不可行的印象，都不合适，还是称之为《地令》或《田令》设计的那种田制为宜。⑥

---

① 《魏书》卷41《源贺附源怀传》记源怀上表称："诸镇水田，请依《地令》分给细民，先贫后富"。（第926页）
② 《魏书》卷57《崔挺传附崔孝芬》载：熙平中，"（元）澄奏地制八条，孝芬所参定也"。（第1266页）
③ 《魏书》卷19中《任城王传》，第477页。
④ 《大唐六典》卷3《尚书户部》，西安：三秦出版社，1991年，第52页。"井田之政令"为唐代传世文献所失载。
⑤ 《旧唐书》卷43《职官志》，北京：中华书局，1975年，第1825页。"井田"为唐代传世文献所失载。
⑥ 也有学者认为，"从恢复历史真实而言，最好取消'均田制'的提法，恢复《田令》的名称"。参见郑学檬：《关于"均田制"的名称、含义及其和"请田"关系之探讨》，《点涛斋史论集：以唐五代经济史为中心》，厦门：厦门大学出版社，2016年，第454页。耿元骊《唐代"均田制"再研究——实存制度还是研究体系》也认为"'田令'不是'均田令'，把田令等同于'均田令'是在史料残缺情况下的误认。……从唐宋人的主流言论来看，也没有把唐代田制称之为'均田制'。唐人认识中的'均田'其实只是'均税'，与'制度'无关。考之'均田制'研究史，则可以发现，'均田制'只是一种由日本学者建立的学术解释体系。"（《社会科学战线》2011年第11期）

其二，北朝隋唐《地令》或《田令》究竟是土地制度，还是土地法规？是经济基础，还是上层建筑？马克思认为："人们在自己生活的社会生产中发生一定的、必然的、不以他们的意志为转移的关系，即同他们的物质生产力的一定发展阶段相适合的生产关系。这些生产关系的总和构成社会的经济结构，即有法律的和政治的上层建筑竖立其上并有一定的社会意识形式与之相适应的现实基础。"[①] 根据历史唯物主义基本原理，北朝隋唐现实的土地制度应该就是当时现实的土地所有制，其主要内涵应该是哪些阶级、阶层实际占有当时最基本的生产资料——土地，及其如何组织生产、管理生产，如何进行产品分配。

春秋战国以降，历代常有《田令》《田律》，此类律令显然属于土地法规范畴。其对土地制度的设计，属于意识形态范畴，自然也是属于上层建筑领域。虽然从广义上讲，土地法规也是土地制度的一部分，但它毕竟只是土地制度中次要的，派生的部分，土地制度的核心内容是土地所有制。

《地令》或《田令》设计的田制，本身就有是否切合实际，是否可行的问题，因而都还不是现实的土地制度，都不属经济基础范畴。将北朝隋唐《地令》或《田令》所设计的井田事或所谓的"均田制"看作现实的土地制度，实际上就是未经检验就主观地认定北朝隋唐《地令》或《田令》的有关授田与土地还受规定都被切实实行，其立法者的理想都已变成现实。而这显然是不符合历史实际的。

[①] 《马克思恩格斯选集》第2卷，北京：人民出版社，2012年，第2页。

北魏《地令》的具体实施，简单地说，就是双轨制：不同的地区、不同的族群适用不同的条款。

鲜卑拓跋部兴起于大兴安岭一带，"统幽都之北，广漠之野，畜牧迁徙，射猎为业"，① 以后逐步向西南发展到代北。鲜卑拓跋部初到代北时，仍以游牧为主，虽有一些农业，但不占主要地位，仍实行氏族部落制，土地私有观念还很淡薄。4世纪末，亦即拓跋珪复国后，开始"离散诸部，分土定居，不听迁徙，其君长大人，皆同编户"，② 逐步由氏族部落社会向阶级社会转变。其获取财富的方式也逐渐从畜牧和军事掠夺为主转到发展农业。拓跋珪登国元年（386），便在当时的京城盛乐（治所在今内蒙古呼和浩特市和林格尔县）"息众课农"。③ 登国九年，又"使东平公元仪屯田于河北五原，至于稒杨塞外"。④ 拓跋鲜卑族的京城从盛乐迁至平城（治所在今山西大同）后，便以"东至代郡（今山西忻州市代县），西及善无（今山西朔州市右玉县南），南极阴馆（今山西忻州市代县西北），北尽参合（今内蒙古乌兰察布市凉城县），为畿内之田；其外四方四维置八部帅以监之"。⑤

定都平城后，北魏政权经常强制迁徙各地新民以充实京师。这些新民到了京城需要政府安置，政府便在京畿及其附

---

① 《魏书》卷1《序纪》，第1页。
② 《北史》卷80《贺讷传》，北京：中华书局，1974年，第2672页。
③ 《魏书》卷2《太祖纪》，第20页。
④ 《魏书》卷2《太祖纪》，第26页。
⑤ 《魏书》卷110《食货志》，第2850页。

近对他们进行计口授田。如天兴元年（398）正月克邺后，"分徙（山东六州）吏民及徒何种人、工伎巧十万余家以充京都，各给耕牛，计口授田"。① 永兴五年（413）七月，"破越勤倍泥部落于跋那山西……徙二万余家于大宁，计口授田……（八月）置新民于大宁川，给农器，计口受田"。②

包括京城平城在内的代北地区位于农牧分界线的北侧，属以牧为主的半农半牧区，年均降水量很少，位于半干旱气候区，无霜期短，多为草原植被。因为自然条件比较差，所以地广人稀。但这些地方，地势比较平坦，只要有水源，比较容易垦辟为农田。

北魏在这一地区实行计口授田的同时，又常在这一地区实行带有明显强制性的课田措施。如太平真君五年（444）恭宗监国时，曾令"有司课畿内之民，使无牛家以人牛力相贸，垦殖锄耨。其有牛家与无牛家一人种田二十二亩，偿以私锄功七亩，如是为差，至与小、老无牛家种田七亩，小、老者偿以锄功二亩，皆以五口下贫家为率。各列家别口数，所劝种顷亩，明立簿目。所种者于地首标题姓名，以辨播殖之功。又禁饮酒、杂戏、弃本沽贩者。垦田大为增辟"。③

以上记载表明，当时平城一带实行的是土地国有制，新民从"计口授田"中得到的田土完全来自官府，所以官府可以在此强力推行人牛力相贸等措施。类似的课田规定，汉

---

① 《魏书》卷110《食货志》，第2849—2850页。
② 《魏书》卷3《太宗纪》，第53页。
③ 《魏书》卷4下《世祖纪》，第109页。

唐间在中原地区是不曾见到的。

北魏政权既然可以在代北地区实行计口授田，太和九年《地令》颁布后，自然也可以在代北地区按《地令》规定分配土地。

太和十四年，中书监高闾说："陛下……惧蒸民之奸宄，置邻党以穆之；究庶官之勤剧，班俸禄以优之；知劳逸之难均，分民土以齐之。"① 时高闾在京城平城任职，其所说的"知劳逸之难均，分民土以齐之"，应该反映京城一带情况。表明平城一带确实曾经有"分民土以齐之"之举。

除了包括京师在内的代北地区，比代北更北的，以鲜卑拓跋族为主体的边镇地区也按《地令》规定进行过实际授田。景明年间（501—503），源怀巡行北边六镇，上表说："景明以来，北蕃连年灾旱，高原陆野，不任营殖，唯有水田，少可菑亩。然主将参僚，专擅腴美，瘠土荒畴给百姓，因此困弊，日月滋甚。诸镇水田，请依地令分给细民，先贫后富，若分付不平，令一人怨讼者，镇将已下连署之官，各夺一时之禄，四人已上夺禄一周。"② 六镇的治所都在各军镇的南端，靠近农牧分界线，而其辖境则很辽阔，基本上都在今内蒙古自治区，甚至到达今蒙古国的草原或沙漠地区。六镇地区自然条件比代北更差，可耕地很少，除少数水源比较充足的地区外，土地都很贫瘠，不宜农耕。百姓通常得到的多是"瘠土荒畴"，实乃情理中事。源怀所言证明了北魏

---

① 《魏书》卷54《高闾传》，第1205页。
② 《魏书》卷41《源贺附源怀传》，第926页。

政权曾在六镇地区实际授田。

　　除此之外，北魏政权还将部分苑囿赐代迁户。如北魏太和十一年八月，孝文帝诏"罢山北苑，以其地赐贫民"。①正始元年（504）十二月，宣武帝"以苑牧公田分赐代迁之户"。至延昌元年（512）闰二月，再次诏令"以苑牧之地赐代迁民无田者"。② 秦汉以来，常有罢苑囿赐贫民之事。如果北魏这几次的以苑囿地赐代迁户，是按太和九年《地令》的规定实行，那就是太和《地令》的具体实施。否则，就只是一般的罢苑囿赐贫民。

　　至于这一地区实际授田的数额，估计不可能达到《地令》规定的一夫一妇应授田 140 亩。因为该定额不仅成倍超出两汉以来的户均垦田数，也远远超出当时每户的耕作能力。代北与北方边镇可耕地本来就少，每户分到的田土自然不可能很多。但这并不影响我们对这一地区有过实际授田的认定。这一地区的田土原来都是国家授给的，因此也就不存在不触动各户原有土地的问题。至于初授田后如何实行土地还受，因缺乏相关实证资料，目前还不得而知。

　　以汉人为主的中原地区，则未见按《地令》实际授田的实例。赐苑囿地给贫民倒有两例：太和八年，司马跃代兄为云中镇将、朔州刺史，"跃表罢河西苑封，与民垦殖"；③世宗朝，定州刺史元澄曾"表减公园之地，以给无业贫

---

① 《魏书》卷7下《高祖纪下》，第162页。
② 《魏书》卷8《世宗纪》，第198、213页。
③ 《魏书》卷37《司马楚之附司马跃传》，第859页。

口"。① 此两例以苑囿地给贫民，如果是按太和《地令》规定给贫民，那就是太和《地令》的实施。如果不是，那就是两汉以来习见的以苑囿地赐贫民。

太和九年《地令》颁布后，太和十一年，齐州刺史韩麒麟提出"制天下男女，计口授田"②的建议，说明当时齐州尚无国家授田计划。太和十二年，秘书丞李彪又于《地令》之外另搞一套，建议"别立农官，取州郡户十分之一以为屯民……一夫之田，岁责六十斛，蠲其正课并征戍杂役"。③ 史载，李彪的建议，"帝览而善之，寻施行焉。自此公私丰赡，虽时有水旱，不为灾也"。④ 可见汉人聚居区的许多地区，实行的不是《地令》，而是李彪建议的民屯制。⑤

以汉人为主体的聚居区之所以未能普遍实际授田与实际土地还受，原因有二。原因之一是官府手中没有足够多的可供授田的官田或无主荒地。两汉以来，历代政府都有一些官田，但数量都很有限，在全国垦田总数中都只是零头小数。论者常认为，北魏承大乱之后，"政府手中掌握了大量无主荒地"，⑥ 有条件给民户普遍授田。实际情况恐非如此。首先，大乱之后，诚然会出现许多荒田，但这些荒田很多是有

---

① 《魏书》卷 19 中《任城王传》，第 473 页。
② 《魏书》卷 60《韩麒麟传》，第 1333 页。
③ 《魏书》卷 62《李彪传》，第 1386 页。
④ 《魏书》卷 110《食货志》，第 2857 页。
⑤ 按《魏书》卷 110《食货志》的记载，李彪的建议似乎普遍实行于各地。但笔者觉得，不大可能按李彪的建议全国普遍实行民屯制。所以只说"汉人聚居区的许多地区"实行此制。
⑥ 朱绍侯、齐涛、王育济主编：《中国古代史》上册，福州：福建人民出版社，2010 年，第 362 页。

主的。太和九年李安世《地令》建议就谈道:"州郡之民,或因年俭流移,弃卖田宅,漂居异乡,事涉数世。三长既立,始返旧墟",虽"庐井荒毁,桑榆改植",还会要求讨回祖业,使土地产权争讼久拖不决。绝非如东汉末仲长统所说:"其地有草者,尽曰官田。"[①] 或如司马朗所说:"大乱之后,民人分散,土业无主,皆为公田。"[②] 其次,政府即使掌握一定数量的无主荒地,也很难满足国家普遍授田的需要。如北魏正光年间(520—525)全国约有500万户,其中以汉人为主体的聚居区应该不少于400多万户,如果每户平均实际授田10亩,就得有40万顷,当时官府手中掌握的无主荒地,有没有如此之多,实在很难说。最后,官府掌握的无主荒地在地域分布上通常是宽乡多,狭乡少,国家授田的实际需求则相反:越是人多地少的狭乡对土地的需求就越大。如果是普遍授田,每个州郡县乡(至少说绝大多数州郡县乡)都得有足够的可供授田的无主荒地才行。论者常说,无田可授的地方可以"乐迁"至宽乡。此话说起来很轻巧,做起来很难。在无机动车船的年代,如果没有官府的组织安排和大量的财政支持是办不成的。北朝隋唐每谈到百姓无田或少田时,常有乐迁之议,但每次都没有下文。更何况北魏太和九年距北魏道武帝统一北方,已近半个世纪,即约两代人的时间,很难说是"承大乱之后"。

原因之二是,秦汉以来,中原地区土地私有制早已确

[①] 《后汉书》卷49《仲长统传》,北京:中华书局,1965年,第1656页。
[②] 《三国志》卷15《司马朗传》,北京:中华书局,1982年,第467—468页。

立，土地私有观念根深蒂固。这就决定了民户的"累世之业，难中夺之"。①

以汉人为主体的聚居区，没有实际授田还可以从当时民户逃亡严重中得到证实。如果《地令》实施时，民户都能得到十亩、八亩田土，民户自然会竞相附籍，以取得受田实惠。虽然附籍也就意味着要缴纳租调，但传统的农业社会，土地毕竟是农民最主要的生产资料，是农民安身立命的基础。实际受田并纳租调，对农民来说显然利大于弊。但我们从传世文献中看到的却是相反的情景。如北魏世宗朝（500—515），元晖任冀州刺史，"晖检括丁户，听其归首，出调绢五万匹"。时一夫一妇纳调绢一匹，出调绢五万匹，约新得户五万户。肃宗朝（516—528），元晖又上疏称："国之资储，唯藉河北。饥馑积年，户口逃散，生长奸诈，因生隐藏，出缩老小，妄注死失。……自非更立权制，善加检括，损耗之来，方在未已。"② 可见其时《地令》未能吸引民户附籍。

北魏一分为二后，东魏、北齐的治域是今山西、河南、河北、山东一带。政治中心先是洛阳，后迁至邺（治所在今河北邯郸市临漳县西南邺城镇）。东魏、北齐对《地令》的实施，基本上还是沿袭北魏成规实行双轨制，但有许多变化。

变化之一是体现土地国有理想实施国家实际授田的地域

---

① 《三国志》卷15《司马朗传》，第467页。
② 《魏书》卷15《昭成子孙传》，第380页。

比北魏大为缩小。北魏实行国家授田制地域很辽阔，包括整个代北与北方诸边镇。东魏、北齐时，官府对代北与北方边镇已经不能长期有效控制。国家实际授田的范围缩小到邺城皇畿一带。

变化之二是河清三年（564）令本身就直接体现了双轨制。河清三年令明确规定："京城四面，诸坊之外三十里内为公田。受公田者，三县代迁户执事官一品已下，逮于羽林武贲，各有差。"其外畿郡则是授给华人官等。"其方百里外及州人"，则是"职事及百姓请垦田者，名为永业田"。①前一地区，土地名为公田，受田对象主要是三县代迁户，实行的明显是土地国有制。后一地区的田土，不叫"公田"。吏民获得土地的途径也不是请受田，而是请垦田。吏民所垦之田，名曰世业田。②自然就不在还受之列，其土地私有性质十分明显。

变化之三是给代迁户授田的预期目的与实际效果发生变化。北魏给代北与北方边镇鲜卑拓跋族人实际授田，目的是要改变鲜卑拓跋族人的生产方式，由游牧转为定居农业。由于北魏迁洛后曾于太和二十年，诏令"以代迁之士皆为羽林、虎贲"，③由政府廪给。这些人迁邺后，仍受政府廪给，其受田主要目的是补贴家用。由于农耕不是鲜卑拓跋部人的

---

① 《隋书》卷24《食货志》，北京：中华书局，1972年，第677页。《隋书·食货志》记河清三年令，并非引河清三年令原文，而是以己意加以摘要，因而叙事不是很清楚，次第也比较混乱。《隋书·食货志》载河清三年令，"职事及百姓请垦田者，名为永业田"在前，"其方百里外及州人"在后。现加以调整。
② 《隋书》作者为避唐太宗李世民之讳，改世业田为永业田。
③ 《魏书》卷7下《高祖纪下》，第180页。

主要生活来源,所以这些代迁户常不安其居,国家授田的实际效果很差。即如《通典·田制》引宋孝王《关东风俗传》曰:"其时强弱相凌,恃势侵夺,富有连畛亘陌,贫无立锥之地。昔汉氏募人徙田,恐遗垦课,令就良美。而齐氏全无斟酌,虽有当年权格,时暂施行,争地文案有三十年不了者,此由授受无法者也。……迁邺之始,滥职众多,所得公田,悉从货易。……露田虽复不听卖买,卖买亦无重责。贫户因王课不济,率多货卖田业,至春困急,轻致藏走。亦有懒惰之人,虽存田地,不肯肆力,在外浮游。三正卖其口田,以供租课。比来频有还人之格,欲以招慰逃散。假使暂还,即卖所得之地,地尽还走,虽有还名,终不肯住,正由县听其卖帖田园故也。"[1]

尽管如此,对代迁户还是有过实际授田的。《北齐书·高隆之传》即载:"天平初,(高隆之)丁母艰解任,寻诏起为并州刺史,入为尚书右仆射。时初给民田,贵势皆占良美,贫弱咸受瘠薄。隆之启高祖,悉更反易,乃得均平。"[2]东魏北齐在这一地区的授田虽然问题甚多,但毕竟还是实施过实际授田。

东魏北齐邺城以外,以汉人为主体地区,则未见任何实际授田与土地还受的记载。推定也只能是将各户原有土地,按《地令》要求的格式、名目,在帐面上登记为各户的已受田。土地还受之际,亦按《地令》要求进行户内帐面调

---

[1] 《通典》卷2《田制》引宋孝王《关东风俗传》,北京:中华书局,1984年,第15页。

[2] 《北齐书》卷18《高隆之传》,北京:中华书局,1972年,第238页。

整，实际上有名无实。因此，户籍不实现象极为严重。史载：东魏孝庄帝（528—530）时，"殿中侍御史宋世良，诣河北括户，大获浮惰……还，孝庄劳之曰：'知卿所括得丁倍于本帐，若官人皆如此用心，便是更出一天下也。'"① 几年之后，东魏天平元年（534）六月，孝静帝又谈到"今天下户减半"。② 至武定二年（544），高欢又命大司徒高隆之、太保孙腾为括户大使，分别到河北、青州一带"分括无籍之户，得六十余万"。③ 东魏北齐逃户问题如此突出，证明其时以汉人为主的聚居区并未实际授田与实行土地还受。

西魏、北周相关资料殊少，幸敦煌出土有西魏大统十三年（547）瓜州效谷郡计帐户籍文书残卷，可以借此对当时敦煌地区《地令》的实施状况进行实证研究。西魏大统十三年瓜州效谷郡籍，丁年为18岁起。应授田额为丁男麻田10亩，正田20亩，丁妻为麻田5亩，正田10亩，既不同于北魏太和九年制，也不同于北周制。其令制依据是否是元澄所奏的垦田收授之法，尚难断定。

敦煌所出西魏大统十三年计帐户籍文书显示，各户的"正田"（相当于北魏的露田）、"麻田"（其作用相当于北魏的桑田）都落实到户内应受田口，并都在各户住宅的周围。每人的麻田、正田，不论足额或者不足额，都是一段，完全符合北魏太和九年令所规定的"诸一人之分，正从正，倍从倍，不得隔越他畔"的原则。各户这样的田土布局，

---

① 《北齐书》卷46《宋世良传》，第639页。
② 《北齐书》卷2《神武纪》孝静帝语，第15页。
③ 《隋书》卷24《食货志》，第676页。

不可能出于各户原有土地的重新登记，而很可能是重新分配所致。推测此前敦煌曾有过实际授田之举。时河西一带地广人稀，曾有河西苑封与河西牧场，也可能有一些可耕地用来授田。

土地还受的前提是民户入老或身死时有田可退，使进丁者有田可受。北魏太和《地令》规定，各户所受的桑田"皆为世业，身终不还，恒从见口"，这么一来，民丁若初受田百亩，到他入老时就只退口分田80亩，比先前少了20亩。循此以往，四五代人之后，民户都将无田可退。如果一户二丁，已受田160亩，若其中一丁身死，留下不应退桑田20亩，还有140亩，按太和《地令》第11条"有进丁受田而不乐迁者……家内人别减分"规定，此140亩正好够该户另一丁男的应受田额，该户当年就无田可退。北魏太和《地令》第14条还规定"诸远流配谪无子孙及户绝者，墟宅、桑榆尽为公田，以供授受"。但此类户绝田、没官田毕竟有限。靠各地有限的户绝田、没官田维持土地还受，也不可能。应受田口减少时既无田可退，新增应受田口的授田自然无从谈起，剩下的就只能按《地令》规定在各相关户户内进行帐面调整。西魏大统十三年籍的登籍规律是先户主（通常为丁男），然后是户主妻，再后是息男、女，奴婢、牛。田土的登籍次第是先麻田（依次仍是先尽户主，然后户主妻……），麻田无或不足者悉无正田。麻田足额外若尚有余田，再按以上顺序登记为各应受田口的正田。

西魏大统十三年籍中此类户内帐面调整的痕迹清晰可见。说明该地区近期未见经常性的土地还受。如该籍白丑奴户，该户有 3 丁男（其中白显受为当年刚刚进丁），2 丁妻，是该残卷应受田口最多之户，但其已受田却只有 30 亩麻田（为户主白丑奴、户主妻，户主弟与弟媳的份额），正田全无。新进丁的白显受应受的麻、正田都是并未授。再如同籍的某户主不明户，该户原有二丁（户主白丁，户主妻为丁妻），大统十三年造籍时，该户有息男众僧承前籍为乙卯年生，年 13 岁，造籍年经貌增就实，订正为"实年十八"，该户有婢来花，承前籍为"己未生年究（玖）"，造籍时貌增就实，订正为"实年十八进丁"。此两人也就成为当年进丁应受田口。上例的白显受，承前籍，年龄无误，从前籍即可预见到，大统十三年白显受应进丁受田。结果是白显受应受田并未授。而息男众僧与婢来花所在户，因年龄诈小了好几年，完全不可能预计到此两人造籍当年会进丁受田，① 然据该籍帐，此两人应受的麻田，造籍当年在帐面上就"受了"。由此足见，西魏大统十三年籍明确显示，其新近的进丁受田都只是帐面上的，实际上无还无受。从西魏大统十三年籍残卷总体看，该残卷中各户无论按丁计，或是按应受田口应受田先后时间计，都极为不均，许多应受田户，应受田口多，应受田的时间早，而其实际占有的土地反而少于应受田口少、应受田晚的，说明当地相当长一段时间以来，所谓的土地还受，都是户内帐面调整，有名无实。

---

① 太和九年《地令》第 13 条明确规定："诸还受民田，恒以正月。若始受田而身亡，及卖买奴婢、牛者，皆至明年正月乃得还受。"（《魏书》卷 110《食货志》，第 2854 页）依此规定，息男众僧与婢来花两人也是要到下一个造籍年才能授田。

如前所述，北朝《地令》的实施，最大的特点就是双轨制：在鲜卑拓跋族为主体的聚居区，实行的是普遍授田制，有实际的授田与土地还受；在土地私有制已经充分发展，土地私有观念根深蒂固的以汉人为主体的地区，基本上未见实际授田与土地还受。各户的原有土地（包括地主土地所有制与农民土地所有制）也都没有被触动，因而只是限田制，同时也是一种户籍登记制度。因为代北与北边诸镇，面积虽然不小，但其户口数与垦田数在全国总数中都只占很小比重，这就决定了就总体而言，北朝《地令》的成立，没有使我国长期以来的封建土地私有制占绝对优势的格局发生根本性的变化。李亚农先生说："在北魏孝文帝太和九年以后，不论贫富，都不得私有耕地，一般农民固然没有私有耕地，即身为奴隶主的富人亦不得私有耕地。他们所耕种的田地，都是由国家机关来授予的。"[①] 其所论如果仅就代北与六镇地区而言，无疑是正确的，但他以点代面，以很小的局部代替全局，就只能是以偏概全了。

二、隋唐的土地法规与土地制度

隋唐也都颁布过《田令》这一土地法规。《隋书·食货志》只记载了隋开皇《田令》些许内容。官吏永业田怎么给，是官府主动给，还是官吏有请才给？官吏永业田有没有

[①] 李亚农：《周族的氏族制与拓跋族的前封建制》，上海：华东人民出版社，1954年，第116页。

地域限制？民户原有土地如何处置？府兵的坊府如何授田？功臣如何授田？都不详。加之以隋祚短促，传世文献不多，隋户籍更未见，所以难以对《隋令·田令》如何实施做出清晰的描述。只能说目前尚未见按《隋令·田令》给吏民实际授田或土地还受的任何实例。隋文帝对农民的无地少地还是很在意的。开皇十二年（592），鉴于"时天下户口岁增，京辅及三河，地少而人众，衣食不给。议者咸欲徙就宽乡。其年冬，帝命诸州考使议之。又令尚书，以其事策问四方贡士，竟无长算"，说明当时朝野对京辅、三河等狭乡的缺地尽管费尽心机，还是束手无策。随后隋文帝的"乃发使四出，均天下之田。其狭乡，每丁才至二十亩，老小又少焉"。① 说的应该还是该地区的丁均垦田约 20 亩，而不是说每丁都实授田土 20 亩。如果京辅及三河每丁都实授 20 亩，那就太了不起了，可以说很大程度上解决了农民的土地问题。

唐国祚近三百年，遗留下来的典籍远比北朝及隋丰富。又有大量的敦煌吐鲁番籍帐文书出土，为研究有唐一代土地法规与土地制度创造了有利条件。

完整复原的唐《田令》不含屯田部分共有 44 条 3001 字，为目前所见历代《田律》《田令》中内容最为丰富者。与北魏太和《地令》一样，它也是既有体现土地国有理想的国家授田与土地还受条款，又有承认土地私有既成事实而

---

① 《隋书》卷 24《食货志》，第 682 页。

不予触动，土地还受之际进行户内帐面调整的条款。① 那么，《唐令·田令》具体实施时，又是基本上按哪些条款操作的呢？②

下面将依次讨论唐《田令》颁行后，僧尼、官、民的所谓"受田"是实授田土，抑或只是户内帐面调整？唐代《田令》初颁于武德九年（626）。③ 武德、贞观年间的几件嵩山少林寺碑恰好反映了少林寺原有的柏谷坞庄40顷地的经历：武德四年，李唐与王世充战事犹酣之时，少林寺柏谷坞庄寺僧"翻城归国，有大殊勋，据格合得良田一百顷……未蒙酬赉之间，至五年，以寺居伪地，总被废省"。后少林寺僧上表申诉，"（武德）八年二月又蒙别敕少林寺，赐地四十顷"。至武德九年，河南一带实施"田令"，"妄注赐地为口分田"。后来少林寺提出申诉，至贞观年间，这40

---

① 《旧唐书·食货志》《新唐书·食货志》《资治通鉴》《唐会要》对唐《田令》都有简单介绍，但都不是引《田令》原文，而是以己意概述田令大意，语言表述上常不合田令原意。《唐六典》《通典》引《田令》原义，存留字数较多（前者有958字，后者约1900字），文字表述亦较准确。故唐《田令》完整复原前，学者引唐《田令》常引《唐六典》而以《通典》补充之。但上述传世文献介绍唐《田令》都有一个致命缺陷，那就是只介绍《田令》中体现立法者土地国有理想的国家授田与土地还受的条款，除《通典》外，对各户原有田土如何处理，都只字不提；土地还受之际，有关户内帐面调整的条款，包括《通典》在内，也都全部被遗落。从而严重影响后人对唐《田令》性质的认识与对唐《田令》实施状况的研究。

② 这里说"基本上"，不是说目前已知有许多例外。而是说，目前虽未见相反的实例，但我国土广袤，人口众多，不能完全排除有出现某些相反情况的可能性。下同。

③ 《田令》在唐代从来不是单行法规，总是作为《唐令》二三十篇之一，与《唐律》等一起颁布。有唐一代的《田令》颁行过多次。最早的一次是武德九年，其后有贞观年间、永徽年间、开元七年（719）、开元二十五年等。

顷地才又改回"赐田"。① 究其实，这40顷地就是少林寺原有的常住田柏谷坞庄，其由常住庄田→没官田→赐田→口分田→赐田，乃是特例。② 多数寺院都是将常住庄田"注"为口分田。少林寺因有大殊勋，而且事涉李唐政权的最高层，几年之后，终于将"口分田"改回"赐田"（但始终没改回寺院的常住庄田）。其他寺院的常住僧田当然仍旧照注为"口分田"不误。

有唐一代政治家、思想家抨击寺院广占田宅的很多，如圣历三年（700），内史狄仁杰上疏说佛寺"膏腴美业，倍取其多；水碾庄园，数亦非少。逃丁避罪，并集法门，无名之僧，凡有几万"，③ 中宗景龙（707—710）年间，左拾遗辛替否上疏说"是十分天下之财而佛有七八"，④ 等等。如果寺院的田宅多数受自于官，狄仁杰、辛替否等就不会如此抨击。

不仅如此，迄今我们不仅没有见到寺院依《田令》实际授田的任何实例，相反，却见到政府时或检括寺院田土。如唐隆元年（710）七月十九日敕："寺观广占田地及水碾硙，侵损百姓，宜令本州长官检括；依令式以外，及官人百

---

① 《金石萃编》卷74《少林寺碑》，北京：中国书店，1985年。
② 《少林寺碑》提及"若论少林功绩，与武牢不殊。武牢勋赏合地一百顷"，似乎"武牢"也应赐田一百顷，但不知武牢的赐田是否实赐。（《金石萃编》卷74《少林寺碑》）
③ 《旧唐书》卷89《狄仁杰传》，第2893页。
④ 《旧唐书》卷101《辛替否传》，第3158页。

姓将庄田宅舍布施者，在京并令司农即收，外州给贫下课户。"① 开元十年（722）正月又敕令："天下寺观田，宜准法据僧尼道士合给数外，一切管收，给贫下欠田丁，其寺观常住田，听以僧尼道士女冠退田充，一百人以上，不得过十顷。五十人已上，不得过七顷，五十人以下，不得过五顷。"② 从上述诏敕不难看出，寺院的田产，不论是被检括走的，还是继续保留的，都是寺院自己的土地（包括吏民施舍的土地与赐田），不是来自政府的依《田令》实际授田。

再谈唐代官吏的请授永业田问题。唐《田令》第 9 条规定："诸五品以上永业田皆不得于狭乡受，任于宽乡隔越射无主荒地充。其六品以下永业田，即听本乡取还公田充。"第 14 条规定："诸请永业者，并于本贯陈牒，勘检告身，并检籍知欠，然后录牒管地州检勘给讫，具录顷亩四至，报本贯上籍，仍各申省计会附簿。其有先于宽乡借得无主荒地者，亦听回给。"③ 说明唐代五品以上职事官永业田不是官府主动给授的，五品以上官得事先于宽乡（通常既不是在自己的本贯，也不是在自己的任所）物色好想要的无主荒地，这在当时并非易事。官吏应请授永业田额随官爵的变动而动态变动。由于隔越请射宽乡无主荒地存在诸多实际困难，非机动车船的交通条件与商品货币经济尚不充分发

---

① 《唐大诏令集》卷 110《诫励风俗敕》，上海：学林出版社，1992 年，第 523 页。
② 《唐会要》卷 59《祠部员外郎》，北京：中华书局，1955 年，第 1028 页。
③ "诸请永业者……回给"为唐代传世文献所失载。

达，又都必然使远在他乡经营大地产成本高、收益低，所以迄今为止我们都未见五品以上官隔越请射宽乡无主荒地的任何实例。相反，三品以上的公卿大臣，乃至当朝宰相，依然"不立田园"、①"家不树产"、②"尚少田园"、③"不营产业"、④"产利空空"⑤者却并不少见。

按唐《田令》规定，六品以下官可以于本乡取还公田充。但敦煌出土的户籍文书又显示，时六品以下职事官、卫官，不仅未曾实授田土，甚至连"应受田额"中都完全不算其按官品应受之额。由此看来，唐《田令》关于官吏应可请授永业田的规定，实际上只是一种限田额，完全有名无实。论者常想当然地认为，在唐代所谓"均田制"下，地主官僚得到大量土地，并由此形成庄园制，这与实际情况相差甚远！

关于唐初民户依《田令》的所谓"受田"，20世纪六七十年代吐鲁番出土的安苦匋延等户手实最能说明问题。现录安苦匋延手实于下：

（前　缺）

女善面年陆☐

女苦旦睦年叁☐

---

① 《旧唐书》卷99《张嘉贞传》，第3092页。
② 《新唐书》卷95《窦威传》，北京：中华书局，1975年，第3845页。
③ 《旧唐书》卷78《于志宁传》，第2099页。
④ 《旧唐书》卷98《卢怀慎传》，第3075页。
⑤ 《新唐书》卷116《李日知传》，第4242页。

合受田八十亩 六亩半已受
　　　　　　七十三亩半未受
地一段肆亩捌拾步城西二☐☐
桃二亩陆拾步 ☐☐
牒被责当户手实,〔具〕☐☐

　　　　　　贞观十四年九月　　日安苦呦延牒

贞观十四年（640）九月是唐征服高昌国第二个月。对吐鲁番地区而言，也就相当于新颁《田令》之初。新征服一个国家，有许多接管、安抚、重建政权工作要做，不可能立马清查户口、垦田，造籍分配土地。但我们看到的却是各户"合受田"多少亩，多少亩"已受"，多少亩"未受"，完全符合唐制。这显然是将各户原有的土地（包括葡萄园），按唐《田令》第2条后款"先有永业者通充口分之数"① 规定在帐面上登记为各户的"已受田"。因各户原有田土或多或少，或有或无，所以他们手实上的"已受"数，也是既有"合应受田叁拾伍亩，五亩已受"的，也有"合受田八十亩，一亩半已受的"，甚至还有"合受田八十亩并未受"的。其做法与前述武德九年少林寺将其原有的柏谷坞庄"注"为口分田如出一辙。这种做法虽无授田之实，但却完全符合唐《田令》第2条后款的规定。

　　吐鲁番出土的贞观十四年九月以后的手实、户籍，也都是将各户原有田土按《田令》规定的名目、数额，在帐面

---

① 完整复原后的唐《田令》第1条为关于亩制的名例条。第2条应可视为唐《田令》的最主要条款。其后款"先有永业者通充口分之数"，虽仅寥寥11字，但至关重要，往往决定其时土地所有制的性质。

上登记为各户的应受田、已受田，永业田、口分田。唐代西州是特狭乡，户均占田不足10亩，而其丁男应受田额却是60亩（唐《田令》第4条规定："若狭乡新授者，减宽乡口分之半"）。小男、小女当户者应受田35亩。因此土地还受时，根据唐《田令》第27条规定："其退田户内有合进受者，虽不课役，先听自取，有余收授。"① 因为所有各户，除非绝户，不仅都无田可退，而且都欠田甚多，因而也就不存在"有余收授"之事。

吐鲁番如此，敦煌亦然。唐天宝以前户籍所见的民户受田，也都是将各户原有田土登记为各户的已受田，帐面登记的顺序也是先永业，后口分。表现在具体地段的登籍上，也是按先永业后口分顺序登记，介于永业、口分之间的那段地就一分为二，先凑足该户的永业田，剩下的就登记为口分田，户内帐面调整的痕迹清晰可见。因而各户永业田常足，口分田常不足。永业田不足者悉无口分田。

敦煌算是宽乡，一丁应受田100亩，也远超当时户均占田水平与耕作能力。现存敦煌天宝以前户籍，占田最多的是郑恩养户（一丁一中男一寡已受田101亩）、程智意户（一丁已受田92亩）、程大忠户（一丁已受田84亩）。如果造籍当年郑恩养身死，该户无田可退。如果不幸郑恩养与其母同年身亡，该户还是无田可退。如果更不幸，郑恩养与其母、其子先后死殁，而由中女当户，只有在这种特殊情况下，该户才有8亩剩退。程智意、程大忠两户，家口虽多，

---

① "其退田……收授"为唐代传世文献所失载。

但应受田口仅户主一人。若造籍当年,这两人身死,而由寡妻妾当户,则程智意户应剩退17亩,程大忠户应剩退10亩。但程智意户有一小男,年且十五;程大忠户也有一小男,年且十六。再过三两年,他们就要获得受田资格。换句话说,程智意、程大忠如果在造籍后三两年以后身死,这两户也就不仅无田可退,而且还欠田三四十亩。除此之外,其他各户也都是除非绝户皆无田可退。由此可见,唐《田令》第27条讲土地还受之际户内帐面调整时虽有"有余收授"一说,实际上是极少可能出现的。减丁时既无田可退,进丁受田自然无从谈起,剩下的就只能是户内帐面调整。

正因为唐代官吏、百姓、寺观等的所谓"受田"基本上都是帐面上将各户原有土地登记为授田,所以,皇甫湜元和三年(808)对策就直截了当地否定当时有授田之制。他说:"我太宗、玄宗井田法非脩也,而天下大理。夫贞观、开元之际,不授田而均,不名田而赡。"①

也正因为当时绝大多数民户并没有从政府手中实受田土,所以政府律令就直接将民户的田土(包括已在帐面上登记为"已受田""永业田""口分田"者)称为"私田"。《唐律·户婚律》"诸盗耕种公、私田"条、"诸妄认公、私田"条、"诸在官侵夺私田"条,都明确将百姓田界定为私田。唐开元十四年,宰相李元纮在反对利用官府废弃职田置屯时也明确说:"今百官所退职田,散在诸

---

① 皇甫湜:《对贤良方正直言极谏策》,李昉等编:《文苑英华》卷489,北京:中华书局,1966年,第2503页。

县,不可聚也;百姓所有私田,皆力自耕垦,不可取也。若置屯田,即须公私相换。"① 唐《田令》第 34 条更明确规定,荒田亦有公、私之分。公荒田借耕,九年还官;私荒田借耕,三年还主。公荒田可以用于授田,私荒田不合。民户私荒田的私有产权都得到政府的明确承认与尊重,民户在耕之田的私有产权就更不必说了。凡此等等都表明,唐朝政府对百姓田私有产权的承认是非常清晰的,毋庸置疑。从北朝《地令》到隋唐《田令》,体现土地国有理想的条款渐趋淡化,体现土地私有现实的条款越来越清晰,这应该也是大势所趋。

也正因为当时绝大多数民户并没有从政府手中实受田土,所以天下百姓全无田者不少。唐高宗初年的一份判题就谈道:"奉判,雍州申称地狭,少地者三万三千户,全无地者五千五百人。每经申请,无地可给。即欲迁就宽乡,百姓情又不愿。其人并是白丁、卫士,身役不轻。"② 这里所说的三万三千户、五千五百人,都是虚拟之数,不可当真。但当时当地,白丁、卫士而无地少地者甚众,应无疑问。此后,武周时期的《置鸿宜鼎稷等州制》也有"百姓无田业者,任其所欲"之语。③ 唐睿宗唐隆元年七月敕更有

---

① 《旧唐书》卷 98《李元纮传》,第 3074 页。唐代屯田式明文规定"新置者,并取荒闲无籍广占之地"(《通典》卷 2《屯田》,第 19 页)。李元纮所言符合唐代制度。
② 《敦煌社会经济文献真迹释录》第 2 辑,北京:全国图书馆文献缩微复制中心,1990 年,第 601 页。
③ 《全唐文》卷 95《置鸿宜鼎稷等州制》,北京:中华书局,1983 年,第 982 页。

"逃人田宅，不得辄容买卖，其地任依乡原价租充课役，有剩官收。若逃人三年内归者，还其剩物。其无田宅，逃经三年以上不还者，不得更令邻保代出租课"之语。① 这些都说明北朝隋唐颁行《地令》或《田令》时期，其无田宅者一直不少。非如一些学者所说："均田制下，一般说来农民都能从政府手中获得一定数量的授田。"② 更非如宋人郑樵等所言北朝隋唐"天下无无田之夫，无不耕之民"。③

　　隋唐时期隐丁漏口之多也证明其时民户没有得到普遍授田。隋朝文帝时期，唐朝的贞观年间与开元天宝年间，政治比较清明，社会比较安定，赋役负担较轻，但百姓隐丁漏口现象都非常严重。《隋书·食货志》载："是时山东尚承齐俗，机巧奸伪，避役惰游者十六七。四方疲人，或诈老诈小，规免租赋。高祖令州县大索貌阅。户口不实者，正长远配，而又开相纠之科。大功已下，兼令析籍，各为户头，以防容隐。于是计账进四十四万三千丁，新附一百六十四万一千五百口。"④ 贞观十六年正月，太宗下令"括浮游无籍者，限来年末附毕"。⑤ 唐玄宗开元九年搞了一次大括户，"诸道括得客户凡八十余万，田亦称是"。开元二十四年又来一次大规模括户。唐初以来，时有"天下浮逃人，不啻多一

---

① 参见《敦煌社会经济文献真迹释录》第 2 辑，第 572 页。
② 朱绍侯、齐涛、王育济主编：《中国古代史》上册，第 433 页。
③ 《通志》卷 61《赋税》，北京：中华书局，1987 年，第 739 页。
④ 《隋书》卷 24《食货志》，第 681 页。
⑤ 《资治通鉴》卷 196，北京：中华书局，1956 年，第 6175 页。

半",① "今天下户口,亡逃过半"② 之说。天宝十四载（755）,全国户8914709,口52919309,为唐代极盛。但杜佑仍估计,其时隐户不下四五百万。③ 可见逃户与隐丁漏口问题之严重。逃户问题如此严重,说明唐《田令》规定的所谓授田徒具形式,绝大多数民户并未实际受田。

这里说一下唐代赋民公田事。唐朝廷确曾将一些官田授给贫民,规模最大的应是唐开元年间以关中、河北、河南的部分官营稻田给百姓,总规模可能达到三五千顷,这些官营稻田是否都按《田令》规定的名目、额度、办法给授,不详。如果是,也就算是唐《田令》的实施。据统计,天宝元年,濒近官营稻田屯垦区的京兆府、同州、华州,河北道的魏州、汴州、沧州,河南道豫、许、陈、亳,与淮南道的寿州,共有民户982323,若户均实际授田1亩,就得有1万顷。换言之,三五千顷的废屯对这一地区来说,无异于杯水车薪。杜佑《通典·赋税》曾据"天宝中天下计帐"等估计,时户均垦田数"不过七十亩"。④ 上述这些地区多为狭乡,户均垦田若打七折,以50亩计,982323户的垦田总数就约达50万顷。政府的些许实际授田,实无改这一地区封建土地私有制占绝大多数的大局。

更早的官田给百姓,出现在唐太宗贞观十四年平高昌之

---

① 《王梵志诗校辑》卷6《天下浮逃人》,北京：中华书局,1983年,第174页。
② 《旧唐书》卷88《韦嗣谦附韦嗣立传》,第2867页。
③ 参见《通典》卷7《丁中》注,第42页。
④ 《通典》卷6《赋税》,第34页。

后。数量虽不过数十顷，但近百年来所谓"均田制"下土地还受肯定说者皆以此为言，就不能不多说几句。贞观十六年，太宗颁《巡抚高昌诏》，明令"彼州所有官田，并分给旧官人首望及百姓等"。[①] 于是西州当局便把一部分高昌时期的废屯按一丁常田四亩，三易部田六亩的标准（简称四·六制）分给原佃官田的佃农，多余的常田、部田继续交租。同时又把一些内迁户的田产也按上述标准分给民户。20世纪五六十年代，日本学者西嶋定生、西村元佑等即将此类文书视为唐代西州切实施行土地还受的明证。因为这些文书的授田标准明显不同于唐《田令》，西村元佑解释说"户籍所示的应受田额，是作为公示天下的大原则的令制的基准，在这个大原则范围之内，还存在着适应各地区实际情况的，作为因地而异的实施细则的'式'的基准。西州一丁10亩的基准额，恐怕就是西州地方行政细则中规定的"。西村元佑进而推论，"班田收授文书，不仅在西州，而且在内地，每年也是由乡里作成，着实进行班田收授"。[②] 由于当时尚未见唐《田令》全文，吐鲁番文书基本上还只见大谷文书，所以西村元佑、西嶋定生所论几成定论。

但正当西村元佑与西嶋定生诸先生发表其上述宏文巨著之时，新疆博物馆文物考古队开始对吐鲁番县阿斯塔那村北、哈拉和卓村东进行系统发掘，共发掘清理晋—唐墓葬近

---

① 《文馆词林》卷664《贞观中巡抚高昌诏》，《续修四库全书》，上海：上海古籍出版社，2002年，第492页。

② 参见西村元佑：《唐代吐鲁番推行均田制的意义——大谷探险队将来欠田文书为中心》。

四百座。所得出土汉文文书于20世纪八九十年代陆续以《吐鲁番出土文书》为名出版,共10册。其中,贞观年间的阿斯塔那103号墓出土的"合应请地丁中"簿与唐侯菜园子等户给田簿揭示了大谷欠田、给田文书的源头,其令制依据就是贞观十六年《巡抚高昌诏》。当时西州当局遵诏将西州部分官田按一丁十亩(四亩常田,三易部田六亩)授给原佃官田的国家佃农。余下的常田与部田继续交租。联系相关资料得知这些官田即高昌时期的废屯。除了废屯,用来授田的还有内迁户的土地。由此得知,贞观十六年以后,西州有两种授田制度:一种是按唐《田令》规定的名目、数额进行帐面登记的授田制,一种是《巡抚高昌诏》规定的"彼州官田给百姓"制度。两者在授田对象、应授田额、编制相关文书手续、田土分布情况、相应的户籍形式等方面都不相同。①

随着唐《田令》的完整复原,原先铃木俊等关于敦煌户籍上的那些户内帐面调整的推断,被证明都有令制依据。而西村元佑、西嶋定生等所臆想的于田令之外,各地都有各自的受田基准额的说法,则遭到彻底否定。

西嶋定生说过:"唐代均田制的研究,是以唐律令规定为主的唐代记载和敦煌发现的唐代户籍的记载为史料进行。然而,要将上述研究更向前推进,仅靠大家所熟知的这些资

---

① 详论参见杨际平:《北朝隋唐均田制新探》,长沙:岳麓书社,2003年,第301—381页。

料，还是非常困难的。"① 西村元佑上揭书也有类似说法。说明西村元佑与西嶋定生都承认，传世文献与敦煌文献都不能证成其说，他们的土地还受肯定说所依据的其实只是吐鲁番出土的大谷欠田、退田、给田诸文书。现既已证实，唐西州存在主要环节都互不相同的两种授田制度；吐鲁番出土的欠田、退田、给田诸文书的令制依据有别于唐《田令》的贞观十六年《巡抚高昌诏》，西村元佑等说的依据便彻底丧失。

史载：西州交河郡，"户一万一千一百九十三，口五万三百一十四"，"垦田九百顷"。② 唐代西州户籍资料显示：当地像李石住、安苦咄延那样，按《田令》规定的名目（应受田、已受田、未受田、永业田、口分田等）将其原有田土进行登记的户籍文书计有 19 件；按四·六制进行登籍的户籍类文书则仅见载初元年（689）西州高昌县宁和才籍③一件。可见，在唐代西州两种授田制中，以唐《田令》为令制依据的民户占绝大多数；以《巡抚高昌诏》为令制依据的授田户比例很小，估计不超过当地人口总数的 10%。

---

① 西嶋定生：《从吐鲁番出土文书看均田制施行状态——以给田、退田文书为中心》，原载《敦煌吐鲁番社会经济资料（上）》，《西域文化研究》第 2、3 册（1959—1960 年），又收入其《中国经济史研究》，东京：东京大学出版会，1966 年，第 434 页。

② 《通典》卷 174《州郡典》，第 923 页。这里暂不计及不同时期户口与垦田数的变动。

③ 《吐鲁番出土文书》第 7 册，北京：文物出版社，1987 年，第 414—440 页。

从田土面积看，应不超过 50 顷，^① 不及西州垦田总数的 1/10。如前所述，此项田土当时并不按《田令》规定的名目、标准进行授田，因而不算唐《田令》的实际实施。退一步说，即使此数十顷地都是按《田令》规定进行授田，又焉能证明"班田收授文书不仅在西州，而且在内地，每年也是由乡里作成，着实进行班田收授"。

三、唐后期《田令》废止说驳议

"唐宋变革论"的首倡者内藤湖南于 1925 年率先提出："以班田法为基础的租庸调制度，从唐朝中期开始已不能实行。于是代之，开始实行两税法。……过去曾用于防止贵族兼并的班田收授制废止。"[②] 内藤湖南此说在日本与中国的一些学者中影响甚广，几成定论。[③] 但北朝隋唐《地令》或《田令》设计的那种田制为租庸调制基础之说其实并无理论根据，也不合我国古代历史事实，是一个伪命题。北朝隋唐《地令》或《田令》不是现实的土地制度，而只是土地法

---

① 高昌与唐代西州，垦田九百顷，其中的官田应不超过 200 顷。唐代西州"天山屯营田五十顷"、"柳中屯营田卅顷"、其他镇戍营田拾余顷，三项相加近百顷。西州出土的《开元十九年正月——三月西州天山县接收符帖目》，其中有一项"今年废屯税子粟麦四千石事"。贞观年间西州当局将高昌时期的部分废屯分给原佃农，超过定额的田土，继续交租，平均每亩田租约 7.5 斗，所谓废屯税子或即此。以此计之，此项官田约为 50 多顷。则当年授给原佃官田的佃农等的田土，以及内迁户的田土，大约也就是 50 顷左右。

② 内藤湖南：《中国近世史》，夏应元选编：《中国史通论——内藤湖南博士中国史学著作选译》，第 342—343 页。

③ 参见朱绍侯、齐涛、王育济主编：《中国古代史》上册，第 468—471 页。

规。这里再补充三点以证内藤湖南等说之伪。

其一，众所周知，租调制起于东汉建安九年（204），《地令》起于北魏太和九年。也就是说，租调制的确立早于所谓"均田制"成立281年。试问，公元204—485年的租调制，其基础又是什么？笔者以为，秦汉的田租口赋制，公元204年开始的租调制，公元780年开始的两税法，其经济基础都是封建土地私有制。在中国，秦汉以降直到1949年，封建土地私有制的基本格局始终不变。到了20世纪50年代初，以封建土地私有制为主体的土地制度才发生翻天覆地的变化。

其二，前已述及，北朝隋唐颁行《地令》或《田令》期间，全无田者为数不少。试问：既然全无田者仍然照样要交纳租庸调，又怎么能说北朝隋唐《地令》或《田令》设计的那种田制是租庸调制的基础？

其三，建中以后，唐《田令》废止说并无实据。相反，建中以后的传世文献仍常引用唐《田令》条款。如《白氏六帖事类集》："诸丁（田）[男]：给永业田二十亩，口分田八十亩。其中男年十八已上，亦依丁男给。老男、笃疾各给口分田四十亩，寡妻妾各给口分田三十亩。先有永业者则通其众口分数也。"又"《授田令》令曰：道士受《老子经》以上，道士给田三十亩，僧尼受具戒准此。"《白氏六帖事类集》证明其时唐《田令》并未被废止。[①]

还有贞元末进士杜元颖对策："制策曰：'均沃堉于原田，便工商于市肆'者。臣闻度土功，因地利，所以惠众

[①] 《白氏六帖事类集》，影印江安傅氏藏影宋绍兴刊本，第909、991页。

人也；禁末作，绝奇货，所以惠工商也。其要在于申明田令，与不扰市人耳。"① 如果其时唐《田令》已被废止，杜元颖对策还会提出"其要在于申明田令"吗？

宋初窦仪等编撰的《宋刑统·户婚律》征引了《唐律》及其《疏议》中的诸占田过限条，诸妄认若盗贸卖公私田条，诸在官侵夺私田条，诸里正依令授人田、课农桑条等。② 这也都证明了其时唐《田令》依然在行用。

现已确知，唐《田令》的多数条款被废止是在宋天圣令《田令》颁行之时。《宋会要辑稿·刑法·格令》载：天圣七年（1029）"五月十八日详定编敕所上删修令三十卷……凡取唐令为本，先举见行者，因其旧文参以新制定之。其令不行者，亦随存焉。"③ 宋《天圣令·田令》共56条，分两部分：第一部分共7条，据唐田令旧文参考宋制修定，故其结尾注云："右并因旧文以新制参定。"第二部分共49条，其结尾注云"右令不行"。在此之前，唐《田令》从未见被明令废止过。唐《田令》被明令废止，正是此时，而不是在此之前，更不是在建中元年。明确唐末以前《唐令·田令》并未被废止，不仅从根本上彻底否定了《唐令·田令》设计的那种田制是租庸调制基础的说法，同时也彻底否定了唐宋变革论者在经济制度方面的基本论据。

论者认为所谓的均田制止于建中元年，或与建中元年以后未见具载应受田、已受田、永业田、口分田的敦煌吐鲁番

---

① 《全唐文》卷724，第7461页。
② 窦仪等撰：《宋刑统》，北京：中华书局，1984年，第203—209页。
③ 《宋会要辑稿》刑法志卷一之四，北京：中华书局，1957年，第6463页。

户籍有关。诚然，目前所见的唐代户籍止于大历四年（769）。这是因为，安史之乱起后，唐廷调西北藩镇兵平叛。吐蕃趁机围困、占领敦煌等地，致使唐朝户籍制度一度在西北地区中断。此期中原地区是否仍按《田令》规定登户籍，不详。既然是不详，就不能说它被废除，或崩溃。我们或可期待将来会有唐后期的户籍出现。

结　　语

汉唐间不管土地法规与土地管理制度有过多大变化，但土地制度的基本态势一直无大变化，始终都是土地私有制占绝大多数，国有土地只占很小的一部分。在中国，秦汉以降直到1949年，封建土地私有制的基本格局始终不变。到了20世纪50年代初，以封建土地私有制为主体的土地制度才发生翻天覆地的变化。

量变过程中的部分质变自然有，如北朝时期，除自耕农外，奴婢劳动在农业生产中占很大比重，隋唐以后，奴婢部曲在农业生产中的比重就大为降低。

还有，北魏、北齐时期，在鲜卑拓跋为主聚居区这一特定区域，土地国有制一度占主导地位，从而导致土地国有制在全国垦田总数中的比重略有上升，但上升幅度不大。就全国而言，土地私有制仍占绝大多数，土地国有制只占很小的一部分。

（原载《中国社会科学》2021年第2期）

《中国社会科学》2021年度好文章获奖文章颁奖辞

《中国社会科学》2021年度好文章之《再论强制阐释》（作者：张江，责任编辑：赵培杰）

文章在作者提出的"强制阐释论"基础上，对阐释的有效性进行了更系统、成熟的思考和辨析。文章综合运用现代哲学、心理学成果，借鉴中国传统学术资源，以跨学科思维方式会通古今中外，突破了西方阐释学理论的固有边界，对阐释问题进行了精妙而富有原创性的理论构建，对推动中国阐释学的新发展具有重要意义。

再论强制阐释[*]

张 江

摘要：中国阐释学的建构，首先必须在解决诸多具有基础性意义的元问题上有新的见解和进步。强制阐释作为一种阐释方式，在各学科文本研究与理论建构上，已有极为普遍的表现。偷换对象，变幻话语，借文本之名，阐本己之意，且将此意强加于文本，宣称文本即为此意。如此阐释方式，违反阐释逻辑规则和阐释伦理，其合法性当受质疑。阐释是有对象的。对象是确定的。背离确定对象，阐释的合法性即被消解。在心理学意义上，强制阐释有其当然发生的理由，但绝非意味着强制阐释就是合理且不可克服的。就像谬误难以避免，但并不意味着它就是合理且不可克服的一样，更不意味着它就是真理。具有强大理论与逻辑力量的阐释无须强制。阐释是动机阐释。坚持阐释对象的确定性，坚持阐释学

---

[*] 本文为国家社会科学基金重大项目"新时代中国特色文艺理论基本问题研究"（18VXK007）阶段性成果。

意义上的整体性追求，对阐释动机的盲目展开以有效的理性约束，是实现正当及合理阐释的根本之道。在文学领域以外，对由主观动机发起的强制阐释尤当保持警惕。坚持从现象本身出发，坚持阐释的整体性观点，坚持阐释的多重多向循环，是合理规范阐释强制性的有效方式。

关键词： 阐释　阐释学　强制阐释　心理学

作者张江，中国社会科学院大学、中国社会科学院文学与阐释学研究中心教授（北京　102488）。

自 2014 年末，笔者提出"强制阐释"概念并展开有关论述，[①] 至今已有六年。六年来，此问题引起学界广泛关注，许多专家学者给予批评和指导，对"强制阐释"的概念及表现，对相关学科特别是哲学、历史学、文艺学的阐释方式，以及有关阐释学自身建构的基本范式，作了广泛深入的讨论和批判。笔者本人亦深刻反思强制阐释的原初提法与论证，辨识各方批评与质疑，不断调整、丰富其基本内涵与证明，以期在多学科理论交叉与实践的基础上，对强制阐释的缺陷与存在根基再作讨论，并以此为线索，理清和表达在阐释学基础建构方面的新的思考与进步。笔者认为，中国阐释学的建构，首要之举是在解决诸多具有基础性意义的元问题上有新的见解和进步。譬如，在阐释实践中，阐释对象的确定性；阐释期望与动机的发生作用及对阐释结果的根本性

---

① 参见张江：《强制阐释论》，《文学评论》2014 年第 6 期。

约束；阐释的整体性规范；强制阐释的生成缘由及一般性推衍，都应有新的认识。由此，再论强制阐释。

一、对象的确定性

强制阐释的一个普遍表现是，偷换对象，变幻话语，借文本之名，阐本己之意，且将此意强加于文本，宣称文本即为此意。如此阐释，违反阐释逻辑规则和阐释伦理，其合法性当受质疑。笔者的态度是，阐释是有对象的，对象是确定的，背离确定对象，阐释的合法性立即消解。此即阐释之为阐释的逻辑前提。此前提非主观任意规定，而为阐释的本质和机理所决定。何谓阐释？在汉语言境遇下，所谓阐释、诠释、解释，均为汉语语法规则定义的偏正词组。偏者在"阐""诠""解"，正者乃为"释"。词组中心为释，释什么？释对象，或曰对象之释。"阐""诠""解"辅以说明，释者以什么方式或方法去释。笔者曾论述，"阐""诠""解"，在文字构成及意会上，深刻表达了三者之间不同的目的论与方法论追索，表达了它们之间差别甚大的出发点和落脚点。此为中国传统阐释学思想和实践反复证明。但无论怎样区别，其三者目标皆集中于释，以释为中心，开展动作，达及目的，实践"阐""诠""解"之过程。释为何义？《说文》采部："释，解也。从采，取其分别物。"由此，释与解互训，释为解，解为释，且共"取其分别物"以释以解。何为物？物者，对象也，乃此释之物。此释释此物，为此物之释，离开或背弃此物，则无此释。解为何义？

《说文》角部:"解,判也。从刀判牛角。"其义亦清晰,解,乃持刀分牛角,实在的对象之分,无牛不可言解,庖丁解牛是也。准此可判定,释,乃对象之释,无论是解,是诠,是阐,必落脚于对象,"以对象之义、对象之理、对象之质为对象,而阐,而诠,而解"。① 离开确定的对象,阐、诠、解皆失根据。有此基础,我们可以论证阐释对象的确定性意义。所谓阐释对象,本当两重蕴含:其一,对象或对象化的一般意义。对象是面对之象,是独立于阐释者之外的他物。唯有进入阐释者视野,阐释有了对象,阐释才有展开和实现的可能。阐释是对象的阐释。其二,在合法性意义上,阐释者与对象的关系是双向的,互有义务与责任。对阐释者而言,阐释的对象是开放的,应当允许阐释者任意阐释;于对象而言,阐释主体是有责任的,其责任就是,以此对象为标的,阐释其他有的意义,当然是阐释者自主感受和理解的他有的意义。离开确定对象,"王顾左右而言他",无的而放矢,就背离阐释者的责任。用伽达默尔的话说,就是"所有正确的解释都必须避免随心所欲的偶发奇想和难以觉察的思想习惯的局限性,并且凝目直接注意'事情本身'"。② 强制阐释的偏误与此关联甚大。所谓"背离文本话语",就是指阐释离开确定对象,言说与对象无关的话语。此类阐释,任意转换对象,甚至消解对象,其言说均可照录而无任何障碍。在阐释学意义上,此类无确定对象之释,已

---

① 张江:《"解""释"辨》,《社会科学战线》2019 年第 1 期。
② 汉斯-格奥尔格·伽达默尔:《诠释学 I:真理与方法》,洪汉鼎译,北京:商务印书馆,2010 年,第 378—379 页。

非释之本义，不可称释。阐释对象亦可分为两类：一是，独立于阐释主体之外的自在之物，或为与主体意识毫无关联的自然现象，或为与人的主体意识密切相关的精神现象，可称之为外在对象。二是，阐释主体自我，其心理，其意识，其反思，包括情感和意志，可称为内在对象。两种对象本质上完全不同，但对阐释而言，皆为阐释的对象。阐释对象的存在，是客观的、自然的，是阐释借以生存并展开的可能基础与条件。无论何种方式的阐释，皆为确定对象之阐释。强调阐释的约束与规范，最基本的一点，是阐释对象的确定。无确定对象，无阐释可言。就文本的阐释说，文本进入阐释，阐释得以展开，阐释是对此文本的阐释，而非对他文本的阐释。离开对象文本，对此文本的阐释非法。强制阐释的经常性偏差与失误在于，背离确定对象，言说与对象无关的话语，由此及彼，几无关联，不过是借对象上手，顾左右而言他，完全失去对此对象阐释的价值与意义。譬如，海德格尔对梵高名作《一双鞋子》的阐释。海德格尔的阐释极具感染力，深刻而煽情。但是，他的阐释脱离了对象，其阐释的不是鞋子，而是自我，是自我的意念与思想。如此阐释，完全无需梵高的鞋子，其他任意器具，皆可铺陈渲染类似话语。远的不说，有史料证明，梵高曾经有七幅，甚至更多各类鞋子的画作，2015年翻译出版的《梵高传》中，就收有梵高1887年的《一双鞋子》。① 这双鞋子表达了什么，观者

---

① 参见史蒂文·奈菲、格雷戈里·怀特·史密斯：《梵高传》，沈语冰等译，南京：译林出版社，2015年，第290—291页。

可以悟出什么，不在这里讨论。我们的疑问是，可否将海德格尔关于那一双鞋子的煽情阐释，迁移至其他鞋子，作同样的阐释？如果可以，对梵高的其他作品，譬如静物、女人、自画像，是不是也可以作同样的阐释？很显然，我们完全可以代他做到，任何有西方文艺理论训练者皆可做到。借任意对象，煽情地阐释当代西方各种各样的理论，这是后现代阐释方式的一般狡计，是当代"没有文学的文学理论"最常见的手法。因为海德格尔不是阐释鞋子，而是借鞋子阐释自我，阐释他存在主义的哲学，阐释他独有的深奥思想，且生成广泛影响。所以我们同意，他对自我思想的阐释是合法的。但是，他将对本己思想的阐释强加于梵高的鞋子，并不是对鞋子本身的阐释，对梵高和梵高的作品而言，海德格尔的阐释非法。如此，我们可以说，海德格尔阐释的鞋子不是梵高的鞋子，而是海德格尔自己思想的"鞋子"。把阐释者的思想强制于对象，强制为对象所本来具有，或应该具有，乃标准的强制阐释。用强制阐释的概念说，此阐释背离了确定的文本话语；用一般阐释学的规则说，背离了确定对象之本身。有评论提到，尽管后来的各种考证说明，那双鞋子的本相根本不是"农妇的鞋子"，根本不能证明作品可以表达海氏天、地、人、神的存在论思想，但海氏本人拒不认错。其辩护者也说，本无须认错。因为他是一种存在论阐释，其目的既不是重复对象已有的东西，也不是重复创作者能够说出的东西，而是要在对象之外，说出阐释者的独立思想，此阐释与对象及对象制造者无关。这个辩护似乎很符合接受美学或读者理论的一般道理，但在阐释学的一般规则下，阐释脱离了阐释对象，将其迁移或默化为阐释者自我，阐释已由对确定对象的阐释迁移为对阐释者的自我阐释。我们可以说，无论这个阐释如何生动、深刻，阐释者对此对象的阐释非法。迁移了确定对象，并将一己之意强加于对象，应该视为强制阐释。

值得深思的是，无论他人如何辩护，海德格尔却是另外的态度。海德格尔对自己背离对象的强制阐释毫不讳言，既不需要也不领情他人的辩护。对此类阐释的强制或强暴性质，海德格尔欣然承认且不想悔改。对此，历史有证。达沃斯的那场著名辩论及后来的著作，留下了极具说服力的证明。

1929年，达沃斯辩论的现场，当时德国著名的康德专家、新康德主义代表人物恩斯特·卡西尔，与海德格尔就如何理解和阐释康德，展开了针锋相对的论辩。争论的焦点在于康德是知识论还是存在论，康德的存在论根据何在，海德格尔是超越还是强暴了康德。卡西尔对康德的阐释是否正确或完满，至今无法评论。但是，他认为康德哲学在直接源出的意义上并不涉及人的此在，或者说康德的哲学不是海德格尔的存在论，不是康德以后200年的海德格尔思想及其存在主义，我们对此取赞成态度。海德格尔从自我的期望与动机出发，对康德作出自己的阐释，引申和阐发出自己的存在论思想以至康德同为存在论的根据，我们亦不反对。这是海德格尔作为阐释主体的自由，也是康德文本无限开放的绝对表征。但是，在阐释学意义上，我们不同意海德格尔将自己的存在论思想说成是康德的思想，不赞成认定康德的《纯粹理性批判》在说存在论或存在主义的意义。康德是不是如卡西尔所判断的知识论或其他，我们不敢评断。但是，我们可以断定的是，康德学说的主体绝非存在论的渊源，尤其不是海德格尔存在论的渊源。海德格尔的阐释迁移了对象，由对康德的阐释迁移为本己存在论的阐释，失去了对康德本体思想阐释的意义。

对这种阐释观和阐释方法，海德格尔曾以存在论的名义，作过自己的辩护。其要点有三：

一是，何为阐释。在海德格尔看来，阐释不同于解释或说明。所谓不同于解释，是因为解释固守于文本，只能给出文本明确说出的东西，而阐释则要超越文本，透过已经言明的东西，给出尚未言明的东西，给出文本生产者想说而不能再说的东西。海德格尔的原话是：

> 如果一种解释（Interpretation）只是重新给出康德所明确说过的东西，那么，这解说从一开始就绝不是阐释（Auslegung），阐释一直被赋予的任务在于：将康德在其奠基活动中所揭示的那些超出明确表述之外的东西，原本地加以展现。①

二是，尚未言说和不能再说的东西如何给出。当然就是要强力索取，这种强力索取，本身就是一种强制，就是要将

---

① 参见海德格尔：《康德与形而上学疑难》，王庆节译，北京：商务印书馆，2018 年，第 218 页。

阐释者本己之意强加于文本和文本制造者，以文本和文本制造者的名义，说出阐释者本己想说和要说的东西。海德格尔的原话是：

> 为了从词语所说出的东西那里获取它想要说的东西，任何的解释都一定必然地要使用强制。①

三是，如何强制。强制阐释即是以阐释者的前置立场和模式，对文本作符合论者意图的阐释。在海德格尔那里，所谓前置立场和模式，统称为理念或理念的力量，而这种理念是由阐释者本己掌握和自由发挥的。正是在这种理念的推动下，阐释者可以放肆地挤入文本，去说文本没有的东西。海德格尔的原话是：

> 强制不能是浮游无羁的任意，一定有某种在先照耀着的理念的力量，推动和导引着阐释活动。唯有在这种理念的力量之下，一种解释才可能敢于冒险放肆，将自己委身于一部作品中隐藏着的内在激情，从而可以由此被置入未曾说出的东西，被挤迫进入未曾说出的东西的言说之中。②

在这种阐释中，海德格尔的先行理念是什么？既不是康

---

① 海德格尔：《康德与形而上学疑难》，第219页。
② 海德格尔：《康德与形而上学疑难》，第219页。

德的知识论，亦非康德的形而上学，而是海德格尔的存在论。这个先行的存在论理念"表达了一种企图，那种想为形而上学的一种奠基活动去源初性地真正获得本质性东西的企图，也就是说，企图帮助这一奠基活动，通过某种往返回复，返归到它的本己的源初性的可能性之中去。"①

对于这种阐释，卡西尔提出了疑问。他说：

> 如果海德格尔所说的解释要强迫作者说出某种他未曾说出的东西，而他之所以没有说，是因为他没能想到，那么，这样的解释难道不会沦为任意性吗？②

对于这种阐释方式，卡西尔给予反驳，并作了定性批判：

> 在这里，海德格尔已不再作为评注者在说话，而是作为入侵者在说话，他仿佛是在运用武力入侵康德的思想体系，以便使之屈服，使之效忠于他自己的问题。③

他们各自的阐释观已经很清楚了。但是，问题的核心不在这里。我们要讨论的是，海德格尔本人，对阐释的暴力，

---

① 海德格尔：《康德与形而上学疑难》，第 220 页。
② E. 卡西尔：《康德与形而上学问题——评海德格尔对康德的解释》，张继选译，《世界哲学》2007 年第 3 期。
③ E. 卡西尔：《康德与形而上学问题——评海德格尔对康德的解释》，《世界哲学》2007 年第 3 期。

或者说对我们所定义的强制阐释给予的坦诚认可。海德格尔说,如果回到形而上学的疑难,"我会立即承认,我的解释是暴力性的和过度的"。① 20年以后,这部关于康德的书再版,海德格尔写下"第二版序言",对他曾经的强制阐释作了回应:"我的阐释的暴力不断地引起不满。人们对这一暴力的谴责完全可以在这部作品中找到很好的支持。"同时,他也表白:"随着时空的流迁,手头的这部研究作品中的已造成的错失和正在错失之处,对于正行进在思的道路上的我而言,变得如此清晰,这也使得我拒绝,通过订正式的增补、附录以及后记,将本部作品变成一个东填西补的劣质货。"② 又是绝不改正!如他历史上的多次知错而不改一样的堂皇。海德格尔错在哪里?错在"背离文本话语"。错在背弃确定对象。本为对此物的阐释,迁移为对他物的阐释,并将对他物的阐释强加于此物。以阐释学的规则检视,强制阐释的根基性错误就在于此。

二、期望与动机

"前置立场和模式"的合法性争辩,是有关强制阐释讨论中比较集中的问题。此问题涉及阐释的基准条件,即阐释的前结构问题。关于前见,其隐蔽性、模糊性;关于立场,其主动性、自觉性,多方反复论争。尽管各有辨析和证明,

---

① 海德格尔:《康德与形而上学疑难》,第327页。
② 海德格尔:《康德与形而上学疑难》,第7页。

但从根本上讲，仍停留于形而上的假设和推演上。特别是有关前置立场和模式的提法，各方皆以海德格尔的前有、前见、前把握的假说为是非标准，缺少令人信服的可靠证据。前见和前把握到底何谓，如何影响理解与阐释，如何影响甚至决定阐释的路径与最终结果，在形而上的繁杂疑难中，很难得到确当说明与论证。为此，我们转换视角，以当代心理学研究成果为据，重新认识前见与立场，给出有关前结构的可靠的心理学证据。当代心理学大规模的可重复试验及结果分析，清晰而有力地证明了所谓前结构中有关概念的不同意义，在阐释过程中的实际作用及由此而产生的客观结果。心理学的"期望"与"动机"，能够清晰确当地说明前见与立场为何物，以及它们在实际阐释过程中的作用与意义。

（一）阐释期望

何谓期望（expect）？心理学认为，期望是一种可变化的心理状态，是在有关经验或内在需求的基础上产生的对自己或他人的行为结果的预测性认识。因为自己和他人的行为结果是不确定的，所以期望者的期望满足是，实际结果与心理期望一致。心理学证明，期望一旦形成，就会对期望者的认知行为自动发生影响，其主要标志是，让"我们看到我们期望看到的东西"。[①] 转换为海德格尔的表达，即：作为一种未来或未知的可能性的预期，在认知和阐释的意义上，

---

① 丹尼尔·夏克特等：《心理学》，傅小兰等译，上海：华东师范大学出版社，2016年，第90页。

期望可直接比拟为前见或先入之见。① 面对现象，意识主体生有一个它应该如是的期望，模糊不清的可称为预期，把握较大的可称为预料；情绪较弱的可称为希冀，情绪较强的可称为渴望。从认知的意义上说，期望是意识主体对未来不确定结果的目标刻画。当代心理学在诸多大规模实验的基础上，对期望及期望的认知作用给予试验和研究，得出一些可以被重复和证明的重要结论。其核心要义是，因为我们只愿意看到我们期望和想看到的东西，其结果必然是，所有看到的东西，都是用来确认我们期望确认的东西。面对同样的证据，意识主体前有之见，极深刻地影响和决定其判断。面对相同的材料与证据，持有不同前见的人，可以得出完全不同的结论，证明自己的前见。这种现象普遍存在。就是号称具有较高智商和科学态度的科学家，同样会被自己的前有之见所控制，只看见或只寻找与自己期望一致的东西，忽视或否定自己不想或不愿看见的东西。不同前见的科学家，会以同样的证据证明完全不同的观点。② 对阐释学而言，前见与期望的类同意义主要体现在这一点上。期望如何影响阐释？要件有三：

其一，证实策略的应用。在阐释期望的左右下，阐释主体不会平衡地搜寻对立各方的合理证据，而仅倾向于收集有

---

① 在心理学意义上，期望与假设同义。在实际研究中，许多心理学家将期望与先入之见等同看待。如有人表述："事先的期望（expectation）和先入之见（theories）会导致人们发现实际上并不存在的虚假相关。"（齐瓦·孔达：《社会认知——洞悉人心的科学》，周治金等译，北京：人民邮电出版社，2013年，第101页）

② 参见丹尼尔·夏克特等：《心理学》，第90页。

利于期望满足的单方面证据。心理学将这种片面的期望满足方法，称为"证实策略"。其具体操作方式是，一方面，"你会通过寻找（seeking）与假设相符的事例来检验假设"，而放弃和否定不利证据，以期证明自己。有心理学家断定，"人们评估自己的假设时，无论是从记忆中搜索（searching）已经存在的知识，还是从外部世界搜索与假设相关的新证据时，都是采用证实策略来验证假设"。[1] 另一方面，"更重要的是，当人们发现了证实他们的信念，满足他们愿望的证据，他们一般就停止搜寻，但是当他们发现那些反对的证据，他们会继续搜寻更多证据"。[2] 毫无疑问，如此方法和策略，将严重误导自证主体，[3] 使期望或假设得到令其满足的证实。此类证实策略，不仅影响意识主体对当下事件的判断，而且将影响其记忆及记忆搜寻方式，进而影响主体对世界的认知方式。

其二，寻求虚假相关。为期望冲动所驱使，阐释主体诉诸证实策略，寻找证据与期望的"虚假相关"，使期望得到满足。社会心理学对虚假相关做了大量研究，通过诸多实验证明虚假相关的存在及其危害。这些实验证明，易得性共变关系、小概率的事件经历、预先存有的刻板印象，都会自动导致阐释主体无意识地生产虚假相关。尤其是意识主体先天自证满足的期望，将经验习得的知识移化为一种具体期望，

---

[1] 齐瓦·孔达：《社会认知——洞悉人心的科学》，第86页。
[2] 丹尼尔·夏克特等：《心理学》，第91页。
[3] 参见张江：《阐释与自证——心理学视域下的阐释本质》，《哲学研究》2020年第10期。

操控主体自发启动证实策略，在非相关的现象之间找到相关。更应该引起注意的是，对于自然现象的研究，虚假相关终究可以被证实错误，起码比较可能地被证伪，但对于精神现象的阐释，包括社会事件的认知，虚假相关不可证实，亦难证伪。面对社会事件的认知，意识主体怀抱万千不同的期望，对同一社会事件和情节构建完全不同的理解，生产诸多荒谬绝伦的虚假相关，实现期望满足。

其三，自我服务偏差。大量的心理学实验表明，人的自我高估是规律性现象。从自尊的意义上讲，绝大多数人对自我感觉必须良好。对某些人而言，对自我以及自我的某些方面的高估，可至令人难以接受的自恋状态。古希腊神话中就有因自恋而死的人物，在现实生活中，因为自我形象的维护需求和提升冲动，一厢情愿地制造自我感觉良好的虚假满足，可以归纳为基本的人性特征。"我们常常表现出这样一种奇怪的倾向：过分高估或低估他人会像我们一样思考和行事的程度。在观点方面，我们过高估计别人对我们观点的赞成度以支持自己的立场。"① 诸如一位诗人执着地认为他的吟唱最好，一位批评家执着地认定他对某文本的阐释为最优，更重要的是，他们会认为，其他的人，以至所有的人，会有同样的认知。环顾当今学术生活，此类现象无处不在。

（二）阐释动机

心理学意义上，"动机是执着坚持确定方向和目标展开

---

① 戴维·迈尔斯：《社会心理学纲要》，侯玉波等译，北京：人民邮电出版社，2014年，第39页。

行为的驱动力量。它既是生物性的，可生成于饥饿、性欲、自我保存的欲望，也是社会性的，可生成于取得成就、获得认同、找到归属感的需求"。① 由此看，动机是意志性的，是一种内在动力，同时具有激发和指向功能。所谓激发是指，它能够启动主体产生某种行为；所谓指向是指，它能够将动机主体行为指向确定目标。两者相互叠加与渗透，驱使动机主体为达到目标而执着不休。与期望不同，动机是自觉的、有意识的。特别是在社会性意义下，为了取得成就和认同，自觉规划动作与路径，克服一切障碍达及既定目标，动机行为是自觉的理性展开。在阐释实践上，阐释动机的作用极为鲜明和强烈。阐释者的自觉动机将自我的阐释指向确定的目标，采取特定的路线和模式达及目标。动机一旦确立，阐释行为将为动机所左右。由此，我们提出命题：阐释是动机阐释。类比于海德格尔的前结构，动机与前把握（先行掌握）相似。海德格尔说："无论如何，解释一向已经断然地或有所保留地决定好了对某种概念方式（Begrifflichkeit）表示赞同。解释奠基于一种先行掌握（Vorgriff）之中。"② 很明显，"决定好了对某种概念方式表示赞同"，是此类阐释的全部动因。由此，它必将具有以下三个明显的动作特征：

其一，确立指向性目标。"指向性目标（directional

---

① Andrew M. Colman, *Oxford Dictionary of Psychology*, Oxford: Oxford University Press, 2015, p. 479.
② 海德格尔：《存在与时间》，陈嘉映、王庆节译，北京：三联书店，2014年，第176页。

goal）是指达到某个特定结论的目标。"① 动机决定了指向性目标。指向性目标的本质特征是目标前在。动机生成目标。目标前在于行动。目标可以与行动对象无关。目标要求者的全部行动，都是为了实现和达及目标。为此，可以蔑视一切规则和约束，可以毁灭以至重塑对象，使无关对象成为目标对象。在阐释实践中，强制阐释对文本作符合论者意图的阐释，其"论者意图"就是动机目标，强制的阐释行为就是实现目标的手段。操作者秉持明显的工具心态。与无具体目标的期望相比，动机目标的操作者，将全力关注实现目标的思维和行动，并确定一些过程性的指向性目标，以保证实现最终目标。在此状态下，对文本或现象的阐释，已经是目标性阐释，一切材料和证据都必须服从动机目标，无所谓真假、是非、正确与错误可言。阐释的目的只有一个，就是实现确定目标。这是对所谓前置立场的最好说明。

其二，动机性推理。在认知上说，动机性推理运用两种方式，生成有利于实现动机目标的判断。一是调动记忆，搜索有利于目标判断的材料，排斥不利材料，为实现动机目标服务。为了实现对前置结论的论证，阐释者从记忆中直接搜索那些支持这些结论的观点和规则，运用现有的知识去建构新的观点和理论，从中找出动机决定的结论。二是选择和运用有利于实现动机目标的推理规则及方式。譬如，可以是小样本的列举，也可以是大样本的归纳；可以是严密的逻辑的推导，也可以是无逻辑的联想比拟。只要有利于目标动机的

---

① 齐瓦·孔达：《社会认知——洞悉人心的科学》，第157页。

实现，规则是任意的。三是直接颠覆规则，包括基本的逻辑规则。诸如，偷换概念和话题，以假设为根据，甚至以超验想象证明自己。

其三，制造虚假相关。与期望和前见"寻找"相关不同，阐释动机所确定的指向性目标，驱使阐释者"制造"虚假相关，即在对象与目标之间，以其主观故意，自觉地、进攻性地制造本无任何迹象的相关。在这一点上，期望与动机的差别是对立性差别。期望是在文本中寻找，被动等待和给予相关，是一种"有中生有"。动机是积极制造和生产相关，是一种"无中生有"。以女权主义的期望面对文本，期望者仅仅是想看到符合期望的女权主义因素，如果文本中包含此因素，期望者可以继续面对，并得到满足。如果没有相关因素，期望者可以放弃此文本而转向其他，不会强制文本以满足期望。但以动机目标面对文本，前在性目标将左右阐释，哪怕没有丝毫相关因素，阐释者也一定要把文本制造成女权主义的文本，以实现目标满足。指向性目标的前在性，动机性推理的主观故意，无中生有地创制相关，造成无边际的误读和误释。

在阐释学意义下，期望与动机的区别是本质的，亦即前见与前把握的差别是本质性的，对阐释活动的影响不在一个数量级上——如海德格尔和伽达默尔那样。期望或前见，溯其源头，当发生于意识主体关于此现象的自我图式。可以是超验的直觉，也可以是模糊不清的向往。期望发生于确切认知之前，以类似前见的姿态对认知发生作用。在期望或前见的作用下，认知主体将自动坠入"看到我们期望和想要看到的"惯性，影响以至左右主体的认知目的与行为。期望是主观的，但非主观预设。期望无意识地发生作用，无须意识主体自觉激发和启动。期望或对认知结果无确定把握，认知主体希望认知的最终结果与期望或前见一致，但亦接受非一致，并由此可以转向其他期望。在具体的认知过程中，期望和前见是一种不为阐释主体所察觉的自我期许与等待，是未经确定而希望确定的结果寄托。这种模糊的未确定的寄托，使期望有了转移和变化的可能。同前见的构成一样，期望由意识主体全部经验与认知积累所结构。微观分析，遗传因素、家庭背景、童年经历、学习与工作过程，特别是一些有别于他人而其独有的创伤性经历，都深刻影响以至决定意识主体对未知现象的长远期望。宏观地看，文化社会背景、传统风俗与观念、民族心理结构与偏好、时代认知水平与伦理倾向，都在影响阐释主体的即时期望。但是，所有这一切，都是隐蔽地、非意识地、自动地发生作用的。这就意味着，意识主体在认知事物的起始，不需要也不可能将以上的前见构成内容重复知觉一遍，然后进入认知，而是被这些深藏于意识深处的内容所裹挟，自动激活认知，进入认知。所以，相对于自觉认知，心理期望也就是前见，是模糊的，非自觉的，无确定目的的。正因为如此，我们说期望或前见经常不为意识主体所控制而自动发生作用。动机则不同。动机是全部阐释的出发点和落脚点。阐释尚未开始，阐释者已预先作出结论，以坚定的指向性目标为终点，将对象"作为"某物阐释。倘若对象不是或没有某物，阐释者将强行意志于对象，使对象成为某物。动机和目标为阐释者所坚守，决定了阐释的路线和手段。动机一旦生成，预期或预设就不是前见的盲目和下意识，而是自觉的筹划、把握、上手。强制阐释是一种动机阐释，是海氏、伽氏所言的前设或前把握，不可与前见和期望混同。

我们回到海德格尔。他对梵高鞋子的阐释，他对康德形而上学的疑难，不都是动机在先，确定指向性目标，以动机性推理，制造虚假相关，也就是将对象作为某物筹划和把握，以本己之念强制于对象，有效地阐释自己而非对象吗？

三、整体性意义

强制阐释的一个基础性错误是，偏好部分，肢解整体，以碎片之黏合颠覆整体和代替整体，以主观制造的虚假相关，证明或证实论者动机任意指定的目标与结论。整体论的思想已有两千年以上漫长过程的讨论和阐述，作为普遍的真理性判断，无所不在地发挥着指导性作用。在阐释学历史上，没有人可以否认文本结构的整体性及对文本阐释的整体性。人们一致认同文本是整体的文本，文本的整体由各部分之和所结构，大于或高于部分之和。阐释学史上，不仅从施莱尔马赫、狄尔泰到海德格尔、伽达默尔等所有人都强调并实践着所谓阐释的循环，坚持由整体理解部分，由部分理解整体的原则，也有当代的分析哲学和语言哲学，从经验意义的高度，更深入细微地研究和讨论语言本身的整体性要义，对阐释的整体性原则给予说明与论证。蒯因曾提出一种整体性经验理论。他认为："具有经验意义的单位不是孤立的词，也不是孤立的语句,而是语句的整个体系。"① 戴维森则认为:"如果我们想要确认因而解释一个理论概念或其语言表达式所发挥的作用,我们就必须知道它如何与其他概念和语词相联系。这些关系一般说来是整体性的和概率性的。"② 由此可见,在分析哲学的视野下,所谓整体与部分的关系,不是大而化之的部分与整体的一般循环,而是在更广大的境遇下,把整体与部分的关系落点于词汇、语句、文本,以及意义整体与真理考证的关系,实现一种我们所期望的完满的阐释,即对文本的整体性阐释。应该承认,在阐释学意义上,所谓整体的概念已经清晰,理论也相对完备,但在具体实践中,整体与部分的关系依然是很难处理的问题。强制阐释的常见特征,就是简单捕捉文本中的个别因素,对文本作分裂式拆解,把部分当作整体,以碎片替代全貌,将阐释者意图强加于文本。如此表现,除开阐释者的主观动机不论,在思维和认知上,对整体及整体与部分的关系几无体会与把握,是强制阐释普遍生成的要害。整体的存在不是感官直觉能简单把握的,它需要整体性的经验、思维、视野,或集中表达,以整体优先的理念为指导。如下三点应该讨论清楚。

(一) 整体统辖部分

整体性是系统结构的本质性特征。在一个系统结构中,

---

① 转引自涂纪亮:《分析哲学及其在美国的发展》,武汉:武汉大学出版社,2007年,第661页。
② 唐纳德·戴维森:《真理、意义与方法——戴维森哲学文选》,牟博选编,北京:商务印书馆,2012年,第114页。

整体不等于各孤立要素的部分之和。部分特别是部分要素的特性和功能不能从其自身推导出来。整体的特性和功能由整体结构和集合关系所决定,只有当各要素按照一定的结构和集合方式构成整体时才能表现出来。在当代心理学中,整体的观点同样是核心观点。格式塔心理学的重要贡献就是,指出人的心理现象是对事物的整体反映,而非简单地取决于个别刺激物的总和。著名图像《鲁宾的花瓶》,充分证明"这些知觉是作为整体出现的,而非零碎的拼凑。这类图形证明我们的知觉是主动的、活跃的并且有组织的。我们不仅仅是感官刺激的被接受者"。[①] 文本的组织与结构同样如此。整体的文本由语句组织而来,语句由语词而来。任何语词,都在整体的语境中发生作用,脱离其语境整体,任何词语都将丧失意义。语义的多样性,是语境变幻的结果,在整体语境的规约下,语词的意义必然确定。否则,语言整体丧失其存在。独立的词语是为整体服务的。离开了整体,独立的词语失去其本意。海德格尔的诗歌阐释极端地重视诗的整体意义。荷尔德林有一首名为《希腊》的诗,其中一句:"神穿着一件衣裳。他的容颜对认识遮蔽自身/并用艺术掩盖眼睑。"对于"眼睑"一词,因为《希腊》一诗是草稿,其中有的词语难以辨识,而对这个词,有人识为"空气"或"图像"或"爱"。海德格尔却认为,"根据原稿的笔迹和主题来看",我们宁可把它读作"眼睑",因为"荷尔德林指

[①] 戴维·霍瑟萨尔、郭本禹:《心理学史》,郭本禹等译,北京:人民邮电出版社,2011年,第187页。

的是那种眼睛的眼睑，这种眼睛的学校就是天空的蓝色"。请注意，在这里，海德格尔依据的不仅是荷尔德林的"一贯"笔迹，而且是诗的"整体"主题，这个主题是与海德格尔存在主义整体思想一致的。由此，他可能深入地发挥下去，彰显他艺术评论的整体意识。"于是就有四种声音在鸣响：天空、大地、人、神。在这四种声音中，命运把整个无限的关系聚集起来。但是，四方中的任何一方都不是片面地自为地持立和运行的。在这个意义上，就没有任何一方是有限的。若没有其他三方，任何一方都不存在。它们无限地相互保持，成为它们之所是，根据无限的关系而成为这个整体本身。"[1] 这样的例子还可以举出许多。整体统辖部分，部分因整体而生成意义，在海德格尔的诗歌理论与批评文本中体现得淋漓尽致。

（二）对象整体是阐释的最终目标

阐释对象总以其整体面貌呈现于我们面前。无论从何角度切入及以何种方法上手，其总的结果和目标是阐释现象总体。对同一现象，不同学科的研究认知当然不同，但在阐释学的意义上，不同的研究，最终将要汇聚到一点，即对现象的完整认知与阐释。因此，认知最终是整体的认知。整体性阐释，在认知路线与方法上，具有不同于传统认识论的明显特征。

---

[1] 海德格尔：《荷尔德林诗的阐释》，孙周兴译，北京：商务印书馆，2014年，第206—207页。

其一,认知是整体的认知。心理学主张,人的心理和行为并非由个别刺激物的性质及其总和决定,而是对事物整体的反映。研究心理的完整结构,反对把意识分解成各元素的组合。韦特海默对错觉的解释实验证明,面对现象"我们往往知觉的是整体,而不是部分的总和"。[1] 有心理学家用实验检验人的心理化学反应,证明了这些物质反应过程"可以让人们把对别人的零散信息组合成为对别人个性特征的整体印象"。[2]

其二,认知从整体起。与传统的先分析、后综合的思维方式不同,格式塔心理学所揭示的整体性的反应程序是,先综合、后分析,最后复归更高阶段上的新的综合,即认知由整体起,完成于整体,分析只是把握整体的手段而已,认知不可以停留于分析。早期的构造主义心理学认为,意识经验是各种简单元素的群集。对此,格式塔心理学贬称为"砖块和灰泥心理学"。[3] 这当然是一种极而端之的讽刺,但是,人的认知从整体起步却是不争的事实。面对米开朗基罗的《大卫》,人们首先辨识的是完整的人的形体,然后才是或可能是构成完整形体的细节或部分。对文本的理解亦当如此,通览文本,把握整体,然后才有细节的分析与雕刻。在认识论的意义上说,分析是绝对必要的,分析是实现综合的基础。但现代心理学更主张"综合指向性分析"(directed

---

[1] 丹尼尔·夏克特等:《心理学》,第 28 页。
[2] 丹尼尔·夏克特等:《心理学》,第 37 页。
[3] 库尔特·考夫卡:《格式塔心理学原理》,李维译,北京:北京大学出版社,2010 年,第 2 页。

synthetic analysis），亦即通过综合将事物的部分或条件联系起来进行的分析，而不是将部分从整体中割裂出来，作生理解剖式的分析。

其三，部分叠加不是整体。对部分的认知是必要的。只有更深入细致地认知部分，认知各要素之间的关系，对整体的把握才是完整的把握。没有对部分的准确认知，对整体的认知就会是模糊与混沌的。但是，部分的认知不能代替整体认知，更不能把部分当作整体，进而解构整体，即所谓"生产"主体。盲人摸象的故事虽然直白，但认知意义上的整体性求索深刻而完美。盲人摸象抓住部分而代替全部，或生产了自己的全部，尚可理解。如果视力完备的我们，张开眼睛，面对现象整体，却硬抓住某个部分，或某几个部分，强制整体幻化为部分，如此理论与行为，可以称为正确有效的理论与行为吗？我们可以而且应该认知部分，但不能停留于部分，更不能以部分代替整体。部分的认知，是为了认知整体，并在整体中更确当地认知部分，保证整体认知的自洽与完备。不可如盲人摸象般，以为部分就是整体，甚至把部分强加给整体，却以为是创造的"生产性"阐释。更进一步，不仅独立部分不是整体，部分的简单叠加也不是整体。整体所具有的特性和功能，是各组成要素在孤立状态中所没有的，个别要素也只能在整体的统摄下具备其独特功能。特别是对复杂的精神现象的理解，譬如，经典文本所以流传于世，不是由一个或几个独立方向的考据、训诂，以至细碎为词语的叙事分析，就可以实现的。部分的、零散的分析，不能自动生产整体认知，只有在零散的部分认知之上，自觉专注于部分与部分、部分与整体、整体与部分的相互作用，经典才可能成为整体的经典。

（三）理解的循环是整体间的大循环

传统的循环，主要是施莱尔马赫所主张的文本内部的循环，我们可以称之为小循环。毫无疑问，此类循环也是从整体起始，落脚于整体的。在此循环过程中，整体与部分辩证互动，各自赋予对方以意义，最终获得对文本整体的理解与阐释。面对一个由诸多独立词语结构的文本，理解的程序是，首先感知整体作品的完整意义，然后由章节、由段落、由语句、由词汇而进一步把握整体。所以，帕尔默说："读者在阅读一位伟大作家如克尔凯郭尔、尼采或者海德格尔时，起初会有其作品无法理解的体验：困难在于获取对该作家思想之整体方向的把握，缺少对这一点的把握，人们就不知道单一的论断甚或整部作品在说些什么。有时，一个单句就澄清与勾画了先前没有和谐一致地融于意义整体的一切，这正是因为此一单句指明了作者所言说的'整体的东西'。"① 但是，阐释的循环不止于此。阐释的循环在更大系统内，由更多要素集合而成。其核心要素有三：历史传统、当下语境、阐释主体。尽管三者分别都可独自成为整体，但集合起来，依然演化为大系统内的部分，相互作用，无限循环。我们称之为阐释的大循环。三者在一个平面上构成多向互动，冲撞、选

---

① 理查德·E. 帕尔默：《诠释学》，潘德荣译，北京：商务印书馆，2012年，第116—117页。

择、共融，建构新的理解整体，高站位地投射于文本，在与文本的无限循环中，做出为阐释共同体能够一致接受的整体性阐释，经由公共理性的考验和确证，铸造新的经典，进入人类知识体系。传统、语境、阐释主体，没有哪一个因素可以独立决定文本的整体意义。同样，作者、文本、读者，也没有哪一个独立因素具有确定文本意义的最终权力。只有通过各要素之间的整体循环，反复斗争与和解，最终找到所谓共同视域，合理确当的阐释才成为可能。阐释的循环因此而完满、积极，克服恶性循环的束缚，使整体的文本意义显现于人。唯有如此，阐释才最终成为历史的、客观的实际过程，而非主观的任意想象和独断，以至为无规则约束的相对主义和虚无主义的臆想与强制。

  我们强调文本制造者与阐释制造者的循环，亦即文本与阐释的循环，绝非放弃阐释起点的辨知。作者是文本的生产者，文本是意义的承载者，开放的阐释由此而出发，无论阐释者的意义生产如何天高地广，其出发点、起始点都在这里，否则无阐释可言。当然，是指无对此文本的阐释可言。这是其一。其二，必须在逻辑上确定，阐释者的生产，是阐释者的主观生产，其生产物是阐释者的生产物，未必是而且经常未必是文本的生产物，不必强加于文本。其三，与文本的自在性及文本意义的自在性相比，阐释者的生产是第二位的。无论对此文本的再生产如何浩荡无边，后来的阐释者依然要回到文本，以文本为本，在无数的再生产物中比较真假高低，作出新的理解与阐释。莎士比亚被无数人再生产过，然而，留下的又有多少？后来的人们解读莎士比亚，是在所谓再生产物中理解定位莎翁，还是以他的原始文本为本开始新的生产？阐释是灰色的，莎翁永存。海德格尔对荷尔德林著名诗句"鸣响的钟／为落雪覆盖而走了调"的阐释，包括对自己的阐释，作如下说：

> 也许任何对这些诗歌的阐释都脱不了是一场钟上的降雪。无论是能做一种阐释还是不能做这种阐释，对这种阐释来说始终有这样的情形：为了让诗歌中纯粹的诗意创作物稍为明晰地透露出来，阐释性的谈论势必总是支离破碎的。为诗意创作物的缘故，对诗歌的阐释必然力求使自身成为多余的。任何解释最后的但也最艰难的一个步骤乃在于：随着它的阐释而在诗歌的纯粹显露面前销声匿迹。①

对此，无须作任何多余的阐释。有关阐释与文本的关系的观点，阐释是文本的阐释，阐释依靠文本，阐释在文本的彰显面前消解，海德格尔都讲得很清楚了。

四、强制阐释的一般性推衍

我们提出强制阐释问题，是从当代西方文论及文本批评的普遍一般方式开始的。因为在文学批评实践中，对文学文本的强制阐释极为普遍，甚至为常态。但是，在更广

---

① 海德格尔：《荷尔德林诗的阐释》，"第二版前言"，第3页。

大的视域下，我们真切地体验，作为一种阐释方式或方法，强制阐释在人文及社会科学其他领域，同样普遍存在。在哲学领域，以哲学家自我立场强制阐释经典，譬如，我们前面言及的海德格尔对康德的存在论阐释。在历史学领域，强制阐释历史，似乎成为历史阐释的主流，譬如，在"一切历史都是当代史"的旗帜下，史学家以其强烈的主观动机，对已有定论的历史以颠覆性的反向阐释。在经济学与社会学领域，从某种西方理论出发，强制阐释他国的经济社会现象与实践，以证明其理论正确。凡此种种，已充分表明，强制阐释超越文学理论与文艺学范围，以其一般性形态，普遍存在于人文与社会科学研究的各个领域。如此现象，在阐释学意义上，应该如何认知和评论？现象之下，有多种更复杂的原因，应该认真分析。笔者以为，以下四点值得注意。

（一）心理本能是强制阐释的本源动力

从阐释的本质看，按照心理学的分析，阐释是阐释主体的自我确证。阐释主体长期经验及理性运思所构建的自我图式，稳定地刻画阐释者自我。在确定语境下，阐释者以自我图式为模板，去感知、理解、认知一切现象，并努力保持和坚守自我认知与外部评价的一致。此为自我确证的要害。自我图式一旦遭到攻击或异议，自我将作出激烈反应。自我确证的本能要求自我无间断地证实自己，其冲动与期望永不休止。阐释与自证是什么关系？海德格尔说："通过诠释，存在的本真意义与此在本己存在的基本结构就向居于此在本身的存在之领会宣告出来。"① 在本体论意义上，此宣告是存在与此在向其他的存在或此在宣告它们的本真意义，以证明或证实存在与此在之在。作为阐释者本己，其自证的心理欲望与冲动，迫使本己即此在不断地通过阐释证明本己，使本己之此在得以显现并引起关注。自证是阐释的唯一目的，或者说阐释就是为了自证。自我确证是存在与此在所以阐释的根本动力和手段。准此，可以判定，因为心理是阐释者精神存在的先天形式，是其全部认知与阐释的真正起点，只有把阐释落实于本己的心理及其呈现方式，落实于本己的自证企图与行为，阐释的存在论或本体论的意义，才有了可靠的存在根据。但是，所谓自我确证是有普遍倾向的：在一般情况下，"人们喜欢自我感觉良好，并尽量增大自我价值感"。② 心理学的一个基本术语"正向偏见"，即"人对自身的判断并不完全正确，一般倾向是对自己的评价比实际更高一些"，③就说明了这个现象。心理学还证明，认知主体一旦生产确定结论，信念坚定的人很难改变自己的想法。在阐释实践上，如此强大的心理动机和力量，决定了强制阐释成为普遍的阐释方式。特别是那些借助强大理论传统和思潮的阐释，其强制动机越加冲动与暴力，阐释者在心理动机驱动下，自觉搬用各种离奇手法，迫使对象或文本服从其前置

---

① 海德格尔：《存在与时间》，第44页。
② 乔纳森·布朗、玛格丽特·布朗：《自我》，王伟平、陈浩莺译，北京：人民邮电出版社，2015年，第75页。
③ 乔纳森·布朗、玛格丽特·布朗：《自我》，第89页。

立场与结论，实现其心理满足，就成为难以避免的必然。由此看去，强制阐释不仅是阐释方式或方法问题，更根本的是人的心理和心理驱动问题，这种驱动经常处于非理性状态，甚至为自我实现和提升的潜意识的冲动所左右，陷入无止境的强制循环，不问结果如何，无真假对错可言。为什么会有"一千个读者，一千个哈姆雷特"的现象？请设想，如果这一千个读者都是职业批评家或理论家，此类人的正向偏见的程度远高于常人，以阐释和强制阐释自我确证本己对文本的判断与认知，循环往复地生产意义，更重要的是生产本己，这是此在得以此在，阐释得以无穷的动力。强制阐释在所有领域都表现突出，甚至无处不在，道理就在于此。

（二）精神科学与自然科学认知方式的差别，为强制阐释提供可能

在 19 世纪末至 20 世纪初的一个时期里，以"科学方法大辩论"为标志，诸多哲学学派及一大批代表人物，对忽视自然科学与精神科学之间的差异，以自然科学方法进行精神科学研究的落后状态，给予强烈批判。有两个重要人物应该提起。一个是弗莱堡学派的核心人物李凯尔特，另一个是被称为现代阐释学之父的狄尔泰。李凯尔特继承其导师文德尔班的价值论哲学，将精神科学的研究重点转换为价值研究，区别于自然科学的事实研究。由此，对精神现象的认知，完全以人的主观意志所决定，由独立的个体认知确定"是"与"应该"，而无真相和真理可言。所谓自然科学研

究的客观性、确定性被彻底瓦解,一切判断和结论,失去可能的一致性与衡量标准。特别是在历史事实认知与价值判断上,彻底转向相对主义进而为虚无主义。同时期的狄尔泰,从生命哲学的立场,考察精神科学与自然科学的差别。在他看来,精神科学必须立足于人的内在经验,必须以对生命的体验和理解为基点,展开对精神现象的认知和阐释,以此区别于用逻辑和实证方法对自然客观现象的说明。由此,狄尔泰宣称:"我们说明自然,我们理解精神"(we explain nature, we understand psychic life)。[①] 用现在的眼光看,狄尔泰如此区别的核心是什么?我们认为,在阐释学的意义上,归根到底是一个确定性问题。自然现象的研究,其结论是可重复、可验证的。个别的认知可上升为普遍真理,独立个体的经验可归化为一般经验。精神现象的研究则完全相反,其结论不可重复、不可验证,个别体验与认知不可以且不应该上升为普遍真理,独立个体的体验不可归化且不应该归化为一般体验,甚至可以认定,就不存在所谓一般性体验。一千个读者有比一千个更多的哈姆雷特,各种体验之间不可通约或不可公度。因此,对精神现象的认知绝无确定性可言。精神科学知识的非确定性由此而为铁律。这些被后现代各种主义捧到极端的提法,为强制阐释的泛化提供了借口。再看海德格尔对梵高鞋子的阐释。我们可以想象,一个阴晦不明的暗夜,他独立于梵高的作品面前,凝视着那双本无意味的鞋

---

① W. Dilthey, *Descriptive Psychology and Historical Understanding*, The Hauge: Martinus Nijhoff, 1977, p. 27.

子，心中跳跃着同样晦暗不明的存在论念想，天空和大地、人和神，交错变幻，起伏摇曳，集中投射于作品，梵高创造的感性、生动的艺术珍品成为他抽象晦涩的哲学象征。对他而言，可重复吗？对他人而言，可通约吗？不可证实，亦不可证伪。更重要的是，无须证实，也无须证伪，海德格尔自说自话足矣。此类阐释对梵高，对他人了无意义。因此，随意而粗暴的强制，广泛成为阐释者显露和张扬本己，制造理论和意义的一般手段，只是见怪不怪而已。重要的还是确定性问题。梵高的作品意义无确定性解索，但同样的是，海德格尔的思想亦无确定性的理解可言。因为他的如此阐释充分证明，任何对象都可以成为他理论的证明，他的理论可任意贯注于任何对象。确定性的目标及其追求，被海德格尔放弃，当然，他也同时放弃了确定的自我。

（三）后现代的理论生成方式，使强制阐释大行其道

就文学理论而言，从19世纪末到20世纪中期，其发展路径大致经过了三个历史阶段，从"作者中心"到"文本中心"再到"读者中心"。在此三个历史阶段中，分化和衍生出诸多优长明显的重要理论和学派，彼此之间相互否定和替代，各领风骚，轮番占据主导地位。但是，20世纪60年代以后，以解构主义的兴起为标志，当代西方文论的基本格局发生深刻变化，总体放弃了以作者—文本—读者为中心的追索，走上了一条理论至上道路，开启了以理论为中心的时代。其基本标志是：理论而非实践，是全部学术的出发点和生长点，理论生产理论，理论宰制实践，理论成为检验实践

的标准，实践为理论作注。在文本阐释上，理论背离文本，强制决定文本意义，消解和重置文本证明理论。短短百年，西方文艺理论的中心话题多次转移变幻，从没有文学的庸俗社会学到没有文学的文学理论，为强制阐释提供了巨大空间和动力，以致无限膨胀，汇成理论生产理论、理论至高无上的汹涌潮流，左右了当代人文与社会科学研究的基本走向。既然理论生产实践，而非实践生产理论；文本基于阐释，而非阐释基于文本，理论在实践与文本面前当然无所顾忌，理论持有者可以任意宰割实践，以理论为目的和标准，肆无忌惮地修正以至篡改文本，强制文本为理论服务。理论如何驾驭文本？如果理论立场和动机与文本整体一致，阐释自然无所谓障碍。如果理论与文本相左，甚至相背，阐释者为达及其指向性目标，只能强制阐释，如海德格尔强制阐释康德和梵高的方式。可悲的是，在实践和文本，尤其是在经典文本面前，理论总是软弱的，特别是在理论生成初期，软弱的理论总是要借助经典光大自己，恫吓他人，抵抗定见，经典因此而成为强制阐释的经常性对象，强制阐释也因此而无限壮大了自己。经典是经过历史检验的真理性认知和价值载体，具有强大的号召力和示范性意义。强制阐释绑架经典，用经典打扮和包装自己，使人真假莫辨。最为典型的是20世纪60年代勃然兴起的接受美学和读者理论，为强制阐释制造了看似合理的理论根据。其总体倾向就是，读者是文本意义的最终决定者，读者可以对文本作符合本己感受或意图的任意理解和阐释，读者独立生产文本之意义。如此，阐释主体可以无视一切规则和约束，对既定文本作无限不同的阐释与强制阐释，成为文学阐释的最高境界和普遍追求。对此，伊格尔顿曾经发出批评："作品在一定程度上决定着读者对它的反应，不然批评就会陷入全面的无主状态。《荒凉山庄》就会仅仅成为读者们所拿出来的成千上万个不同的、经常相互抵触的解读，而'作品自身'却会作为某种神秘的未知数而失落。如果文学作品不是一个包含某些不定因素的确定结构，如果文学作品中的每种东西都不确定，都有赖于读者所选择的建构作品的方法，那又会发生什么呢？在什么意义上我们才能说我们是在解释'同一部'作品呢？"[1]

（四）文学阐释与其他人文社会科学学科的阐释相混淆，使强制阐释的普遍化愈演愈烈

区别文学阐释与其他学科的阐释，是合理约束阐释尤其是文学以外的其他学科的阐释，使其步入正当轨道的根本之点。我们必须厘清，文学不同于其他人文科学以至更多的社会科学门类。后现代理论中，文学已堕入没有文学的文学迷雾之中。但无论怎样玄妙高超，文学的独特形式，包括其表达方式与叙事策略，依然是文学所以是文学的承载之道。如果比较大类地区别两种表达或言语方式，我们认为，文学是非认知的，其价值在于制造歧义；文学的感知在体验，最终寻求的是共鸣；其他门类，包括历史和哲学是认知的，其价值在于消解歧义，其感知方式是理解，最终寻求的是共识。

---

[1] 特雷·伊格尔顿：《二十世纪西方文学理论》，伍晓明译，北京：北京大学出版社，2007年，第82—83页。

就文、史、哲而言，文学可以不言说真理，对现象的描述和展开是多种的文学手法，隐喻的，意象的，扭曲的，折射的，且有意识地生产歧义，迫使受众获得多重感知和体验，在各自的独特语境中，与文本、作者及读者之间产生共鸣，实现文学生产和存在的意义。历史和哲学则不同。历史要发现和言说真相，哲学要发现和言说真理。对于真相和真理的理解和阐释必须是确定的，以克服和消解歧义。否则，全无人类的理性进步与知识演进。追求和保证除文学外其他各学科认知的确定性，是一切主义都必须遵守的根本规则。包括强烈主张文本无确定意义，文本意义由阐释者独立生产和赋予的解构主义，也不接受和允许他人误读和曲解解构主义的确切意义，误读和曲解解构主义思想家本人言语和思想的确切意义。孔帕尼翁就不无讽刺地记载过："还有那些理论家们，按捺不住地要去纠正对方对自己原意的误解，比如说德里达就曾这样回答瑟尔（Searle）：'这不是我要表达的意思。'"[①] 请问，解构主义有确切的不可解构的意思吗，难道不可以任读者任意理解与建构？德里达的意思有意思吗？历史上的相对主义与虚无主义，总是将文学与历史混为一体，并将文学与审美感知和体验上升为对一切对象的认知和把握，用诗歌代替历史、哲学，用狂迷的文学与艺术体验及教化挤压理性的历史与哲学认知，将对可能无所边际的文学阐释推广到历史和哲学领域，使强制阐释成为普遍的、一般性

[①] 安托万·孔帕尼翁：《理论的幽灵——文学与常识》，吴泓缈、汪捷宇译，南京：南京大学出版社，2011年，第81页。

的阐释方式，制造了当今后现代主义无法自拔的混乱与虚无的困境。此类恶习，在历史领域似乎尤甚。罗素就有"历史作为一种艺术"的著名演讲。他在坚持"历史学家不应该歪曲事实"①的前提下，赞成历史叙事的"文学技巧"，虽然诸多论述经常引起他人误解，以为他主张历史就是艺术，但总的讲，他还是承认历史事实和科学的历史方法的。而其他一些历史学家却走得更远，直接鼓吹文学的方法，比如直觉、想象、移情，以诗为史，以诗说史，将本应是科学的历史阐释混淆于浪漫的文学阐释。"历史方法论和认识论的中心问题在于，客观地认识过去只能靠学者的主观经验才可能获得。""在理论上，大多数历史学家接受唯心主义的立场，将历史学与科学严格地加以区别，强调直觉（Erlebnis）是历史学家处理历史的最终手段。"② 由此，主观经验、直觉、想象、移情、趣味，诸如此类文学而非历史的方法，成为历史叙事的基本方法，文学的强制阐释不可避免地成为历史的强制阐释。因此，强制阐释的一般性扩张和广大，成为人文与社会科学的普遍阐释方式，就不难理解了。但是，必须明了的是，文学的阐释目的是求得共鸣，有共鸣即可，无真假对错可言，不可证实，亦难证伪，极而言之，也无须证实与证伪，共鸣而已。历史和其他学科的研究却大为不同。历史终究是要被证实，或者是需要证实的，所谓"信

---

① 汤因比等著，张文杰编：《历史的话语——现代西方历史哲学译文集》，北京：中国人民大学出版社，2012年，第163页。
② 杰弗里·巴勒克拉夫：《当代史学主要趋势》，杨豫译，上海：上海译文出版社，1987年，第19、7页。

史"是也。在可靠的史料和证据面前，一切想象、移情、直觉，都将灰飞烟灭。经过证实的历史，才可能是人类知识谱系中的知识性财富，世代传播下去。在历史与哲学领域，强制阐释终非正道。

结　　论

在心理学意义上，强制阐释有其当然发生的理由，但绝非意味着它就是合理且不可克服的。就像谬误难以避免，但并不意味着它就是合理且不可克服的一样，更不意味着它就是真理。后现代主义的兴起，特别是相对主义与虚无主义的恶性膨胀，为强制阐释的扩张提供了机会。强制阐释的一般技艺，不仅在文学理论和批评领域盛行，而且在人文及社会科学其他学科，特别是在历史研究中，以海登·怀特为代表的历史虚无论的登场，强制阐释已经成为历史阐释及其他各学科理论生产的普遍技艺，似乎不可抵挡。但是，强制阐释无论怎样盛行，其本体论的空洞，即沦陷于形而上的空洞思辨；其方法论的谬误，即放弃对现象本身的关注；其逻辑上的混乱，即因颠覆正当认知规则而自相矛盾和自我否定，在阐释实践中屡屡碰壁。阐释是自我确证。阐释是动机阐释。但是，阐释并不因此而必须强制。阐释是理性行为。理性的阐释，应该对阐释冲动中的非理性因素有所警惕并自觉加以理性规约。正当合法的阐释，坚持对自证与动机以理性反思，不为盲目的自证与动机所驱使，坚持从确定的对象本身出发，坚持阐释学意义上的整体性追求，坚持阐释主体与现实语境及历史传统的多重多向交叉循环，少一点理论放纵，多一点田野入微，少一点心理冲动，多一点知性反思，服从事实，服从真相，服从规则约束，赋予阐释以更纯正的阐释力量。

（原载《中国社会科学》2021 年第 2 期）

附　录

书写新时代学术创新华章
——《中国社会科学》2021年度好文章评选活动侧记

3月22日,《中国社会科学》2021年度好文章颁奖典礼在中国社会科学院学术报告厅隆重举行。一年来,《中国社会科学》刊载的理论硕果,令人充满期待。

精心浇灌学术创新之花

"为天地立心,为生民立命,为往圣继绝学,为万世开太平。"自古以来,我国知识分子就有言简意宏的志向和传统,启示着一切有理想、有抱负的哲学社会科学工作者担负起历史赋予的光荣使命。理论的生命力在于创新,创新是哲学社会科学发展的永恒主题。当代中国学人坚持理论创新,为新时代哲学社会科学繁荣发展作出了重大贡献。

哲学社会科学是人们认识世界、改造世界的重要工具,是推动历史发展和社会进步的重要力量。2016年5月17

日，习近平总书记主持召开哲学社会科学工作座谈会时深刻指出："坚持和发展中国特色社会主义，需要不断在实践和理论上进行探索、用发展着的理论指导发展着的实践。在这个过程中，哲学社会科学具有不可替代的重要地位，哲学社会科学工作者具有不可替代的重要作用。"

抚今追昔，光阴荏苒。1980年，《中国社会科学》创刊时，时任中国社会科学院院长胡乔木同志明确要求《中国社会科学》发表的论文质量要在全国是第一流的，能代表中国社会科学院以至我们国家的社会科学水平，能够带动全国的哲学社会科学研究工作。42年来，《中国社会科学》繁荣中国学术、发展中国理论、传播中国思想，已成为我国哲学社会科学领域的一面旗帜，成为展示我国哲学社会科学发展水平的标志性刊物，成为世界了解中国理论学术发展态势的重要窗口。

2022年1月26日，《中国社会科学》编委会2022年全体会议在京举行。中国社会科学院院长、党组书记谢伏瞻同志指出，40多年来，经过几代人的接续奋斗，以《中国社会科学》为代表的中国社会科学院学术刊物建设取得显著成绩，形成了我国规模最大、影响最广、水平最高的哲学社会科学期刊群，集中代表了我国哲学社会科学界的形象。

建设"学术中的中国""理论中的中国""哲学社会科学中的中国"，《中国社会科学》踔厉奋发，笃行不息。谢伏瞻强调，要在深化理论研究、引领学术创新等方面充分发挥"国家队"的重要作用。要从新时代中国实践出发，立时代之潮头，通古今之变化，发思想之先声。要瞄准理论学术前沿，战略布局，精细设计，不断发现有能力解答时代之问的一流作者，不断推出有水平回应实践之问的优秀作品，为推出大家大师提供高水平的学术平台。

把握学术前沿，引领学术发展。2021 年，《中国社会科学》将研究阐释习近平新时代中国特色社会主义思想作为首要政治任务和理论任务，聚焦新时代重大理论和实践问题，积极开展选题策划，刊登高水平论文。《中国社会科学》2021 年第 1 期刊发的《理论是问题之树盛开的花朵——〈中国社会科学〉2021 年重点选题构想》，提出"21 世纪马克思主义的原创性贡献""中国共产党 100 年的理论与实践""中国特色哲学社会科学'三大体系'"等 11 项跨学科重点选题。

这是《中国社会科学》创刊以来首次发布年度重点选题，将坚守高度的政治责任具象为高质量学术生产与传播实践工作，一经发布就受到理论学术界的热烈响应。围绕这些重点选题，《中国社会科学》2021 年共编发 114 篇高水平文章。

理论创新、理论发展最深厚的源泉来自实践，但实践不可能自动地升华为理论，必然要通过问题这一媒介。中国社会科学院副秘书长、中国社会科学杂志社总编辑方军提出，"每个时代总有属于它自己的问题，准确地把握并作出深邃而有说服力的解答，必将使理论学术大大地向前推进一步，从而对时代变革、社会文明发展产生深远的影响"。

《中国社会科学》好文章，既要紧跟中国社会变革实践，提出有重大意义的真问题，更要用更多的精品力作反映中国理论学术的实际状况和水平，通过理论创新深刻地回应时代呼声，促进时代变革、社会发展与文明进步。

更加突出科学公平公正

2021年12月底，中国社会科学杂志社正式启动《中国社会科学》2021年度好文章评选活动。《中国社会科学》（2021年第12期）、《中国社会科学报》、中国社会科学网及"中国学派"微信公众号同时发布了《〈中国社会科学〉2021年度好文章评选活动公告》及2021年《中国社会科学》总目录。评选范围为2021年《中国社会科学》第1—12期刊发的全部文章，涉及马克思主义理论、哲学、经济学、法学、社会学、政治学（公共管理）、文学、历史学、国际关系、新闻传播学10个学科。

为科学、公平、公正地遴选《中国社会科学》年度好文章，突出评选结果的科学性、合理性和代表性，在总结去年经验的基础上，本届年度好文章的评选办法作了改进。初选阶段将原来的"读者实名投票初选"，改为"由读者实名投票、同行专家投票和编辑部进行推荐"，三者权重分别为40%、40%和20%，综合推出各学科2篇候选文章；最后由专家评审委员会投票确定最终获奖文章，每个学科不超过1篇；本着"宁缺毋滥"的原则，未推选出好文章的学科空缺。

2022年2月伊始，中国社会科学杂志社收到一份来自武汉的快递，里面正是一张手写的《中国社会科学》2021

年度好文章选票。透过略微颤抖的字迹，能看到老先生填写推荐票时的郑重与认真。"重读《在把握历史发展规律和大势中引领时代前行——为中国共产党成立一百周年而作》，感觉气势磅礴、气象万千，理论与实践并行，思想在时代中蹁跹。"这是来自华中师范大学政治与国际关系学院教授俞思念的推荐理由，也是众多读者珍贵投票中的代表。

初选阶段，广大读者踊跃参与，截至2022年2月20日24时，共收回读者投票99590票，比去年增加了34.87%。其中，网络投票98093票、电子邮箱投票13票、邮寄投票1484票。

1月11日，中国社会科学杂志社向160位同行专家发送了邀请函和评审材料。2月10日，收回并汇总《〈中国社会科学〉2021年度好文章同行专家推荐表》156份。

"从世界历史视野探讨以马克思主义为指导的中国特色社会主义现代化，实现了历史性互动、学理性融通和实践性创新。"

"该文关注中国当前重大理论和现实问题，探讨了习近平法治思想产生的时代背景及精神内核，具有较强的理论创新和学术创见，在法学理论研究领域取得了原创性进展。"

"文章所论'强制阐释'不仅是当代中国文论的重大理论问题，而且是重大的现实问题。提出解决的理论路径与办法，对学科话语体系建设以及基础理论研究产生了积极的推动作用。"

……

一条条富有真知灼见的推荐理由，是学界同行专家对积极回应时代之问的评选文章给出的真切肯定，无不彰显了一流的专业水准和高度负责的学术态度。

1月29日，编辑部推荐环节正式启动。中国社会科学杂志社各学科部对所属学科组的文章进行评审讨论，进而得出编辑部推荐结果。

一位评审专家向记者表示，"这些刊发的文章都是学者们经过踏实研究、深思熟虑，具有原创性、思想穿透力的成果，本就是笃论高言。再'优中选优'，推选'好文章'着实不是一件易事。在评审过程中，不乏出现对几篇文章都十分珍爱的情况，但也只能忍痛割舍，作出抉择"。

通过汇总读者投票、同行专家投票和编辑部推荐结果，并对投票结果进行加权计分，共计有9个学科的17篇文章进入终选阶段，学科涵盖马克思主义理论、哲学、经济学、法学、社会学、政治学（公共管理）、国际关系、文学和历史学。

优中选优　推出标杆性好文章

《中国社会科学》年度好文章评选，事关学术荣誉，备受学界瞩目。3月16日，《中国社会科学》2021年度好文章专家终评会在京举行。方军主持会议并表示，评选《中国社会科学》年度好文章的宗旨，在于更好地推出精品力作，推动理论和学术创新。评选标准为：坚持政治性、思想性、学术性的高度统一；有原创性的思想、理论和观点；问题和方法具有前沿性；有厚重的学术分析。

方军特别说明，谢伏瞻院长发表在《中国社会科学》2021年第6期的论文《在把握历史发展规律和大势中引领时代前行——为中国共产党成立一百周年而作》，在初选阶段被评为马克思主义理论学科第一名并进入了终选阶段，但谢院长本人提出，鉴于他是中国社会科学院院长，又是《中国社会科学》编委会主任，因此放弃参评资格。

由《中国社会科学》编辑委员会委员和中国社会科学院院外专家（每个学科1人）共21人组成的评审委员会，分为8个学科评审组，围绕初选阶段推选出的17篇文章开展深入讨论并择优推荐。

面对一篇篇金相玉质的学术佳作，选出学术地标式的魁首文章并非易事。在终评会上，每一篇文章都被逐段、逐句、逐词仔细审读。不难看出，每一组评审专家对入围的文章都了如指掌，评议文中的某一论点时，总能迅速找到文献出处，指明学理创新的理论价值所在，熟稔程度仿若这篇文章是自己的心血。

在终评阶段，中国社会科学杂志社各会议室内，不同学科组的讨论气氛也各有差异。经济学组的中国社会科学院原副院长、学部主席团成员、经济学部主任李扬，因疫情防护需要居家隔离，与清华大学中国经济思想与实践研究院院长李稻葵隔着电脑屏幕参加评审。但这个线上方式并未降低讨论的热度，他们不放过每处文字细节，对每个问题都"斤斤计较"，不时出现小争论，遇到网络不顺畅，他们便改换电话视频继续"面对面"对话，在热烈的讨论后最终达成了一致意见。

社会学组二位评审专家的意见较为统一，得见好文，皆逸兴遄飞。北京大学社会学系教授王思斌一直手不释卷，字字细品，到讨论结束时，原本簇新的纸张都被翻动得起了褶皱。谈到文章精彩之处，中国社会科学院社会学研究所所长陈光金兴致盎然。他认为，文章评选应不畏争议，并感慨"有争议才是好事！"

学术评价过程充满睿智的思想火花，学术意见归纳过程则异常严谨审慎。经终审讨论，每个学科组将评选结果和学术评议总结郑重地填在推荐表上。直至终评结果汇报环节，北京大学哲学系教授张学智还在仔细推敲推荐理由，心无旁骛地低头誊写着推荐表。

北京师范大学哲学院教授杨耕首次担任马克思主义理论组的评审专家。他表示，此次入围终选的两篇文章有一个共同特点，就是都摆脱了"从概念到概念、从文本到文本"的研究方法，紧紧抓住了重大的现实课题，从理论与实际、理论与历史、理论与政治这三个维度来进行新式的学术研究。马克思主义理论组的入围文章都很好地处理了学术和政治的关系，所以评选结果必定会对学界有重要的促进作用。

"我可以负责任地讲，本届评选出的文章都是各个学科具有代表性的、标杆性的好文章，特别推荐大家认真研究这些好文章。"李稻葵表示，《中国社会科学》好文章评选是一个非常重要的学术创新，通过这个评选，能够把每一年发表在《中国社会科学》杂志上相关领域的优秀文章精选出来，起到标杆性作用，引领哲学社会科学发展。在他看来，经济学领域好文章有两个基本标准，一是话题要有引领性；二是文章本身的方法论、结论要经得住考验，经得住学术界同行的检验。

中国社会科学院学部委员、国际研究学部主任周弘告诉记者，此次评选令她对于我国哲学社会科学的长足发展信心更足。在她眼中，《中国社会科学》刊发的文章质量一年比一年更成熟，刻画出我国哲学社会科学各学科发展有机融汇于时代发展的清晰轨迹。"我们的社科学者能够反映这个时代发展重大问题和新的现象，尝试着用新的理论和新的方法去解释新出现的问题，这是非常重要的。"周弘说。

首届好文章评选活动是一个很高的起点，具有开创性意义，社会反响强烈。首届评选过后，来自各方的意见和建议如同一股股清泉，给评选工作注入源源不断的活力。作为参与评审的两届"元老"，中国社会科学院学部委员、中国边疆研究所所长邢广程认为，2021年的亮点之一就在于完善了评选标准，兼顾了网络、专家、同行评审等多个方面。第二个亮点是把社会舆论和学术专家的意见相结合，使得评选活动在社会关注度和学术高质量方面实现了很好的匹配。另外，此次编辑部作为稳定器的作用得到了加强。如果每一届评选活动都在上一届的基础上更加完善，就一定可以保证未来评选活动的持续性开展。

"相信《中国社会科学》年度好文章评选，对中国哲学社会科学各个学科发展都会有极大的促进作用。"中国社会科学院学部委员、考古研究所所长陈星灿谈道。

"评选《中国社会科学》年度好文章是优中选优的重要

举措，为学者们树立了典型和榜样，为哲学社会科学研究的重心指明了方向。"杨耕谈到，年度好文章评选应当坚持下去，吸引更多的优秀作者参与《中国社会科学》的学术生产与传播工作，进一步提升"开门办杂志"的好效果。

扎实推动理论和学术创新

经过专家终评委员会公平、认真、严谨的评选，《中国社会科学》2021 年度刊发的 10 个学科 121 篇文章中，有《习近平法治思想的实践逻辑、理论逻辑和历史逻辑》《世界历史与中国道路的百年探索》《中国式现代化和新发展社会学》等 9 篇文章，正式获评"《中国社会科学》2021 年度好文章"。

颁奖典礼上，谢伏瞻，中国社会科学院秘书长、党组成员赵奇，方军以及评审专家代表共同为获奖文章作者和责任编辑颁发了获奖证书。

方军在介绍评选情况时表示，中国社会科学院党组高度重视、十分关心《中国社会科学》好文章评选活动。谢伏瞻同志亲自审定了此次评选活动方案，明确要求一定要坚持政治性、思想性、学术性的高度统一，坚持"宁缺毋滥"，优中选优，真正评选出学界公认、经得起历史检验的好文章。赵奇同志对评选活动给予了具体指导。在总结去年评选活动的基础上，我们修订和完善了评选办法，为更加科学、公平、公正地遴选出《中国社会科学》年度好文章提供了制度保障。方军希望学术界同仁多提宝贵意见和建议，帮助

《中国社会科学》杂志办得更好，为繁荣中国学术、发展中国理论、传播中国思想，为实现中华民族伟大复兴的中国梦作出应有的贡献！

《中国式现代化和新发展社会学》作者、中国社会科学院大学特聘教授李培林表示，《中国社会科学》培育和推动了国内各学科一大批学者的成长。一个综合性的人文社会科学杂志，能够发挥如此巨大的学术推动力量，一直在通过具有前瞻性的眼光引领学术发展，这在世界学术史上也是罕见的。围绕本次获奖文章，李培林谈到，党和国家高度重视发展"中国特色社会主义社会学"。当前，中国式现代化到了一个非常关键的发展阶段，我国发展面临的不确定性是前所未有的。社会科学界要保持清醒的头脑，科学、深入地研究这些新变化，为中国式现代化的行稳致远、不被任何事情所中断而贡献自己的智慧，确保实现"十四五"时期的规划目标、2035 年的远景目标和到本世纪中叶的强国目标。

反映时代变革，服务时代发展，凸显了为人民做学问的重大学术使命。《中国社会科学》一代代编委、总编辑和责任编辑呕心沥血，留下了宝贵的编辑思想资源。法学编辑李树民作为获奖文章责任编辑代表在典礼上发言。他表示，做无愧于新时代的学术编辑，首先，要深刻认识《中国社会科学》编辑应负的使命与担当。对接国家需要和学术发展需要，以进一步激发学术生产力为己任。其次，以高度的政治责任感和坚实的专业能力推出思想精品。提出符合《中国社会科学》使命和担当的选题，以学术说理的方式解决问题，对《中国社会科学》和作者负责，努力提高编辑能力，将学术落实到实实在在的每一个编辑流程中，奉献出具有国内国际对话能力的创新成果。

《中国社会科学》年度好文章评选，已成为学术中国的标志性活动。华中师范大学人文社会科学高等研究院高级研究员徐勇向记者表示，《构建中国特色政治学：学科、学术与话语——以政治学恢复重建历程为例》获评好文章，是对中国几代政治学人数十年的共同努力及成绩的一种致敬。文章围绕"中国特色政治学"何以形成和未来发展进行了系统性思考，以期对中国政治学的学科体系、学术体系、话语体系建设带来理论启发，期待中国特色政治学能够为中国特色哲学社会科学贡献自己的力量。

坚守初心，才能把准方向；引领创新，才能走向未来。2022年，我们党将召开第二十次全国代表大会，为党和人民事业进步夯实学理基础，是新时代哲学社会科学工作的重要任务，具有特殊而重大的现实意义。谢伏瞻指出，我们必须毫不动摇地把学习研究阐释习近平新时代中国特色社会主义思想作为首要政治任务和理论任务，精心组织刊发一批有分量的理论文章，善于将政治话语转化为学术话语，努力推出书写研究阐释21世纪马克思主义的学术经典。深入学习研究阐释习近平新时代中国特色社会主义思想，为党的二十大营造良好理论氛围；把正正确政治方向，为党的二十大营造良好舆论氛围；心系"国之大者"，在"三大体系"建设方面展现新作为；坚守初心、引领创新，加快建设世界级名刊名社。

征程万里风正劲，奋楫笃行再扬帆。2022年，《中国社会科学》将在 2021 年 11 个跨学科重点选题的基础上，聚焦新时代新发展阶段重大理论和实践问题，抓住原创这个关键，强化学术引领，推动理论学术创新，推出标志性成果，为加快构建中国特色哲学社会科学"三大体系"作出更大贡献。

（本报记者：段丹洁　张译心　孙美娟）